U0899018

汉译世界学术名著丛书

政治经济学原理

上 册

〔俄〕М.И.杜冈-巴拉诺夫斯基 著

赵维良 桂力生 王湧泉 译

商务印书馆

2014年·北京

М. И. Туган-Барановский

ОСНОВЫ ПОЛИТИЧЕСКОЙ ЭКОНОМИИ

Петроград

Издание юридического книжного склада“Право”

1915

根据彼得格勒“法律”文库 1915 年第 3 版译出

汉译世界学术名著丛书
出 版 说 明

我馆历来重视移译世界各国学术名著。从五十年代起，更致力于翻译出版马克思主义诞生以前的古典学术著作，同时适当介绍当代具有定评的各派代表作品。幸赖著译界鼎力襄助，三十年来印行不下三百余种。我们确信只有用人类创造的全部知识财富来丰富自己的头脑，才能够建成现代化的社会主义社会。这些书籍所蕴藏的思想财富和学术价值，为学人所熟知，毋需赘述。这些译本过去以单行本印行，难见系统，汇编为丛书，才能相得益彰，蔚为大观，既便于研读查考，又利于文化积累。为此，我们从 1981 年至 1986 年先后分四辑印行了名著二百种。今后在积累单本著作的基础上将陆续以名著版印行。由于采用原纸型，译文未能重新校订，体例也不完全统一，凡是原来译本可用的序跋，都一仍其旧，个别序跋予以订正或删除。读书界完全懂得要用正确的分析态度去研读这些著作，汲取其对我有用的精华，剔除其不合时宜的糟粕，这一点也无需我们多说。希望海内外读书界、著译界给我们批评、建议，帮助我们把这套丛书出好。

商务印书馆编辑部

1987 年 2 月

中译本前言

M.И.杜冈-巴拉诺夫斯基(1865—1919年)(以下简称杜冈)是俄国资产阶级经济学家,毕业于哈尔科夫大学。1895—1917年,他任彼得堡大学和基辅大学经济学教授,早期为“合法马克思主义者”,曾在沙皇政府批准的合法刊物上发表文章,打着马克思主义的旗帜批判俄国民粹派。1905—1907年俄国第一次革命时期,杜冈加入立宪民主党,成为资产阶级自由派学者。1917年十月革命后,他曾出任资产阶级反革命政府乌克兰中央拉达财政部长。

杜冈在十九世纪末二十世纪初俄国资产阶级经济学界以学识渊博见称,和司徒卢威齐名,是当时颇有名气的政治经济学家之一。他的经济理论不但在资产阶级经济学界有很大影响,而且在社会主义政党内也有影响。例如,他提出的一个错误论点——随着资本主义的消灭,作为理论科学的政治经济学必然消亡,曾经为罗莎·卢森堡所采用并得到布哈林的支持,从而使本世纪二十年代苏联经济学界一度出现否定社会主义政治经济学的社会思潮。

杜冈于1894年发表了他早期的经济论著《现代英国的工业危机及其原因和对人民生活的影响》(1914年出第三版时书名改为《周期性工业危机》,有中译本,商务印书馆1982年出版),在资本主义再生产、市场、经济危机等理论问题上提出了一系列反马克思主义的论点，曾受到列宁的批判。1898年出版了《俄国工厂的过去和现在》一书，论证了俄国工业资本主义发展的必要性，批判了俄国民粹派关于俄国资本主义发展有其独特性的错误论点。

二十世纪初，特别是1905年俄国革命发生后，无产阶级作为强大的革命力量登上了政治舞台，不仅反对专制主义，而且反对资本主义。这时，一批资产阶级教授（包括杜冈）就公开转入了维护资本主义、“消灭”社会主义[①]的“马克思吞噬者”[②]的行列。正如列宁所说，杜冈等人“在1899年力图成为马克思主义者，现在他们却情愿从‘马克思主义批判家’变成庸俗的资产阶级经济学家了”[③]。

杜冈在1905年出版的《马克思主义的理论基础》一书中，完全背弃了马克思的阶级斗争理论，提出了“伦理心理要素”在社会发展中起决定性作用的论点，抨击了马克思关于价值和生产价格的学说，否定了马克思发现的资本主义平均利润率呈下降趋势的规律。可见，“年轻时是准马克思主义者”的杜冈，“很快‘变聪明了’，用片片断断的资产阶级理论来‘修正’马克思主义”了。[④]

《政治经济学原理》一书就是在这样的历史条件下和思想基础上写成，并于1909年出版的。

本书出版后曾获得帝国科学院大奖，几年内出了四版，印行了几万册。从杜冈1914年写的序言看，第三版有较大的增删和改动。尤其是“分配”一篇，杜冈根据他在1913年出版的《社会分配

① 见《列宁全集》第20卷，第140页。
② 同上书，第181页。
③ 《列宁选集》第1卷，第168页注。
④ 见《列宁全集》第18卷，第361页。

论》一书的论点作了重大修改。第四版按第三版重印,未作改动。

杜冈经济思想的特点是折中主义。列宁批评杜冈是“典型的折中主义者”,说他“既拥护一点点马克思主义,也拥护一点点民粹主义,又拥护一点点‘边际效用论’”①。杜冈在本书第二版序言中声称“谨将此书献给魁奈、戈森和马克思”,也恰好说明这本书在某种意义上是折中主义的产物。

本书作者推崇德国资产阶级庸俗经济学家戈森(1810—1858年),认为“边际效用论”的奠基人是戈森,而不是资产阶级经济学界公认的门格尔、杰文斯和瓦尔拉,说他们以及后来的庞巴维克和维塞尔只是阐述和发展了戈森的学说。同时认为,由戈森所创立并由其后继者所阐发的“边际效用论”,“给予经济思想以强有力的推动”,比马克思的劳动价值论“向前迈进了一大步”,说这个理论的“伟大功绩”在于它要永远结束关于价值的争论,从一条基本原则出发对于评价过程的一切现象作出了全面而详尽的解释。

作者承认马克思的劳动价值论是“对资本主义制度进行社会主义批判的基础”,但又说劳动价值论没有一条基本原则可据以解释一切价值现象。

杜冈重视法国资产阶级古典政治经济的主要代表之一、重农学派创始人魁奈(1694—1774年),是因为魁奈制作的《经济表》体现了“边际效用论”的方法论特点,认为只有运用魁奈方法,“经济理论才能上升到更高的阶段”。

正因为《政治经济学原理》是折中主义的产物,全书没有一个

① 《列宁全集》第20卷,第256页。

完整的经济范畴体系。它在价值理论方面提出了自己的价值(ценносгь)—耗费价值(стоимосгь)—价格的公式,但却把价值同价格割裂开来,把价值和耗费价值放到第一篇,而把价格放到第三篇(“交换”)分别加以叙述,甚至不同第二篇(“生产”)联系起来。它把经济范畴分为逻辑(永恒)范畴和历史范畴,认为价值和耗费价值是基本的逻辑范畴,资本属于逻辑和历史范畴,剩余价值和资本主义经济属于历史范畴。同时还提出经济价值范畴,把它分为以主观评价为基础的主观经济价值和反映物品效用的客观经济价值,并由此导致“边际效用论”,试图把“边际效用论”与劳动价值论捏合起来,说它们是“和谐一致”的。它认为,“边际效用论”说明价值的主观要素,劳动价值论说明价值的客观要素,劳动和边际效用是价值的两大要素,从而得出一个折中主义的公式:自由生产品的边际效用与其劳动价值成正比。

由此可见,杜冈在《政治经济学原理》一书中,采取折中主义的手法,竭力调和“边际效用论”和马克思的劳动价值论,实际上是妄图用“边际效用论”来取代马克思的劳动价值论。正如列宁所指出的,杜冈等人在口头上对马克思表示“尊重”,但“从来也不了解唯物辩证法和阶级斗争的理论,因此不可避免地背弃了劳动价值论”①。

本书还认为,利润是一种“非劳动收入”,是由技术生产力造成的,而不是来自雇佣劳动者的剩余劳动的一种剥削收入;在采用新机器的条件下增加的产品是新生产资料的产品,根本没有剥削别

① 见《列宁全集》第20卷,第182页。

人的劳动。并且认为资本家占有利润额的大小是由各阶级的力量对比来决定的。这就在实质上否定了马克思的剩余价值理论,公开为资本主义剥削辩护。

作者宣扬庸俗的工资理论,认为工资随劳动生产率的提高而增加,而工资的增加,可以使工人改善生活条件,增强劳动能力,又反转来促进劳动生产率的提高,由此产生工人和资本家利益的一致性。又说劳动生产率的任何提高,都会增加在工人和资本家之间分配的产品;资本离开劳动不能发挥效用,劳动离开资本也不能创造价值;等等。这就在实质上否定了资本主义分配关系的对抗性质,否定了无产阶级贫困化和无产阶级斗争的意义。

限于篇幅,本书其他一些论点就不一一缕述了。

鉴于杜冈在俄国资产阶级经济学说史上占有重要的地位,《政治经济学原理》一书对于研究俄国资产阶级的经济思想尚不失为一部有价值的论著,因此据第三版版本译出,以飨读者。

全书共分五篇,分别由赵维良(序言、第一、第三篇)、桂力生(第二、第四篇)和王湧泉(第五篇)同志翻译,由孙斌圣(序言、第一、二、五篇及第四篇第一至第六章)和王湧泉(第三篇及第四篇第七至第九章)同志校订。限于水平,难免有错误和不当之处,尚祈同志们批评指正。

本书在翻译过程中曾得到胡企林同志和许玉龙同志的大力协助,提供资料,藉此表示谢意。

孙斌圣

一九八五年六月

目　　录

第二篇 生 产

第二版序言

经济科学理论目前正处于蓬勃发展的时期。

马克思的《资本论》问世后，经济思想的创造活动似乎一度沉寂下来了。无论在占统治地位的经济科学代表中间还是在社会主义者中间，情况都是如此。然而，这种情况并没有持续多久。那些对社会主义持敌对态度的学者又推动起一个新的经济思想运动。

《资本论》的整个理论大厦建立在价值理论的基础之上，它进一步发展了主张劳动是价值基础的斯密和李嘉图的学说。马克思从这一理论出发，通过严密的逻辑论证，创立了自己的利润理论，认为利润以及其他所有非劳动收入，都不过是非劳动阶级剥削工人阶级的表现而已。可见，古典学派的基本的理论学说，是社会主义分配理论的基础。

这不能不使劳动理论在所有敌视社会主义的经济学家心目中威信扫地。于是我们看到，他们当中有些人开始对价值问题加紧进行研究，并取得了巨大的有益的成果。新的价值理论逐渐地建立起来了，它较之旧理论是向前迈进了一大步。

这一理论，即所谓边际效用论，它的基础是上一世纪五十年代的经济学家戈森早就奠定了的。但是，戈森的著作在当时并没有引起什么注意；只是时隔二十年之后，许多学者才不约而同地各自阐明了戈森提出的价值问题。

边际效用论给予经济思想以强有力的推动，理论工作又活跃起来了。许多天才的学者对新理论进行了周密的探讨，并把它同旧的劳动价值论截然对立起来，力求把它应用于一定的社会和政治目的。如果说劳动价值理论在马克思手中成为对资本主义制度进行社会主义批判的基础，那么，边际效用论就应当是对非劳动收入和一般现行经济制度所作的理论辩护。

这样一来，边际效用论的拥护者根据新的价值理论，又创立了新的分配理论。

在对立的、社会主义的营垒中，新的价值理论起先并没有获得什么赞许，而且被看做是怀着资产阶级目的恶意伪造的科学。但是，它很快就得到了某些社会主义思想家的承认。例如，在英国，这个理论就被由该国所有社会主义思想的优秀代表组成的所谓“费边主义者”所接受。

在同读者见面的这部书中，我想说明这种分配理论是行得通的，它和马克思的理论一样，是一种剥削理论，并且同劳动价值论没有什么逻辑上的联系。我把新的分配理论叫做社会分配论，因为它把社会分配要素——社会各阶级为获取更大比重的社会产品而进行的斗争提到了首位。

该理论的方法论特点，在于它是从整个社会经济这一概念出发的。当然，这种方法绝不能说是国民经济科学中的新事物。相反，恰恰是在运用该方法的基础上才形成了政治经济学。著名的魁奈《经济表》，无非是对整个社会经济进行图式分析来了解资本主义规律的第一次天才的尝试罢了。《经济表》之所以使当代人产生强烈的印象，正是由于这种方法具有一定的优点。

可是，不管多么令人奇怪，魁奈的方法却后继无人，后来的经济科学也根本不懂得它。长期以来，《经济表》对于经济学家来说一直是个谜，谁也没有兴趣去揭开它。只是过了一个多世纪之后，马克思才在《资本论》第二卷中又回到魁奈的方法上来，并提出了他自己的社会资本再生产图式。

但是，这些图式在马克思主义体系中却是孤立的现象，马克思本人也从未运用它们来分析整个资本主义经济。马克思在《资本论》第一卷和第三卷中没有采用这些图式，因而得出与第二卷图式全然抵触的结论。马克思学派的情况也是如此。

同时，经济科学有许多重要的部分，特别是关于社会产品的分配和实现的学说，情况之不能令人满意，我以为其直接的原因是由于经济学家根本不懂得《经济表》所致。因此，把魁奈的方法——对整个社会经济进行图式分析的方法引进政治经济学，带有科学需要的迫切性。只有采用这个方法，经济理论才能上升到更高的阶段，才能圆满地解决市场和周期性危机的难题。

我在强调理论特别重要的同时，还竭力在本书中辟出足够的篇幅来阐述事实。政治经济学的主要研究对象是资本主义经济，它不是一成不变和静止不动的。它处于不断发展的过程中，因此，我以为，阐明这种发展的趋势，是经济科学最重要的任务之一。在我看来，这个观点也规定了经济事实的性质，我把主要注意力放在这些事实上。

笔者的意图是，本书除力求达到理论目的外，还应当是有助于渴望了解经济科学现状的读者自修的读物和适于大学一般讲授程度的经济学教科书。为此目的，本书正文分别排有两种不同的字体:大号字体是了解本学科所必需的起码的内容,小号字体适用于独立的科学目的或者是了解详细内容。同时,本书不仅面向一般读者,而且主要的是面向俄国读者。因此,特别注意用俄国生活的事实来说明理论原理,并着重于分析俄国经济发展的实际条件。

谨将此书献给魁奈、戈森和马克思,并愿对那些使本书得以问世的思想影响给予应有的评价。

1911 年 2 月 18 日

于沙皇村

第三版序言

第三版有几篇篇幅增加了,另有几篇压缩了。其中作了重大修改的,是第一篇第七章“关于社会发展的规律问题”和第三篇第一章“关于垄断价格理论”。总的说来,全书均经重新审订,特别是分配一篇,又根据我在《社会分配论》小册子中对分配问题所表述的观点作了修订。

作 者

1914 年 10 月 15 日

于彼得堡

第一篇

国民经济概论

第一章　政治经济学的对象

一、政治经济学概说。理论与事实。政治经济学科学教程的任务。二、经济活动的定义。从满足于经济活动的需求型观点来看经济。经济原则。经济活动的客观特征和主观特征。三、政治经济学和自然科学。经济过程的两重性。经济学与技术。生物学观点和政治经济学观点的区别。四、单个经济和国民经济。为什么不可能是单个经济的经济科学。政治经济学和心理学。国民经济。国民经济的自发力量和社会政权对国民经济的计划调节。政治经济学的定义。经济是文化统一体。研究国民经济的政治经济学的认识论原因。

一、政治经济学概说　政治经济学研究国民经济，至于从哪些方面，在什么意义上和为了什么目的进行研究，这些都将在下文加以说明。

政治经济学原理同其他社会科学相比，是极其不同的，因为其他任何一门社会科学，都不像政治经济学那样会引起当代人如此强烈的兴趣，在科学威信方面遭到如此经常的否认，以至受到如此恶意的来自四面八方的批评。无论前一种或后一种情况，在某种程度上都是由于一个共同的原因造成的。因为政治经济学是研究经济关系的，从而闯进了经济利益的领域，而经济利益在现行的社会生活条件下，又是当代大于一切和高于一切的利益。但是，在现行经济制度所特有的深刻的和无法消除的经济利益对立的条件下，政治经济学的结论不能不与某些居民集团的利益发生冲突。因此，我们这门科学的原理最难于得到公认，而且众所周知，甚至连最浅显的和看来不容争辩的论据，都会遭到敌对利益的反对。这就是政治经济学在舆论界的威信动摇不定的原因所在。也就是说，这门科学愈深入触及社会经济关系的本质，它的结论由于与某些人的利益相抵触而遭到这部分人的反对也就愈加强烈。

政治经济学之所以有能力又有弱点的另一个原因，是在所有社会科学中，唯独它不把描述具体现象以至解释每一个别现象的因果关系作为自己的最高目的，而是把确定各个有关现象因果关系的共同规律作为自己的最高目的。不管政治经济学能否达到这些目的，但它总归还是提出了这些目的，因而它根本不同于法学，也有别于一般历史科学。法学的内容主要是描述现行法律及其发展的历史，并用合理的观点进行评论。一般历史科学描述和解释社会现象的历史更替，但是，它的概括不足以确立社会现象的共同规律。这后一任务本应由社会学来承担，但是严格地说，这门学科暂时还不存在。我们试图建立这门还不存在的学科，目前尚无多大进展可言。

因此，政治经济学就其目的来说，接近于准确的抽象认识，而这种认识的范例可以说是抽象的自然科学。然而，现代经济科学就其结论的准确性和普遍适用的意义来说，远远不及自然科学。正因为政治经济学提出了较高的而又难以达到的目的，所以它比起或多或少用于简单描述具体事实的社会科学来，就更容易遭到批判。

科学的最高任务，是揭示因果依存关系的规律。但是，这一任务远不是任何时候、任何知识水平都能解决的。尤其是政治经济学，长期迷恋于一般公式，而同时代人又把这些公式视为一成不变的和永恒的经济规律。但后来，其中有很多规律似乎都是对局部的和暂时现象所作的肤浅的(有时也是不正确的)概括。由于过分热衷于广泛的概括和抽象，结果造成了经济理论逐步脱离现实生活。许多经济理论的体系多带有繁琐性，纯属围绕着假定术语来咬文嚼字地下定义，丝毫无助于我们对现实的认识。

这种状况不能不引起反应。于是，我们看到，热衷于理论被热衷于事实所代替。有很多经济学家在追求科学认识的更高目的方面失望之余便转而轻视理论。昔日的抽象理论的地位，已被对具体经济事实和经济历史的详尽描述所取代，因而在这派学者的著作中，政治经济学开始变成大量经验材料的简单堆砌，理论上的阐述极其贫乏。

这又走向了另一个极端。崇拜事实的人害怕理论，也和较早期的经济学家过分迷恋理论一样，都不符合于真正科学的精神。如果说脱离事实的理论是空洞的，那么，没有理论解释的事实就是盲目的。

政治经济学的科学教程应避免上述两个极端。科学教程应有完整的理论贯彻始终，这种理论应把收入教程的每一个事实都纳入体系，并摆好它们的位置；而对理论本身也应直接联系事实加以阐述。理论和事实应当是互为前提的有机的整体。

来自事实的理论和作为理论基础的事实，这应当是居于现代科学高峰的教程的内容。

二、经济活动的定义 政治经济学研究国民经济。但是,这样说还很不够。首先,需要给国民经济概念本身下一个确切的定义。其次,需要弄清楚经济科学在什么意义上,从哪些方面,用什么观点去研究国民经济。因为人类的经济活动不仅是政治经济学、而且也是其他许多学科的研究对象。

政治经济学的中心概念是经济概念。一百多年前,伟大的康德在谈到法学时曾讥讽地指出:法学家总在争论什么是法。这种争论迄今还在继续进行。可是经济学家对于经济的概念却很少或者根本不去争论,这倒不是因为经济学家意见完全一致,而是因为经济学家大都没有感觉到需要对经济科学的中心概念做出确切的定义。但是,在这个基本点上的含混不清,势必使其他所有概念也都含混不清。为了确切规定政治经济学的研究对象,使其他学科不能闯入政治经济学的领域,并使经济学家不能在其他学科领域进行徒劳无益的尝试,必须十分严格地划清在经济学家看来能够而且应当合法占据的科学领域的界限。只有这样,才能保证各门科学进行卓有成效的、和谐的协作,以消除那种由于互相间界限不清所引起的带有内哄性质的争吵。

在经济学家中最常用的关于经济概念的定义有两类。第一类着眼于经济活动的最终目的以及经济活动为之服务的需求类型。第二类着眼于经济活动的性质及其内在属性。

第一类经济定义,显然得到更多经济学家的拥护。对经济的实质持这种观点的代表把需求分为两类:低级的、用以维持我们机体生存所必需的需求(通常称为物质或外部需求)和高级的、精神或文化性的需求。按照这个观点,只有那些能够满足第一类需求的活动才是经济。①

但是,对经济活动实质的这种看法,在实际运用中却碰到了难以克服的困难。首先,根本不可能准确地区分所谓低级的、生理的需求和高级的、文化的需求,例如,对漂亮衣服、贵重物品等等的需求,应当归到哪里去呢? 毫无疑问,这并不是必要的需求。然而,所有的经济学家都把制作衣服归入经济之内。其次,假如说能够做到严格区分"经济需求"和"非经济需求"这一点,那它仍然不能给我们提供一个区分经济和其他活动的标准。问题在于,几乎每

---

① 例如,施穆勒指出,"关于经济活动的概念,我们首先指的是以满足我们机体外在需求为目的的活动,没有这种活动,我们就无法生存下去。通过狩猎或畜牧,用锄或犁向大自然母亲索取食物;用树木或石头盖房子抵御寒冷;用树皮、亚麻和羊毛做衣服;制造用以获得所有这一切的工具和必要的器具,——这就是经济活动。"(施穆勒:《国民经济学纲要》,1901 年,第 2 页)施穆勒又对这个概念作了补充解释,说,只有那种具有"合理的性质,并受一定技术知识、准确计算和伦理观念支配的"活动才是经济活动。因此,施穆勒的这个概念,把我所说的第一类和第二类的概念合二为一了。不过,施穆勒正是把经济活动所用的需求放在首位。恩格斯在 1894 年写的、后来才发表的信中写道:"我们视为社会历史的决定性基础的经济关系,是指一定社会的人们用以生产生活资料和彼此交换产品的方式说的。"(参见《马克思恩格斯选集》,中文版,第 4 卷,第 505 页。)至于说生活资料,恩格斯在其《家庭、私有制和国家的起源》一书中解释为"食物、衣服、住房以及为此所必需的工具"(参见《马克思恩格斯选集》,第 4 卷,第 2 页)。但是,恩格斯没有把这个定义坚持下去,并且往往背离它的论据。根据马克思和恩格斯的观点,商品生产,应当是不折不扣的经济活动,但是,商品是用以满足远不止是生活需要的物品。马克思在《资本论》第 1 卷举了一个著名的例子说:《圣经》,也是一种像麻布或酒那样的商品。然而,恩格斯的定义并没有由于它的不彻底性而失去其重要意义,因为恩格斯需要这个定义,用它来论证唯物史观。而唯物史观,从这个定义来看,就是主张人们为满足必要的生活需要进行的活动,是社会发展的决定因素的学说。在俄国,丘普罗夫主张这种观点。他说:"人类从事用以满足物质需要的行为,可以叫做经济行为。"(A. 丘普罗夫:《政治经济学》,1908 年,第 7 页)丘普罗夫所说的物质需要,是指我们机体必不可少的需要。

一种物品都可以用于多种需求，因此，根据上述观点，根本无法确定上述活动是不是经济活动。砖可以盖工厂(用于经济目的)，又可以建庙宇(用于非经济目的)；麻布可以做装粮食的口袋，也可以用来画画。这样一来，经济和非经济之间的界限就完全消失了。

由于不可能按最终目的来给经济活动下定义，所以，有很多经济学家开始从经济活动本身的性质上来探索经济的特征，也就是说，不是要知其然，而是要知其所以然。①

根据这个定义，经济就是遵循经济原则，在任何情况下力求以最小耗费取得最大效益的一切活动。

这个定义似乎比上述几个定义更加科学、更加深刻地触及经济活动的实质。它完全摒弃了那种经济活动仅仅是为了满足一种需求的思想。不管人类的需求是什么样的，是低级的，还是高级的，只要它是满足需求的活动，则凡是符合经济原则的，就应当承认它是经济活动。至于经济原则本身，它不过是尽可能节省力量消耗的一种要求罢了。

---

① 罗雪尔说："每一项正常的经济活动，其目的都是为了用最小的耗费取得最大的个人利益。"(罗雪尔：《国民经济原理》，第 18 版，1886 年，第 22 页。)这个思想，A. 瓦格纳表述得最为确切，他认为，经济原则是"力求从事那种满足需求的快感大于劳苦(牺牲)的工作，同时也力求付出最小(最低限度)的力气或牺牲来达到尽可能大(最大限度)的满足"，而"经济是旨在有计划地并根据上述经济原则不断满足人类需求的劳动行为的总和。"(瓦格纳：《一般的或理论的国民经济学》，1879 年，第 2 版，第 10 页。)在瓦格纳新近出版的《理论社会经济学》(1907 年)一书中，我们又看到了经他稍加补充和修改的经济定义，但是，它的基本思想依然未变。俄国持这种经济观点的人，如 A. A. 伊萨耶夫认为"核算是经济活动的特点"，并且规定经济是"建立在核算基础上的、用来维持、增加和消耗财产的行为的总和"。(A. A. 伊萨耶夫：《政治经济学原理》，1908 年，第 7 版，第 42 页。)

这个经济定义的中心,是经济原则的概念,一般说来,它在当代经济理论中起着很大的作用。毫无疑问,这个原则实际上是经济活动所固有的,而且,经济活动越是遵循这个原则,就越能圆满地达到自己的目的。我们说经济好还是坏,就是要看经济在多大程度上符合这个原则①。

但是,经济原则也与经济活动为之服务的需求类型一样,不大宜于用来区分特殊的经济活动和其他许多活动。任何有理性的、有目的的活动,都必须遵循这一原则。我们根据经济原则进行思维,力求耗费最少的脑力来解决我们所关心的问题,并且用这个原则来确定我们脑力创造的产品价值。把无数个别的具体的印象固定在一般公式中的抽象概念,之所以成为我们思维所必需的工具,原因就在于凭借它可以节省我们的脑力。例如,艺术作品的美学价值大小,也要看它能否耗费最小的外部资料来获得最大量的美的印象,等等。我们的需求远远超出我们已有的用来满足需求的资料。所以,为了最大限度地满足需求,我们应当节省自己的力量,节省其他一切用来满足我们需要的资料。②

可见,为了确定经济的特征,经济学家触及到了极为广义的原则,即所有一般理性活动的基本原则。但是,正因为这样,所以这

① 对于经济本质,毕歇尔在其著名的国民经济起源图式中也是这样理解的。从这个观点来看,不懂得经济核算的野蛮人,是不可能从事经济的。因此,毕歇尔的观点是始终不渝的,他认为,经济是历史发展的结果,比较原始的民族根本不懂得经济,因为野蛮人获取食物,满足自己需求的活动,几乎没有核算和预见的因素(毕歇尔:《国民经济的发生》,俄译本,И. М. 库利舍尔审编,1907 年,第 24 页)。

② "节省思维,在达到最高形式发展的科学(自然科学经常求助于它)即数学中极为盛行……物理学是在经济上经过调整的经验。"(马赫:《通俗科学讲演集》,科特利亚尔译,1909 年,第 158—159 页。)

个原则不能成为经济概念的基本特征。凡是不符合上述原则要求的经济，当然是不好的经济，但是不好的经济毕竟还是经济。从另一方面来说，一个尽量遵循省力原则的真正艺术家，在其创作活动中，由于这一经济特征，不会采用上述原则的。

总之，无论哪一种经济定义都应该被认为是没有确定的经济活动的基本特征。所研究的定义只有到经济人的主观感受领域内去寻求经济的特征。第一类定义是在个人需求的领域内，第二类定义是从个人活动的性质上去寻求经济特征的。但是，经济是具有二重性的行为，是人和外部自然界之间相互作用的行为。而这也正是把经济活动和其他一切活动截然分开的客观特征。一切有目的的活动，都应具有某一活动对象。对象可以是人，也可以是外部自然界。把人作为其直接对象的活动，我们从不把它归入经济概念。至于经济活动，它的直接对象是外部自然界。这就是经济的第一个客观特征。

例如，医生给患者看病，不是经济活动，正像教师教学，音乐家演奏或法官审判，也都不是经济活动。相反，种地、打粮食、做衣服或者盖房子，所有这些都属于经济领域。综上所述，人类活动的直接对象是外部自然界，也就是如何改变它，使之适应于我们的目的。

但是，不能认为，我们作用于自然界仅仅是为了满足我们所必需的生理需求。我们的最高需求，也同最低需求一样，要想满足它们，就得先用我们的劳动来改变自然界。

对宗教的需求导致建造庙宇，甚至整个原始的建筑学也都起源于建造庙宇。审美需求引起各种各样的经济活动，力求使外部自然界适应我们的需要。衣服不仅是用来御寒，而且用做装饰品，因此衣服的生产是最重要的经济劳动部门之一。为了满足音乐的需求,就得生产乐器。雕刻,需要有大理石和青铜;绘画,就要有亚麻布和油彩。现代社会对知识的需求迅速增长,致使用来生产书籍、纸张、墨水、笔尖和科学仪器等等的社会劳动所占的比重日益增大。追求诸如此类物品支配权的欲望是刺激军国主义发展的重要因素之一,从而使千百万人不得不从事军事装备、军服和军用食品的生产。总之,从最高级到最低级的需求,没有哪一种社会需求,可以不要人作用于外部自然界并使之为我们服务就能得到满足的。

然而,经济活动并不都是改变外部自然界的行为。交换和贸易也属于经济领域,但是,这只不过是对外界物品的占有权从一个人转入另一个人手中而已,而物品本身并没有发生任何变化。在交换中,人对外部自然界的关系发生变化,也就是说,参加交换的人获得他所需要的物品,为自己创造物质条件来满足自己的需要。换句话说,在交换的情况下,经济活动的目的,是为从事经济活动的人创造能满足他们需要的物质环境,经济活动的对象是外部自然界,但不是改变自然界,而是控制它为从事经济活动的人服务。

可见,经济活动的第一个特征,就是经济活动的直接对象是外部自然界,而不是人。这是经济的外在客观特征。但是,仅有这个特征还是不够的。经济活动根本不同于游艺和艺术创作,一般地说,也不同于任何另一种不是手段而是目的活动。如果活动的外在结果相同,那么,判断活动是不是经济活动,这就要看它是手段还是目的了。经济活动从来不是目的,而永远是达到另一目的的手段。这就是经济的第二个特征即主观特征。

打猎者和钓鱼爱好者,他们从事的都不是经济活动,尽管他们像纯从事经济劳动的职业猎人或普通渔民一样,也打野禽和捕鱼。招牌画家也同油漆匠一样,从事的是经济活动,但是,一个真正画家的创作,我们从来不会把它看做是经济。这是为什么呢?因为美术创作是目的本身,画家从事创作,是出于内心追求某种能给他带来最大享受的活动,而绝不是为了自己的娱乐或别人的舒适。所以,我们如果把画家的劳动跟经济劳动混同起来,那就是极大地贬低了画家的劳动,如若把诗人或风景画家叫做手艺人,那就意味着否认他们具有真正的艺术天才。

正因为如此,我们把整个消费范畴排除在经济劳动领域之外。消费是我们活动的目的,而不是用以达到某一目的的手段。

制造食品是经济,然而食品并不是经济,因为当我们开始消费时,经济活动也就结束了。经济的任务恰恰在于使消费成为可能。经济的最终目的是消费,而不是经济本身。如果把消费归入经济领域,那么,经济也就把凡是能满足我们需要的活动,换句话说,把一切消费全部包括进来了。

由此可见,经济活动具有两个特征。一是客观的特征:经济活动直接的外部对象,始终是外部自然界而不是人,一是主观的特征:经济活动始终是手段,而不是目的。我们把这两个特征综合起来,可以得出如下的关于经济这一活动的定义:经济是人类以外部自然界为对象,为了创造满足我们需要所必需的物质环境而不是为了追求享受所采取的行为的总和。

三、政治经济学和自然科学 我们给经济下了定义,也就为阐明政治经济学的研究对象迈出了第一步。这仅仅是第一步。问题在于研究经济的不只是经济科学,还有相当多的应用自然科学也在研究它。工业工艺学、工程学、农艺学和畜牧学等都是自然科学,从其研究对象来看,都与经济科学密切相关。不论技术专家还是经济学家,他们研究的都是同一个经济生产领域,只是其观点根本不同。

经济学观点与技术观点不同，这一点是赫尔曼首先提出来的。这位杰出的理论家认为，技术注重于加工材料的质量变化。技术指明怎样使材料具有适于人类消费的属性。与此相反，经济学则是对生产实行数量控制，做到所费与所得的平衡。经济计算确定需要生产多少产品，而产品质量则取决于技术。可见，技术的观点是质的观点，而经济学的观点则是量的观点。

赫尔曼对经济学与技术所作的这种区分，实质上再现了作为经济特征的经济原则的思想。但是，也正因为如此，这种区分是站不住脚的。事实上，技术脱离数量计算，是不可思议的。在安装机器时，技术人员不能不考虑这台机器工作时机械力的消耗及其有效作用。技术如不根据省力的原则进行计算，换句话说，如不根据经济核算行事，那它对任何一种实际目的都是无用的。因此，不用说，真正工艺学的特点，并不是赫尔曼所描述的那样。实际上，经济学的观点同技术的观点是有严格区分的，但是，赫尔曼所说的并不是产生这种区分的根本原因所在。赫尔曼仅仅意识到了与此有关的理论问题，但他根本没有加以解决。其实，解决这个问题是没有什么困难的。

如上所述，经济过程具有两重性，因为它是在人和自然界的两极之间进行的。由此而产生经济科学的两重性：如果我们把注意力集中于经济过程的一极——人，我们则坚持经济学家的观点；如果我们转向经济的另一极——自然界，我们则转到技术专家的观点上来了。对技术来说，经济生产的过程，无非是一定的基质，在一定的物理化学力的作用下连续出现的一系列物理化学变化的过程。对技术来说，人本身也不过是一种机械力，同参加生产过程的其他机械力没有什么根本的区别。与此相反，经济学家对物质生产过程本身却毫不关心。对经济学家来说，物质生产过程只有影响到他唯一关心的对象——人的福利时才有意义。

在农艺家看来，犁耕的土地、犁、拉犁的马和使役马的人，这些同样都是机械力，它们相互作用的结果就是耕地的过程。相反，在经济学家看来，土地也好，犁也好，马也好，都不过是人用以达到其目的的手段而已。人同土地、犁和马不一样，不是生产的手段，而是整个生产过程的目的，生产过程只有对人有利才有意义。

可见，经济学家的观点，就是人的利益观点，就是从客观过程对人们福利的影响着眼，对外部自然界中发生的客观过程作出的评价。在这一点上，政治经济学十分明确地有别于工艺学。对工艺学来说，人同自然不是对立的，而是自然的组成部分，也是作用于技术科学所探讨的物理化学过程和生物过程的一种力。

然而，不单单是经济科学才研究经济劳动过程中的人，研究人的还有医学。工厂卫生学和一般工业卫生学，都是研究经济劳动条件对人的影响。但是，经济理论和卫生学观点的区别，就在于卫生学类似工艺学，是自然科学的一个分科。对这个学科来说，人是动物机体，和其他动物机体没有什么两样。医学和卫生学特别注重人的生物过程。相反，经济科学却很少关注这个过程，正像它很少关注外部自然界中的物理化学过程一样。无论是生物过程还是物理化学过程，只有当这些过程影响人的福利和人的心理活动时，才对经济理论具有意义。对经济科学来说，只有人才是重要的，而且不把人当做动物机体，而是当做心理活动的主体来看待。因此，经济科学所研究的经济过程，可以简单地说成是人的心理活动，这就是政治经济学用以研究经济过程的观点，也只有这样，才能使政治经济学与工艺学、卫生学区别开来。

四、单个经济和国民经济　如上所述，经济科学是从经济活动对心理活动的主体——人的福利的影响着眼来研究人的经济活动的。但是，由于我们把整个技术和卫生领域排除在经济科学领域之外，所以，我们的经济科学显然也就所剩无几了。就拿孤立的单个经济（如只靠自己劳动产品为生、不买不卖的农民家庭经济）来说吧，这种经济的成就大小，主要取决于能否从技术角度合理地安排生产，能否根据医学和卫生要求合理地从事劳动。但是，在这方面，经济学家能够提供什么有重要价值的东西来呢？换句话说，在孤立的单个经济的范围内，是否有特殊的经济学科的一席地位呢？整个经济过程表现在人的心理活动上，所以，在这种情况下，它是极其简单的。经济人的需求决定着经济劳动的方向。这种劳动的成效，决定于外在的生产条件和技术知识的水平。在这种情况下，经济的因果关系主要属于外部自然界和有机体活动的范围，因而也就只能是自然科学研究的对象。至于说属于心理活动范围的经济过程，则诸如此类的心理过程就是心理学这一专门学科研究的对象了。

在这种情况下，整个经济过程决定于人的意志和思想。经济需要有一定的计划，需要经济劳动在使用它的不同领域之间进行一定的分配。这种计划只能在计算每件产品效用的基础上根据产品生产的劳动价值来制订。每一种经济都需要制订这种计划，但是这不属于理论科学的领域，而属于实际技能的范围。既然问题在于如何对经济人心理过程进行理论研究，那么，这种研究也就构成了应用心理学的法定领域。

可见，超出心理学之外的特殊的理论学科，在这种情况下是没有地位的，于是，我们就会得出一个奇怪的结果：凡是属于其他科学领域的东西，我们都把它们从经济科学领域内一一排斥出去，似乎在经济科学中什么东西都没有留下来，从而也就取消了经济科学。

实际上，在孤立的单个经济的基础上，不可能产生特殊的经济科学，这方面的资料过于匮乏了。但是，我们不妨把孤立的单个经济同那些具有经济行为自由的并在法律上互不依赖，但在交换中又相互联系的单个经济作一比较。在这种情况下，每一个别的经济人或多或少都是为其他经济工作的；每个经济人虽然形式上是完全自由的，但事实上却是相互依存的。每个人想生产什么，就生产什么，但是，市场却不是不管什么产品，不管产品多少都能容纳得了的，因此，如果生产者想为自己的产品找到销路，就必须受市场的支配。生产者的经济福利决定于产品的价格，而价格不决定于生产者的愿望，却决定于市场的规律。价格是所有发生交易关系的经济人相互作用的结果，但不是他们有计划协议的结果，而是自然而然、自发地产生的结果，就像作用于一点上的机械力自然而然地形成合力一样。价格的产生是带有对抗性质的许多利益冲突的结果，因此每一种个别的利益都无力决定价格。

我们在社会生活领域内看到的独特的现象，冯特把它称之为“目的变异”，这就是说，许多人为追求彼此无关的各自的特殊目的而采取了相应的行动，由于这些行动的相互作用而产生了完全不以每个人意志为转移的、超出每个人目的之外的结果。整个历史进程，就是这种“目的变异”的例证之一。①

单个经济是相互依存的，它们的经济行为形式上是自由的，但实际上是被交换的纽带联结在一起的，因此，经济活动的结果，不仅开始取决于每一个个别的经济人的经济核算，取决于经济劳动的物理化学条件和生物学条件，而且还取决于社会制度的条件。这后一个条件既不属于某些个别经济人的心理活动范围，又不属于经济劳动的物质条件范围。在这种自由交换经济的社会条件的基础上，产生了它的特殊的因果关系，产生了它的规律性，这种规律性，对于构成该类交换的单个经济来说，带有外部自然界规律所具有的那种强制的性质。

不问个别经济人愿意与否，他都不得不服从于市场上给他定的价格。这种价格可能直接使个别经济人破产，甚至可能使所有经济人全部破产，而且这种价格只要其产生的经济条件不变，就不会改变的，这也正如自然界现象，只要产生它的动力仍然起作用它就不会改变一样。

自由交换经济的这种特殊规律性，也是需要有相应的特殊科学来解决的一个新的理论问题。不论是自然科学，还是心理学，都不能揭示以交换为纽带而联结起来的单个经济相互作用的规律。由于存在着这种看不见、但又完全是实实在在的纽带，该交换集团

---

① 恩格斯说：在历史上，“人们所期望的东西很少如愿以偿，许多预期的目的在大多数场合都彼此冲突，互相矛盾……。这样，无数的个别愿望和个别行动的冲突，在历史领域内造成了一种同没有意识的自然界中占统治地位的状况完全相似的状况。行动的目的是预期的，但是行动实际产生的结果并不是预期的，或者这种结果起初似乎还和预期的目的相符合，而到了最后却完全不是预期的结果。”（参见《马克思恩格斯选集》，中文版，第4卷，第243页）

的单个经济的总和，就成为相互联系的整体，即社会机体，在这个机体中，每一单个经济既起着决定因素的作用，又起着被决定因素的作用。这个法律上自由而又被交换联结起来的单个经济的总和，就形成所谓国民经济。[①]

国民经济与单个经济的根本区别，在于单个经济受单个经济人意志和意识调节，相反，国民经济却没有经济人，它是许许多多受个人意识调节的单个经济自发的、无意识的相互作用的产物。国民经济的活动并不服从于某种有意识的计划，但是，国民经济在发挥其职能时，似乎又有这样一种计划。研究国民经济的这种内部规律性，研究维持所有单个经济之间联系并确定其相互作用的这种无形的机制，也是政治经济学的最重要的任务。

在一切现实的国民经济中，有两方面的力量在起作用：一是单个经济的无意识的、自发的相互作用的力量，如上所述，这也是政治经济学最重要的研究对象；二是社会政权对经济过程进行的有意识的合理调节。国民经济不仅仅是单个经济的自发的综合体，其中还有社会政权机关首先是国家的调节力量在起作用。国家或多或少限制着单个经济的行动自由，迫使其活动服从于有国家参与的某种计划。但是，政治经济学这门科学并不是在研究国民经济这些有意识的调节力量的基础上产生的，而恰恰是在研究无意识的自由交换规律的基础上产生的。

---

① 我们甚至还有一句民间谚语“上帝创造价格”，就鲜明地表达了这种自发的和不受人类影响的价格规律。

正因为国家调节着国民经济的过程，所以，国家相当于单个经济人。在单个经济中起作用的那种有意识的意志和有意识的计算，是国家对国民经济调节的基础。在国家对国民经济过程进行有意识的调节基础上，产生了经济政策的科学，而它与理论政治经济学比较，则具有完全不同的另一种认识论的性质。所以，正如其他国民生活领域的国家政策（包括刑事政策、民事政策、外交政策等）不能产生研究关于上述有关现象的不以人们意志为转移的因果依存关系的特殊科学一样，经济政策也不能产生关于经济现象的不以人的意志为转移的因果依存关系的科学。

政治经济学随着其研究对象，即自由交换经济的发展，仅在不久前，即从十八世纪中期开始，才逐步成为特殊的科学。但是，国家及其对经济方面的干预，却已经有数千年之久了。不过，在自由交换尚不发达的时候，政治经济学的基础是不存在的。

例如，我们不妨把在实行社会规定价格（如行会时期对产品的限价）和进行自由交换条件下的价格构成作一比较。在第一种情况下，产品的价格既然取决于社会政权的专横，则要根据社会政权想要维护的利益而定。价格不能离开有利害关系的人而自行产生。价格也像社会政权所定的法律或法规一样，是人类有意识活动的产物。与此相反，在自由交换中形成的价格却不是由什么个别人的意志规定的，而是自然而然地和必然地产生的，正像在一定的气象状态下，自然而然地和必然要下雨一样。在社会规定产品价格的基础上，势必产生与之相适应的经济政策这门实际的艺术。而在自由形成价格的基础上，则势必产生关于支配价格形成的不以人的意志为转移的因果规律的科学。

由此可见，政治经济学研究自由交换经济的自发的规律性，不仅是因为这种经济制度在当代占统治地位，而且还有其深刻的认识论的原因，即政治经济学为什么要在研究这种经济制度的基础上产生。①

但是,交换经济绝不是停滞的、一成不变的经济制度,而是处在不断发展的过程之中。所以,经济科学在研究交换经济的同时,也研究这些发展过程。国民经济的自发力量无非是参与交换经济的人们的社会关系而已,在交换经济条件下,参与这种经济的每一个人,为了达到自己的目的,都与别的人发生相互关系。而参与交换经济的一些成员同另一些成员之间的这种相互依存关系,也就形成了交换经济的社会关系。据此,我们可以给政治经济学下定义。从广义上说,政治经济学就是关于经济活动范围内人们的社会关系的科学,从狭义上说,现代政治经济学就是关于在历史上不断发展着的自由交换经济条件下进行的经济活动范围内人们的社会关系的科学。

英国经济学家通常不是根据经济概念而是根据财富概念来给政治经济学下定义,谈它是"关于财富的科学"。② 法国人大多步英国人的后尘行事,而只有德国人才把经济的概念提到了首位。但是,财富的概念之所以不适于表达经济科学中的这种核心的作用,是因为它指的是经济活动的外在结果即具有价值的(经济)物品的总和,而政治经济学研究的都是这种活动本身以及

---

① "到现在为止,我们所掌握的有关经济科学的东西,几乎只限于资本主义生产方式的发生和发展。"(参见《马克思恩格斯选集》,中文版,第3卷,第189页。)

② 参见E. 凯尔恩斯:《政治经济学的性质和推理方法》,1875年,第25—26页。在新近的经济学家中,塞季威克断言:"政治经济学至少在英国,目前被人们认为是关于财富的生产、分配和交换的科学。"(《政治经济学原理》,1887年,第12页。)但是,马歇尔受德国经济学家的影响,不太坚定地认为,政治经济学"一方面是关于财富的科学;另一方面,即比较重要的一方面,又是关于人的科学的一部分"。(《政治经济学原理》,1898年,第1页。)

在这种活动范围内产生的社会关系。如果把政治经济学确定为关于财富的科学(换句话说,关于物质的科学),那么,我们就会抹杀政治经济学与技术科学之间的差别,并且不能把我们的政治经济学的社会性质提到首位。这就是为什么承认可望取得主导地位的德国经济学家的观点是方法论上的重大改进的原因所在。

但是,尽管几乎所有的德国理论家持有这种或那种经济概念,但不能认为德国人已经成功地解决了给经济科学核心概念作出科学定义的问题。除上面阐述的定义之外,我们还在德国文献中看到其他许多定义。其中极其盛行的是迪策尔的定义,这位杰出的理论家说:"经济是主体用来满足自己物质福利需要的行为的总和。"①我们在菲利波维希、普拉特和 B. Я. 热列兹诺夫那里也能找到这种类似的定义。这种定义的优点,是强调经济的客观特征,即强调经济活动的对象是外部物质世界。它的缺点是忽略了经济活动的主观特征,即经济永远是手段而不是目的。根据这个定义,消费是经济,而实际上,迪策尔甚至把呼吸也称之为经济行为。但是,如果这样来理解经济,那人的一切日常活动都会变为经济了。维塞尔是完全正确的,他说:"满足从最粗野到最高尚的一切形式的需要的过程,以及我们所从事的注重于外在结果、但有助于发展和发现人类个性的并非经济工作的一切活动,都不具有经济的性质。"②

本书所下的经济定义,属于作为活动的经济,而不属于作为文化统一体的经济。在这后一种意义上,我们不妨作出如下定义:经济是用于经济活动目的的设施和机构以及经济活动效果的总和。在这个意义上,我们说某一个人的经济,就是在说某种文化统一体和与经济人个人无关的外在整体。经济人即使死了,但他的作为文化组织的经济依然存在。我们正是在这个意义上来谈国民经济的。

关于经济精神的实质,我们可以从明斯特尔贝格那里找到饶有趣味的见解。明斯特尔贝格主张经济有它自己的独立价值,但这种价值"不能归结为我们从经济物品的消费中得到的那种满足感"。现代资本主义企业主孜孜不

---

① 迪策尔:《社会经济学理论》,第 159 页。

② 维塞尔:《经济价值的起源和主要规律》,1884 年,第 77 页。

倦地活动，与其说是为了贪图物质享受，不如说是为了追求创造财富的满足感。根据明斯特尔贝格的解释，经济有它的激情，有它理想的一面，这突出地表现在现代的规模巨大的资本主义经济之中。这种激情来自对自然界巨大的客观变化、日益适应于人类经济需要的认识。在这种情况下，必须把追求经济成就的激情同现代人用纯技术观点来评价当代工业进程时所抱有的自豪感严格地区别开来。后者这种高昂的感情是由于人类征服自然而产生的。还有另一种性质的经济激情，在这种激情中，自然不是被征服了，而是由于它富有无穷无尽的力量而尽量地被扩展了。人不是自然的主宰，而是它的奴仆、助手，它最强大的力量。只有借助于经济，自然才可能达到它自己本身的最终目的，而经济的独立价值就表现在这里①。

不能不赞同明斯特尔贝格的观点，认为经济也像其他所有的文化事业一样，有它自己的激情。但是在这种情况下，经济活动仍然是手段，而不是目的，因为目的只能是经济活动的外在结果和这一活动所创造的财富，尽管经济人自己并不拥有这种财富。因此，即使存在明斯特尔贝格所描述的经济激情（它不可能存在或通常不存在，因为明斯特尔贝格所描述的不是普通经济人的心理学，而不妨说是经济演员的心理），但经济活动也仍然保持上文所述的典型特征。

另一方面，正因为我们深入探讨了经济激情的实质，所以我们才弄清楚了经济和艺术有着深刻的根本区别。经济力求揭示的是自然，艺术力求揭示的是人。

单个经济与国民经济，像局部与整体一样是对立的。国民经济是"单个经济的复杂化"这个概念，主要是卡尔·门格尔引入科学的。他说："国民经济的现象，绝不是该国国民直接的切身利益的表现，绝不是从事经济活动的国民所造成的直接结果，而是国民中间无数单个经济的欲望所导致的最终结果（Resultante）。"②瓦格纳是根据1)经营主体的个性和2)经济的目的来划分单个经济的。根据第一点，单个经济可分为：1)体力劳动者的经济；2)法人经济；3)介乎两者之间的经济。根据经济的目的，单个经济可分为：1)只追求

---

① 明斯特尔贝格：《价值哲学》，1908年，第351页及以后各页。

② 卡尔·门格尔：《关于社会科学方法的研究》，译自德文，1894年，第82页。

经营者利益的私人经济；2)追求社会利益的社会经济。这后一种经济又可分为：1)自愿经济(如消费合作社，信贷互助会，工人联合会)；2)强制经济，其中最重要的是国家经济。①

国民(自由交换)经济，仅仅是历史上曾经有过的许多经济体系之一。究竟哪一种经济体系应当作为经济理论的基础？这个问题，只是在现代才被迪策尔在方法论上以明确的形式提出来了。

门格尔在探讨这个问题时，采取了如下的解决办法：经济理论家应根据实际利益的观点来研究某一种亦即现代的经济制度，而且为了阐述其他类型经济结构的现象，还应当在一般理论上作相应的修正和限制。② 门格尔的解决办法是根本不能令人满意的。从这个观点来看，历史上有多少种经济制度，理论上也就可能有多少种不同的经济科学；况且政治经济学只是在研究现代交换经济的基础上才成为科学的。这应有它的深刻的认识论原因。但门格尔却根本没有指出来。

其实，傅立叶早就觉察到，研究交换经济要有认识论的根据。③ 不过，这个问题，只是在现代，迪策尔才在自己写的《对经济科学方法论的贡献》一文中明确地提出来了，并得到了出色的解决。他在这篇文章中得出的结论是：从认识论的观点来看，经济科学应当研究的只能是自由交换经济。迪策尔运用许多论据多方证明："离开自由交换(Verkehrsfreiheit)这个前提，(经济科学)是不能阐明一般规律的。"④

可是后来，迪策尔的这个观点稍有改变，认为可以有两种不同的经济理论：一种研究"集体体系"(Collectivsystem)；另一种研究"竞争体系"(Concur-

① A. 瓦格纳：《一般的或理论的经济学》，1879 年，第 2 版，第 52、121、151、154 页。

② 见门格尔前引著作，第 101 页。

③ 他说：文明(他所说的"文明"系指现代资本主义经济制度而言)的机制，是所有一切机制中最奇异的机制(le plus curieux de tous)，因为在这个机制中，可以观察到各种力量的最为复杂的现象。(傅立叶：《关于四种运动和普遍命运的理论》，1841 年，第 408 页。)

④ 迪策尔：《对经济科学方法论的贡献》，载于《国民经济年鉴》，N. F. IX，第 237、245 页。

renzsystem)，同时，他还仍然认为，从认识论的观点来看，上述第二种体系尽管难于理解，但却是至关重要的。

令人费解的是，为什么迪策尔认为需要对自己先前提出的观点加以限制？他先前认为，从认识论观点来看，不论在其他哪一种经济体系的基础上，都不可能产生因果关系类型的经济科学。要知道，如果说在"集体体系"(经济过程受从事调节的社会政权支配的体系)的基础上也能产生经济科学，那么，这种理论则与自由交换经济自发过程的理论具有根本不同的性质。但是，研究"集体体系"的经济理论，能否达到高于其他某一政策理论学科的科学水平，是很值得怀疑的。经济科学与其他社会科学不同，它阐明经济现象的因果依存关系的体系，恰恰是由它现代的研究对象——自由交换经济的特征所决定的。从迪策尔的观点中可以清楚地看出这一点。可见，研究"集体体系"的经济理论，不能形成为研究经济因果关系严密的科学即现代政治经济学。因而有充分的理由来断定政治经济学这门与现代国民经济密切相关并研究经济现象因果依存关系的特殊科学的命运。它同国民经济一起产生和发展，又同国民经济一起退出舞台。在社会主义制度下，这门科学将失去自己的地位，尽管在这种制度下，有关经济政策方面的实际知识及其所需要的辅助学科(如统计学)都将有极大的发展。那时，政治经济学一部分将变为经济政策理论，而另一部分则将纳入关于社会的一般科学——社会学之内。①

参考书目

赫尔曼：《国民经济学研究》，1870 年，第 2 版。

A. 瓦格纳：《一般的或理论的国民经济学》，1893 年，第 3 版。

H. 迪策尔：《对经济科学方法论的贡献》(载于《国民经济年鉴》，N. F.

① "在严格的社会主义的社会制度下，建立在因果关系的原则上的政治经济学，会成为纯属荒诞的东西。"(桑巴特：《现代资本主义》，第 1 卷，1902 年，第 16 页。)Л. И. 彼得拉日茨基也认为："政治经济学及其认识论特征，只有从现行的法律制度方面看，才是可能的。在社会主义制度下与现今经济理论有关的、用演绎的方法研究由民法因素引起的行为(意向)法则的科学，已经没有什么存在的意义。"(《法律和国家论》，第 3 卷，1910 年，第 2 版，第 710 页。)

B. IX)；《社会经济学原理》，1895 年。

K. 门格尔：《关于社会科学方法的研究》，A. 古里耶夫编译，1897 年。

毕歇尔：《国民经济的发生》，И. 库利舍尔编译，1907 年。

施穆勒：《从唯物史观看经济和法》，俄译本，1907 年。

菲利波维奇：《政治经济学原理》，俄译本，1901 年。

施穆勒：《国民经济学纲要》，1901 年。

A. 丘普罗夫：《政治经济学》，第 3 版，1908 年。

A. 伊萨耶夫：《政治经济学原理》，第 7 版，1908 年。

П. И. 格奥尔吉耶夫斯基：《政治经济学》，第 1 版，1904 年。

Л. 霍茨基：《政治经济学》，第 4 版，1908 年。

A. 斯克沃尔佐夫：《政治经济学原理》，1898 年。

热列兹诺夫：《政治经济学纲要》，第 7 版，1912 年。

奥尔任斯基：《关于经济现象的理论》，1903 年。

明斯特尔贝格：《价值哲学》，1909 年。

П. 司徒卢威：《经济和价值》，第 1 卷，1913 年。

第二章　政治经济学的方法论

一、科学描述的一般性质。克服现象的外延多样性和内含多样性。分类。应用科学和理论科学。二、社会科学领域中的描述。社会科学领域中实际利益的区分。人人应遵行的伦理学观点。三、经济概念体系的建立。四、经济现象的解释。科学地解释现象意味着什么。在经济科学领域中的归纳法和演绎法。经济演绎法的前提。经济的三段论法。检验的必要性。经济理论的结论比自然科学的结论价值较小的原因。五、政治经济学的分科。经济科学中的自然科学观点和历史观点。

一、科学描述的一般性质　对现象世界及其各种形式的科学认识,不外乎有两个方面:描述现象和解释现象。

描述是科学认识的第一步。描述的实质,就是把被认为对认识目的有重要意义的研究现象的全部实际特征在科学认识中固定下来。解释现象是认识的第二步,因为在开始解释这些现象之前,就应当把这些现象及其重要特征在认识中固定下来,这也正是描述的目的。要想解释什么,就得先知道解释什么。

对于通常非批判性的思维来说,现象的描述则是轻而易举的:只要把所研究的现象及其具体的复杂性尽量充分地在我们的意识中再现出来，并把我们从这些现象中得到的印象用语言表达出来，力求做到充分描述现象就可以了。从这个观点来看，现象的科学描述，似乎可以说，就是对外部客观世界的模拟。这种模拟把极其复杂的客观世界再现得愈准确，科学的描述就愈完善。当我们在意识中把极其复杂、极其多样的世界的全部丰富经验固定下来的时候，科学描述的理想也就实现了。

但是，如果科学描述真是这样力求认识自然界的话，那么，显而易见，这种科学描述永远也达不到自己的目的。因为自然界是无限多样的，而且有两方面的含义：第一，自然界作为一个整体，在无限的空间和时间中是无限多样的；第二，自然界在每一个个别的表现中，也是无限多样的。

李凯尔特把第一种叫做外延的多样性，把第二种叫做内含的多样性。① 外延的多样性，是用不着证明的，而内含的多样性则不太明显，它具有第一种多样性所具有的那种无限多样的性质。空间和时间不仅在面积和长度上是无限的，而且可以被无限地分成最小的部分。物质的每一部分都含有完整的无限多样的属性，因而，物质的每一个最小的部分之间都有着无限多样的差别。微观世界，也像宏观世界一样，不会被我们具体而充分地描述出来。可见，如果说科学描述是力求模拟外部世界的话，那么，它不仅对整个自然界（由于自然界有外延的多样性）无力做到这一点，而且对每一个别的具体现象（由于具体现象具有内含的多样性）也无力做到这一点。这也就是说，我们力求把自然界在我们的意识中如实地反映出来，借以认识自然界，这种愿望本身就含有内在的不可能性。

我们的认识究竟怎样才能克服这种困难，即自然界的无限多

① 李凯尔特：《自然科学概念构成的界限》，第 36 页。

样性呢？办法就是要从无穷尽的多样性中，选出为数不多的特征，舍弃其他不可胜数的大量的特征，以形成现象的一般概念、等级或类型，这些现象，不仅仅包括为数不多的被实际观察的一类现象，而且也包括其他无数的、潜在的、虽不属于被观察的现象，但仍属于同一类型的现象。

舍弃被研究现象的无限多样的特征，注重为数不多的更为重要的特征，我们就可以克服现象的内含的多样性。在这些特征的基础上，阐明现象的一般类型，我们就可以克服现象的外延的多样性。

于是，由于简化了认识世界的任务，我们就有可能解决这个任务。由于放弃了无法做到的对自然界具体的无限多样性的认识，并采取了上述方法，我们就能获得当然是极为有限的，但却是坚实可靠的、足以达到我们目的的认识。

总之，任何现象的研究都始于现象的描述，而现象的描述，绝不是试图做那种没有内在可能性的事，即试图把现象的无数特征在我们的意识中全都固定下来。只有某些我们认为是重要的特征，才能被我们认识而固定下来，其余的特征则全都舍弃了。

现象的科学描述，可分为两个密切相关的过程：一、阐明被描述的现象具有哪些我们认为是重要的特征和属性；二、根据现象所具有的某一属性，把所描述的现象归入普遍的和个别的类和属的某一逻辑体系。第二个过程就是所谓现象的分类，科学描述也就到此结束。借助于分类，就有可能把潜在的无限多的被研究现象看做是一个整体，而每一个具体的现象在这个整体中都有它应有的位置，因为每一个个别现象在这个体系中都不过是普遍规则的特殊情况而已。

但是，不应当认为，描述的第一步（阐明某一现象的特征）可以不依赖第二步现象的分类而自行完成。诚然，如果某一类现象已经分好类，那么，把新的尚未研究的现象归入某一类，并确定它在总的体系中所占的位置，就是继第一步确定该现象特征之后的第二步了。因此，植物学家首先要确定新的未知的植物的特征，然后根据这些特征再确定它在植物体系中的位置，并加以分类。但是，科学描述这两个步骤的划分，要求有一个现成的分类体系。如果没有这样一个体系，描述的第一步就不能不以分类为前提。因为描述的第一步要确定哪些特征值得描述，哪些特征不重要而应予舍弃，但是，把特征分为重要的或不重要的做法，就已经是分类的行为了。因此，任何描述，甚至是最粗糙、最简单不过的描述，都只能是分类。描述的每一步都离不开分类，分类仅仅在逻辑上可能与确定被描述现象的特征区分开。①

于是，一切科学描述的最重要的和具有决定意义的一步，就是如何解决用什么观点描述某一现象，确定它哪些特征是重要的和哪些特征是不重要的问题。我们的描述不管多么客观（描述应当尽可能做到客观，也就是说它应当尽可能准确地把现象本身而绝不是把被描述的主体再现出来），它的第一步仍然不能不由我们的

① 每一个判断都是以分类为前提的。如果说作为自然科学认识事物第一步的描述的概念与第二步的分类不同，应当具有某种含义的话，那么，这只能把描述理解为借助于不是出自专门逻辑目的的概念来把现实现象简化的分类。见李凯尔特：《自然科学概念构成的界限》，第46页。

认识的目的来决定。[1] 因为现象本身并没有什么太重要和不太重要之分，现象中的一切都是同等重要的，也就是说，现象中的一切都是同等必要的，都同样是世界序列不可消除的结果。然而，只是对我们来说，由于我们的认识能力有限，而不得不把我们的认识局限于无限丰富的现实世界的微不足道的一小部分之中，因此，才产生了区分重要的和不重要的必要性。可是，在决定我们科学认识全部现实内容的这种区分中，我们应当依据的又是什么呢？

当然，首先应当依据我们认识的目的。但是，这些目的可以有两类。在一些情况下，我们的兴趣仅仅来自我们认识的需要，具有纯理论的性质；在另一些情况下，我们的认识活动则是为了达到实际性质的目的，是我们意志的奴仆。据此，科学又可分为理论科学和应用科学。

至于谈到理论认识，它对重要和不重要的区分，没有一条非常明确的标准，因为严格说来，理论认识应当把客观存在的一切都看做是同等重要的。但是，由于不可能把外部世界的多样性全都认识得了，所以理论认识仅限于研究重要的东西，研究那些能为科学概括、为揭示自然界普遍规律提供更多资料的被研究现象的特征和属性。这是因为，对自然界现象进行科学认识的最高目的，就是为了从这些现象中求出自然界的普遍规律。所以，根据重要和不重要的区分标准来选择从着眼于某些特征所得出的丰富的科学结

① “没有评价的因素，就不可能有描述，甚至是最科学的描述。”见厄本：《定价，其性质和规律》，1909 年，第 7 页。

论，是完全正确的。但是，不妨再说一遍，在纯理论认识的条件下，这个标准是非常靠不住的，而且是相对的。①

至于说来自某些实际利益的科学认识，情况就完全不一样了。在这种情况下，正是由这些利益决定什么是重要的，什么是不重要的。实际利益在这种情况下起着决定性的作用，但这些指的不是该利益对我们关于外部世界判断的逻辑结构产生什么影响，而是它为我们的理论认识提出了方向、目的和任务。

例如，生物学提不出任何根据来断定研究某一类有机体比研究另一类有机体好。相反，医学却有非常明确的标准来解决哪种知识重要、哪种知识不重要的难题。例如，细菌学之所以被医学认为是极其重要的知识部门，是因为细菌是人体最重要的病源之一。正因为如此，生物学的这一分科，较之其他研究生物进化阶梯高得多的有机体的生物学分科，在现代得到了更大的发展。在这种情况下，细菌学是从非常特殊的观点即从细菌在其赖以生存和发展的环境中所引起的变化这个观点出发来研究细菌的。这个观点，也在一定的程度上确定了细菌的分类，如，细菌学分为结核杆菌细菌学、霍乱细菌学，等等。任何有机体都能引起周围环境的变化，但是，从上述观点来看，除了引起疾病和发酵过程的有机体外，其他有机体就不予研究了。很显然，这些有机体引起的变化，从实际利益的观点来看是没有什么意义的。由此可见，实际利益，就细菌而言，不仅决定研究对象本身，而且也决定研究现象的观点，

① A. A. 丘普罗夫公正地指出："李凯尔特只把主观的因素应用于人文科学（即历史科学——作者注）理论，其实，根据同样的理由和几乎在同等程度上，主观因素实际上也决定着数理科学（即自然科学——作者注）体系。只不过在这里这种因素由于数理科学有些脱离实际生活的需要而不惹人注目罢了。数理科学由于其发展不受实利主义观点太大的直接影响，所以定出了重要性和利害关系的标准，以迎合为数极少的专家学者的心理，并且不顾及'大多数人'的评价，伪造了最高的科学客观性。这些标准实质上是建立在心理学而不是逻辑学的基础之上的，这如同进行结算，要我们清点牛马，而不是点数麻雀。"见 A. A. 丘普罗夫：《统计学理论概要》，1909 年，第 50—51 页。

甚至在某种程度上决定了现象的分类。

与人类实际利益密切相关的科学，其理论研究都是从实际利益出发的。

例如，医学就是以人体正常状况和发病状况的概念为出发点的，不仅用这一观点来研究人体中发生的过程，而且研究外界条件对人体活动的影响。农艺学、畜牧学及其他应用生物科学，都是以人类经济等的实际利益为出发点的。

一定的实际利益为这些科学提供一条线索，用以指导其研究现象的分类，而这种分类与纯理论科学的现象的分类毫无共同之处。

例如，昆虫学是理论科学，它将昆虫分为蝴蝶科、甲虫科、直翅目、膜翅目和双翅目科，等等。它并不关心昆虫是否可以分为对人类经济是有害的、无害的和有益的，等等，而应用昆虫学作为农业应用科学的这一分科，则是以这后一分类为出发点的。

在后一种情况下，实际利益就是对所研究的现象进行描述和分类的依据。这一点丝毫无损于分类的客观性，因为不同的特征，可以作为分类的基础。同一种现象，可以根据研究者的观点成为各种不同分类的对象。

对同一种矿物，晶体学家从几何图形的观点、化学家从化学成分的观点、物理学家从物理特性的观点、地质学家从地壳起源的观点、经济学家则从其对人类经济有用属性的观点来进行分类，等等。所有这些分类尽管它们相互排斥，但都同样是合理的。根本的问题在于观点，在于能促成某种分类的利益如何。①

科学分为理论科学和应用科学，至为重要，它始于亚里士多德。根据他的分

① 这一点与生物学中“自然”和“人工”的分类体系毫无矛盾之处。植物学家和动物学家的自然体系，严格说来，其目的不是分类，而是根据有机体的起源来确定其亲近程度，即赫克尔所说的种系发生学。

类，伦理学、政治学、诗学、修辞学均属于应用科学，而逻辑学、形而上学、物理学、数学和心理学则属于理论科学。亚里士多德时代的最大特点，是应用科学中没有应用自然科学。理论科学和应用科学据以划分的基础，则是认识的目的不同。认识可以仅仅满足于描述和解释现象，这就是理论认识。或者认识还可以再增加第三项任务，即在预期的方向上影响被认识的现象，这就具有实际认识的性质。在纯理论认识的条件下，我们则认为现象是我们的意志所无法改变的；但是，如果我们把现象看做是我们的意志能够而且必须改变的话，那么我们的认识就带有实际的性质。其次，因为在生活中实际利益高于理论利益，所以实际利益也可以为理论认识指明目的。理性为意志服务，而不是意志为理性服务。

当然，绝不能由此得出结论，说应用科学可以不必考虑事物的客观关系。只有在正确了解客观因素的基础上，才有可能利用自然力的相互关系来为一定的实际利益服务。因此，实际认识之注重客观真理，毫不亚于理论认识。两者之间的差别仅在于：对应用科学来说，认识客观真理是用以达到实际目的的手段；对理论科学来说，揭示客观真理则是它的最终目的。

应用自然科学也是一种实际的认识，是以客观事实为依据的严谨的科学，较之理论自然科学毫不逊色。至于谈到最完善的科学——数学，纯理论和实际技能两个因素密切地结合在一起，从而形成了一个整体，只不过在逻辑上互相有所区分罢了。至于逻辑学，情况也是如此。

社会科学，就其实质来说，不仅包括理论的因素，而且也包括实用的因素。人的意志是社会现象的一个要素，因而人们在研究现象时，不可能不注重实际利益。这些实际利益，首先影响到如何选择研究对象，如何着重抓住被研究现象的某一方面。当然，实际利益无论在什么情况下，都不应有碍于认识要达到客观的准确性。①

---

① 狄尔泰说："精神科学是在现实中存在着的，并按照它们在历史上所显示出来的本性、而不是按照大胆的建筑师设想改造它们的愿望发生作用。精神科学包括三种不同的观点。第一种观点表述在直接知觉中所反映的现实，它构成认识的历史部分。第二种观点阐述用抽象方法得出来的这种现实的组成部分之间的相互关系的单一性，它构成认识的理论部分。第三种观点含有评价的观点，并确定规则，它构成精神科学的实用的组成部分。事实，定理，评价与规则，精神科学就是由这三类观点构成的。"（狄尔泰：《人文科学入门》，1883 年，第 32—33 页。）

二、社会科学领域中的描述　尽管一切分类都具有某种随意性，但无论依据理论利益或实际利益进行分类，在自然科学领域内都不会造成很大的困难。特别是在依据实际利益进行分类的情况下，由于所有研究者都把实际利益分析得非常清楚，所以不会引起任何的争议和误解。

所有的医生都会赞同医学的实际目的是为了尽量减少人体的疾病，而农艺家和工程师都赞同他们的科学是力求最大限度地利用自然力来为人类的经济目的服务，等等。

正因为外部自然界与人相对立，所以什么是目的，什么是最高的实际利益，也都不会产生丝毫的疑问。

可是在社会科学领域内，那就完全是另一回事了。社会科学与人类极端重要的实际利益有关，而这些利益不仅不是没有争议和一视同仁的，而且恰恰相反，在现存的社会制度下，对各个社会集团来说，还必然是互相对立的。例如，政治经济学根据认识论的原理，把自由发展的交换经济作为它的研究对象。但是，这种经济正如经济科学所指出的那样，必然导致各种社会集团的利益发生冲突。那么，政治经济学究竟应根据什么样的实际利益的观点来研究它的对象呢？是根据整个社会即整体利益的观点吗？但是，这种利益大多是不存在的，因为现代社会分成了利益相互对立的集团。那么，是根据其中某一集团的观点吗？如果是的，那又是什么样的观点呢？如果每一个社会集团都声称根据自己的利益来建立科学的话，那么，科学的统一性会不会全都消失了呢？在这种情况下，在现代社会中会不会有多少种利益，就有多少门科学呢？

所有这些都是在自然科学（无论理论科学或应用科学）领域根本不会发生的极为重要的认识论问题。这是因为，只有在社会生活领域内，科学才不与外部自然界和作为有机体或经济主体的普通人发生关系，而是与在利益上互相对立的社会集团发生关系。在这种情况下，需要指出的是，这种利益的对立，不仅对社会科学的应用部分，而且对社会科学的理论部分都是起作用的。社会科学的应用部分和理论部分是密不可分的，这好像治疗学（医学的应用部分）在逻辑上与研究药物学对人体影响的科学即药理学（医学的理论部分）相互制约，不仅仅是药理学决定治疗学，而且反过来治疗学也决定药理学，因为治疗学是医学以至药理学的最终目的。治疗学为药理学指明研究任务。药理学尽管具有理论的性质，但仍然是以治疗学的实际利益为基础而建立起来的。

经济科学也是如此，它所捍卫的实际利益，决定着理论研究的任务，也就是说，或多或少地决定着经济科学所描述的现象的分类。例如，经济学家如果坚持资本家即工人的雇主利益的观点，那就要把工资归入支出的范畴，因为实际上，工资是资本家的资本支出；反之，如果从工人利益的观点来看，工资则是收入。经济学家究竟应当把工资归入哪一个范畴好呢？是归入社会收入呢，还是归人支出？这些问题都取决于经济学家所要维护的实际利益，因此，经济学家可以有同等的权利对工资进行分类，既可归入收入，又可归入支出。

持劳动阶级观点的经济学家，必须把与持非劳动阶级观点的经济学家根本不同的现象特征提到首位。例如，劳动消耗这一事实本身，对工人来说，就具有独立的和头等重要的意义，而完全不问它的其他经济后果如何。劳动消耗的增加，对工人来说，意味着工人经济地位的恶化，因为工人的劳动消耗就是工人体力的消耗。与此相反，雇主则根本不能直接体验到工人劳动消耗的程度，因为不是雇主，而是别人即被他雇佣的工人从事劳动。对雇主来说，劳动消耗就是他用以支付雇佣工人的财产的支出。因此，如果只增加劳动消耗而不同时增加用于支付工人工资的支出，那么，雇主全然不会体会到劳动的额外负担。所以持劳动者观点的政治经济学，不能不认为把劳动消耗当做完全独立的经济范畴是具有非常重要的意义的。相反，从工人的雇主观点看待经济过程的政治经济学，则认为劳动消耗不是独立的经济范畴，而是雇主财产支出的形式之一。从这个观点来看，人的劳动消耗同马干活或机器做功的消耗，没有什么两样。

看来，必须承认，不可能有统一的经济学，也就是说，必须承认，在现代社会中有多少种经济利益，就必须有多少种理论体系。同样，也不可能有一般的政治经济学，只能有持工人阶级的、土地占有者阶级的、资本家阶级的、农民阶级的利益观点的政治经济学，等等。

但是，这后一个结论未免过于匆忙。当然，各个不同社会阶级的利益，是各不相同的，因此，只要坚持上述任何一种社会利益的观点，就不得不把各自不同的理论研究任务提到首位。但是，仍然有可能超出这些不同的利益，找到一种观点，借以得出实际的科学结论并使之适用于所有社会集团，而不问其个别的利益如何。

在实际生活领域内，确实存在着取消个别利益的差别并勇于提出普遍适用的要求这样一种观点。这就是伦理学观点。如果我们承认在道德方面有好、坏之分，那我们也就承认了存在这样一种不以某种个别利益为转移的观点。

每一个社会阶级都有它自己的、与其他阶级格格不入的特殊的经济利益。但是，道德意识与本阶级利益的意识，其含义远不是一回事。道德上的褒或贬，其实质恰恰在于：判断某种意识行为是好还是坏，只能由行为本身决定，而不问这种行为对行为者有利还是不利。因此，不论我们如何看待道德的起源，上述的道德实质，却是任何人都无法否认的事实。

我们坚持伦理学的观点，就有可能超越于对立的利益之上，找到对所有具有正常道德意识的人都普遍适用的实际利益。现代伦理意识的中心思想，就是康德提出的最高价值思想，以及由此而来的结论：人的个性。① 一切人的个性，都是最高的目的本身，因而所有的人都是神圣的人类个性的体现者，人人都是平等的。这也决定着最高的实际利益，基于这种实际利益的观点，能够建立起统一的政治经济学，因为利益不是工人的、不是资本家的或地主的，而是一般人的，并且不问它属于哪一个阶级。

基于这个观点，我们认为工资不是支出，而是社会收入，因为工人是人，也就是说，不是资本家手中的生产工具，而是目的本身。我们说工资是独立的、基本的经济范畴，这仍然是因为工人是人，凡是涉及人的个性利益的一切，也都涉及政治经济学赖以产生的那种最高利益。与此相反，我们坚决反对说什么资本家把工人看做是简单生产工具的观点是正当的。总的来说，我们承认劳动者的观点是唯一合理和可以接受的，这并不是因为我们离开了普遍适用的伦理学的基础而转到某一个别利益的基础上来了，而是因为劳动者的利益完全符合最高的伦理学观念，符合人的个性的最高价值。非劳动者的收入，是建立在别人为他劳动的基础上的，因而，非劳动者的个别利益，违背了宣称任何人都不应当是别人占有的工具的伦理学原则。相反，劳动者并不把任何人变成用以达到自己目的的手段，也就是说，劳动者的行为是符合于人的个性的等价原则的。

伦理学观点这个政治经济学应用体系的出发点，是无法驳倒的，其原因在于，如果我们的行为不受伦理学的动机支配，那就只能受个人利己主义的动机支配。但是，个人利益不能成为要求别人也必须遵行的理论体系的出发

① “人和一般任何有理性的生物，都是作为自在目的而存在的，不仅是某种意志的使用手段，而且在他施于他自己和其他有理性生物的一切行为中，永远看做是目的。”（康德：《道德形而上学的原理》，基尔希曼出版社，1897 年，第 52 页。）

点，因为一个人的利益不能是另一个人的利益。只有道德意识，才能抵制人的利己主义利益，其他，就不算什么。如果我维护另外一个人的利益，那我就是站在伦理学的立场上了，因为别人的个人利益不是我的个人利益。例如，阶级团结，也是一种伦理学观念，因为阶级集团的利益与其个别代表的利益并不一致。

我们呼吁阶级团结，无疑是站在伦理学的观点上的。但是，阶级团结，并不是最高的道德准则，至多不过是一个派生的、从属的道德准则，因而，这个准则本身也必须用最高的道德准则加以解释和论证。如果说阶级斗争学说创始人马克思和恩格斯，没有站在伦理学的立场上，这显然是一种误解。唯有伦理学动机才促使他们捍卫无产阶级的阶级利益，何况他们本人还都不是无产阶级出身的。唯物史观的创始人不仅是以伦理学动机为出发点，而且他们不自觉地也用伦理学观点论证了他们的社会理想。他们在号召进行阶级斗争时，毫不含糊地承认，从最高的理想来看，阶级斗争是坏事。如果说从最高理想来看阶级斗争是好事，那为什么还需要社会主义呢？要知道，从马克思主义观点来看，社会主义制度优越于资本主义制度，最基本的一点就是阶级、阶级利己主义和阶级斗争消亡了。也就是说，不论马克思主义对伦理学如何漠不关心，但从马克思主义观点来看，存在着一种比阶级团结和阶级利己主义更高的东西，那就是阶级团结和阶级利己主义随着阶级的消亡而完全消亡。阶级团结必将为人类团结所取代，或者说为伦理学所承认的每一个人的个性的等价观点和自为观点所取代。

三、经济概念体系的建立　经济现象的描述随一般经济概念体系的形成而告结束。普通口语中含有大量的经济概念，对这一点，科学不能不加以考虑。试图完全抛开口语来创造科学的经济术语，是不适宜的，也是行不通的。

这之所以不适宜，正如维塞尔所说①，是因为在词的一般用法中包含着

① 维塞尔：《经济价值的起源和主要规律》，1884年，第4页及以后各页。

极其多样的经济认识，如果忽视这些认识，是很不划算的。社会的经济过程，是人类有理性的、有意识的活动复杂化的过程，所以，每一个人都要具有关于许许多多社会经济关系的知识，如不具备这方面的知识，经济活动就不能取得成就。口语是多少代人在经济认识领域内所积累下来的极有价值的经济经验，所以经济学家非常重视解释和确切规定属于经济概念领域的一般口语的含义，这做得完全对。因此，不应当排斥普通语言的经济概念，而应当尽力利用这座丰富的、对每个人都开放的经济知识的宝库来为科学的目的服务。此外，科学的经济术语之所以不能不靠口语，也是因为经济科学与社会生活的联系非常密切，以致只有专门家才懂得的新术语都无法把它们隔离开来。经济学家同广大公众打交道，力求影响人民群众，因此应当尽可能用大家都明白的语言讲话。所以，凡是明显脱离一般词汇用法的术语，理所当然都得不到大多数经济学家的赞许，更不要说公众了。

但是，不能由此得出结论，说经济科学应当原封不动地从口语中借用一般的概念。诚然，在许多情况下，经济科学可以利用这些一般的概念，不过只有经过加工之后才行。口语术语的通病，就在于它的内涵含混不清。针对这种情况，科学的任务是：一、消除口语术语中可能存在的内在矛盾；二、规定这些概念的确切界限和确切定义；三、确定这些概念的逻辑关系。

科学对口语的概念进行这种重新加工时，有时会扩大或缩小这些概念，有时会形成新的概念。

例如，资本，在词的一般用法中，主要是指带来非劳动收入的货币总额，可是科学却大大扩展了资本这一概念，认为资本是一个历史的经济范畴，是人类劳动所创造的一切，是构成资本所有者非劳动收入来源的经济物品的总量。在另外一些场合，经济科学又缩小了一些通常的概念，例如，经济学家并不是把任何一种工人联盟都叫做工人联盟，而仅仅把旨在维护出卖劳动力的工人的利益的那种联盟叫做工人联盟；不是把任何的公社土地所有制，而仅仅是那种土地归公社成员劳动使用的土地所有制才可以叫做公社土地所有制；等等，等等。有时，科学又不得不形成一些与一般经济思想格格不入的新的概念，如地租的概念，李嘉图给它下的定义是“使用原始的和用之不竭的土地性能”的酬金。一般的租金概念与地租的概念并不吻合，因为租金不只是包括使用用之不竭的土地性能而付出的酬金。这种新的经济概念，就是马克思所创造的剩余价值(Mehrwert)的概念，即用于抵消得到补偿的资本的价值后剩余的一部分价值。

建立一般经济概念的体系，绝不是无关紧要的。一些杰出的方法论者，如冯特，甚至把它看做是整个经济科学的最高目的，而否定经济学家所力图要阐明经济现象因果规律的做法。①

但是，不管建立逻辑严谨的一般概念体系有多么重要，而政治经济学却有某种更高的要求。不能不赞同施穆勒的见解：“好的定义，可以比做锋利的刀刃，随时都要磨快，要用新的材料打制新的刀刃。但是，当没有什么东西可砍、没有什么东西可劈的时候，还要不断地去重新锻造旧刀刃，打制新刀刃，同样，当一些词在科学上得不到充分运用的时候，还要给它们下定义，都是徒劳无益之举。”②

四、经济现象的解释 建立一般概念体系，仅仅是对经济现象进行科学研究的第一阶段即描述现象的合乎逻辑的结果。但是，理论认识，只有当它能够解释所描述的、已被分类的和从属于一般概念的现象时，才能达到它的最终目的。那么，对现象进行科学解释的实质又是什么呢？解释现象，可以看做是各种不同的逻

① “抽象的经济理论认为，它的任务不是阐明实际经济生活的规律，而是确切规定经济概念及其相互关系。”(见冯特：《逻辑·方法论》，第2卷，第518页。)

② 见《一般经济学概论》，第1卷，第105页。

辑过程。但是，从严格的意义上说，现代科学认为，解释现象不过是把现象归结为普遍的和不变的自然规律的方法。因此，政治经济学与其他社会科学不同，就在于政治经济学对它所研究的一系列现象多少有效地从普遍的因果联系上作出了解释。

如上所述，政治经济学主要是研究自由交换经济的自发的规律性。这种规律性是通过交换枢纽联系起来的各个单个经济相互作用的结果；在这种相互作用的基础上，产生因果的依存关系。政治经济学的任务，就是确定这些依存关系的一般公式。

正因为从上述意义上来解释现象，所以，这里不论是什么伦理学因素还是主观因素，都根本不可能羼杂进去。经济学家在确定因果依存关系时，不能从自己的社会同情心出发，否则，他所得到的将不是什么科学，而是伪造的科学，以假充真。要确定上述经济现象领域内的依存关系，也必须采用其他知识领域内所采用的两种研究方法：归纳法（从特殊到一般，对事实进行分析）和演绎法（用一般理论来解释特殊情况）。但是，归纳法在社会生活领域内的研究之所以不能有自然科学领域内那样的重要意义，是因为社会现象的研究者不能运用归纳法的强大武器即实验。正如穆勒所说的那样，由于种种原因，单靠观察，大多不足以阐明被观察现象的原因。特别是经济现象，很显然，它们的原因几乎任何时候都不是单靠归纳法就能揭示出来的。由于这些现象极其复杂，不断变化，所以每一个被研究要素的行为，都被并存的其他许多要素的行为掩盖着，因而归纳法也就无力把一个要素的行为和另一个要素的行为区分开来。

例如，所有经济学家都认为，生产产品所需要的劳动量影响产品的价格。

但是,用归纳法来阐明劳动消耗与价格之间的依存关系,却是根本不可能的,这是因为影响价格的,除劳动之外,还有其他许多因素。我们经常观察到:劳动消耗少的物品,在市场上的卖价反而高于劳动价值大的物品(例如,对前一种物品的需求量大,付给生产这种物品的工人工资较高,等等)。因此,劳动消耗与价格之间的依存关系,无论如何也不能用归纳法揭示出来。

实际上,政治经济学在揭示它所研究的一系列现象的依存关系时,主要采用与之相反的方法即演绎法。经济学家要了解其冲突制约着国民经济现象的各种自然力,因为国民经济现象的基础,是人们的相互作用,是不以人的意志为转移的、人们仅凭某种动机而进行的活动的结果。人的心理本性不属于经济学家的研究对象,因为经济学家部分凭借了对人的心理本性的直接认识(每个人通过独自观察都可以办到),部分利用了研究人类心理生活的专门学科即心理学的资料,来假定人的心理本性是已知的。人们从事活动的社会环境即社会统治机构、社会生活的政治形式以及现行的法律,同样也不属于经济学家的研究范围(它们是其他社会科学的研究对象),而且经济学家也假定它们是已知的。此外,物质环境(外部自然界)归自然科学研究,而它的结论,经济学家则可加以利用。可见,经济学家的任务就是要弄清楚:在许多力相互作用,而且每种力的作用规律均为已知的条件下,哪一种力是合力。这种相互作用极其复杂,因而这项任务是很困难的,但是,只要能把它加以简化,还是可以解决的。

这种简化,就是要经济学家放弃想要研究所有在实际经验中所观察到的错综复杂的国民经济现象这一毫无希望的尝试。为此,经济学家应给自己提出较为单纯的任务。他应设想出在简化了的社会环境中活动的简化了的人。这就为政治经济学创造了基本前提，使经济学家可以据此作出自己的结论。

所有经济体系的中心问题，是关于支配人类行为的动机的观念。经济学家完全可以根据实际情况假设：一个普通的人力求更多地增加自己的财富，这里指的不仅是他个人，而且还包括他的家庭〔用罗马法的语言来说，就是作为"善良的家长"（bonus pater familias）行事〕。人的经济动机，被认为是与建立在私有制和继承权基础之上、在现代社会中盛行的民法相符合的。对这一点，还可以补充一个假设：人的活动完全符合于经济原则，而且是建立在对事物的全部情况有充分认识的基础之上的。

由此可见，经济学家所研究的，不是处于历史社会环境条件之外的抽象经济人的行为，而是处于现存的自由交换经济条件下即在现行民法范围内的经济人的行为。

通常认为，"利己主义"的前提，人的经济活动受极端利己主义动机支配的观点，是经济生活的基本前提。这一看法遭到Л. И. 彼得拉日茨基强有力的、令人信服的批判。如果人们在自己的经济活动中只考虑自己，并按照"身后之事与我何干"（aprés nous le déluge）的原则行事，那么，就不可能积累社会财富，结果就会造成饥饿和贫困。当然，经济学家在自己的理论体系中，不会以这种浪费行为的假定为出发点，因而也不会以利己主义的前提为出发点。①

假定人只在某些动机的影响下，按照经济原则，并在充分认识事物的全部情况的条件下进行活动的，这时，经济学家无疑也就把现实简化了。但是，经济理论不把任务简化是不行的。理论演绎

① 彼得拉日茨基：《基于道德理论的法律与国家理论》，1910年，第2版，第705页及以后各页。

法只有离开严格确定的前提才行,也就是说,凡是严谨的科学都非得把现实简化不可。

政治经济学在这方面具有一切严谨科学所具有的共同弱点。物理学和化学被公认为精确研究自然现象的典范。但是,这些学科是研究具体现象呢,还是研究一定类型的、简化了的抽象现象?毫无疑问,是后者。气体定律,例如,波义耳—马略特定律并不完全适用于任何一种实际的气体,只不过是表述了实际现象或多或少可能接近于那些理想的、假设的状态而已。同样,化学是研究元素的,但是在自然界里并不存在纯氧、纯氢和纯金等一类绝对的纯元素,一切理想的气体都是某些元素的混合物或化合物。抽象,使复杂情况成为抽象概念,是一切严谨科学的方法,而这些科学的结论在抽象地应用于所设想的现象时,是完全正确的,但,在应用于自然界的现实事实时,则仅仅是近似正确的。①

经济理论家为得出自己的结论,不得不求助于三段论法,其中,上述前提起着大前提的作用,而被研究的特殊情况,则起着小前提的作用。结论是通过一般演绎法取得的。

经济学家为了解决各种各样的国民经济问题,不得不建立一长串的这种三段论法。这种演绎推理的主要困难,就是确定有待解释的特殊情况和一般前提之间的联系。一般前提可视为已知,结论也就不会有困难。但是,小前提的确定,却是上述全部逻辑过程的要害所在,因为只有借助于小前提,经济科学的一般原则才能得到特殊的运用,某些经济现象之间的一定的因果依存关系才能确定下来。

这里往往犯了经济学说史上大量出现的错误。例如,下述的三段论法,似乎是好几代经济学家都无法反驳的。大前提:凡是不影响用于支付工资的国家资本总额以及全国工人总数的因素,都不会影响全国的平均工资。小前

① 门格尔:《关于社会科学方法的研究》,第3章。

提:工人联盟不影响用于支付工资的国家资本总额以及全国工人总数。结论:工人联盟不影响全国的平均工资。

在上述三段论法中,大前提是毋庸置疑的,这当然是因为商数(平均工资)在被除数(用于支付工资的国家资本或除数(全国家工人总数))不变的条件下,不可能发生变化。从这些前提中也必然会得出上述的结论。但是,小前提是错误的。尽管工人联盟不创造新的财富,但是它们能够对企业主施加压力来增大以工资形式转给工人的那部分社会财富的比重。因此,工人联盟能够影响用于支付工资的国家资本的总额,也就是说,能够影响全国的平均工资。如果小前提违背真理,结论就违背真理,从而三段论法也将是不正确的。

不论经济学家在形式上怎样正确地建立三段论法,但是由于前提错误,从中得出的结论就不可能正确。这就是为什么不能同意凯尔恩斯所认为的通过实验来检验经济理论的结论是没有意义的观点的原因所在。[①] 当然,唯有发现三段论法本身有错误,才能证明这些结论是错误的。抽象理论的结论本身,是不能靠指出它不符合以经验为根据的实际就被驳倒的,因为这种不符合情况可能受经济学家估计不到的要素的影响所制约。因此,蹩脚的经济学家所用的一般方法不是从逻辑上反驳某一理论,而是简单引用事实来反驳它,这只能证明这些经济学家理论思想的贫乏。但是,虽说只有发现某一经济理论在逻辑结构上有错误才能证明它是不正确的,然而,理论与实际不相符合的事实本身,无论如何不能认为它对于科学是无关紧要的。假如经济学家坚持这种观点,那么,他们的理论即使是正确的,也会由于完全脱离生活而失去实际意义。所以,抽象的经济理论的结论,始终应当受到事实的检验。如果理

① 凯尔恩斯:《政治经济学的性质和推理方法》,第110页。持这种观点的还有门格尔。

论与事实不相符合的程度,大于根据理论的抽象性质所能预想的程度,那么,应当指出:究竟哪些要素使具体的结果偏离了理论上预想的结果。经济学家只要没有弄清楚实际不符合理论假想的原因,就不能说他的任务已告结束。为此,还要通过实验来检验理论。

总之,经济理论同其他严谨的科学一样,在确定因果依存关系时,总是与某种抽象有关。但是,经济理论的结论,就其科学价值和应起的作用来说,当然与自然科学的结论是不能相提并论的。经济科学结论的普遍适用性比较小,其主要根据如下:

第一,自然界的机械力始终发生作用,假如它由于另外某种力作用于相反方向上而表现不出来的话,那也不能因此抹杀前一种机械力的现实性质。例如,尽管石头因有支撑物而没有落到地上,其重力作用没有表露出来,但是重力仍然发生作用,石头仍然对支撑物有压力。与此相反,在社会生活领域内,经济学家所假设的那种力,却可以完全不发生作用。例如,人们可以把自己的经济活动服从于经济学家不予考虑的动机的影响,并且在这种情况下,经济理论的结论在实际中得不到任何应用。因而,自然科学的结论,具有无条件的现实性,而经济理论的结论却具有假设的性质:当经济学家所依据的那些假设真正得以实现的时候,经济理论就会具有现实的意义。

第二,反作用力按着自然科学所研究的力的结果发生作用时,也与前一种力一样,始终属于机械力的范畴。例如,子弹一飞离枪口,从不会沿着力学研究子弹飞行力和地球引力相互作用而得出来的有规则的曲线运动。空气阻力、风和其他很多原因使子弹飞行偏离这个理想的曲线。但是,所有这些造成偏离的力,也都服从于力学规律。相反,造成实际的经济要素偏离理论上得出的经济要素的力,却根本不属于经济学家研究的范畴。在这种情况下,经济学家已达到自己知识的界限,应当承认自己无能为力。①

在经济科学史上,长期进行着哪一种方法(是具有抽象性

① 见冯特:《逻辑·方法论》,第2卷,第511页及以后各页。

质的演绎法，还是从具体事实出发的归纳法）应成为科学基础的争论。在政治经济学方面，所谓历史学派的代表主张放弃抽象理论，代之以经验论，并以此来改造科学。但是，新派别的追随者们对经济理论并没有进行任何改革。关于演绎法和归纳法优点的争论，起初非常激烈，后来渐趋沉寂，现在已失去兴趣了。门格尔主张两种方法在各自的领域内具有同等的意义，这个观点或多或少地得到了公认，正如历史学派公认领袖施穆勒在新著教程中至少是政治经济学方法论一章所说的那样。问题是政治经济学包括若干分科，彼此在方法论上有着深刻的区别。

五、政治经济学的分科　政治经济学首先分为理论经济学和应用经济学。理论政治经济学又分为抽象的和具体的。抽象的政治经济学阐述国民经济的一般的和因果的依存关系，不能不主要地使用上述的演绎法。相反，具体的政治经济学，其目的在于描述、分类和解释各类具体的国民经济现象，势必具有归纳法的性质。政治经济学的这个分科，运用抽象的经济理论，既研究各类现存的经济现象，也特别研究它们的历史发展。阐明经济的历史发展方向，是这一分科的最重要的任务之一。

与理论政治经济学相对立的，是应用政治经济学或叫经济政策。经济政策要成为真正的科学，就应与伦理学发生密切的联系。只有伦理学才能赋予它以指导思想。特别是关于人的个性的最高价值的伦理学思想，应当成为经济政策的核心思想。每一个人都有极大可能发挥其全部力量和才能的社会制度，是我们的社会理想，从这个观点来看，有益的法律的某些准则应当得到重视。所以，理应欢迎现代在法律家中间出现的力求恢复自然法(当然是采取新的形式)的现象①。

但是，不能认为政治经济学的上述分科相互可以截然分开，界限分明。经济科学的抽象部分和具体部分相互渗透，实际上是区分不开的。理论政治经济学和应用政治经济学，大多是可以划分开的，因为研究存在的和应有的事物，在逻辑上是根本不同的问题。但是，要完全把它们分开，也是不可能的。如上所述，理论研究的第一步即对经济现象的描述和分类，不能不受到应用的研究任务的影响。因此，经济理论的研究完全离不开经济政策。②

引进伦理因素不会损害经济理论的客观意义，因为这个因素在经济理论中仅占有严格确定的地位。在解释经济现象和总结它的因果依存关系的领域内，当然没有这个因素的地位。总的来说，伦理学即社会理想并不损害经济理论的科学性，只是在科学推理中存在的领域和应有的领域有严格区分的情况下，才会损害它的科学性。在经济理论中，观念因素和客观因素可以并行不悖，但是，两者的实质区别始终必须是分明的，正如水和油在同一个容器

① Л. И. 彼得拉日茨基说："自然法科学与人定法的法律学并列，是一个独立而系统的学科，其意义恰恰在于它履行一项重要而崇高的使命，这项使命应由未来的法律政策科学承担，而用于解释和不断修订现行有益的法律以适应实际需要的实用教条主义的法律学则无力承担。"(Л. И. 彼得拉日茨基：《法律和道德研究导论》，第2版，1907年，第3页。)

② A. 瓦格纳在谈到货币流通问题时指出，在这一方面，"理论的和应用的东西相互联系密切，在科学研究上根本无法确切划分开"。这对政治经济学来说也是正确的。(见瓦格纳：《理论社会经济学》，第2册，《货币与货币学》，1909年，第111页。)

中，互相直接接触，但也不会融合在一起。

在俄国文献中，关于伦理因素在社会科学中的作用问题，进行了长期的争论。拉夫罗夫和米哈伊洛夫斯基表述了如下的思想：社会科学应采取与自然科学不同的另外一种研究方法，因为社会科学从人类的利益和目的着眼研究社会现象，因而也就不可能纯客观地研究这些现象。例如，历史科学的核心概念即进步的概念，具有主观目的论的性质。① 米海洛夫斯基根据这些观点，发展了社会学中的主观方法的理论。但是，米海洛夫斯基尽管不止一次地提及这个问题，看来也没有能彻底解决它。这个方法的内容究竟是什么，他在不同的时间作了不同的解释。米海洛夫斯基的理论遭到了许多作家的强烈反对，特别是大约二十年前，在俄国马克思主义盛行的时代受到了人们的讥笑。但是，最终还得承认，尽管米海洛夫斯基的学说不完善，有它的不足之处，但它仍含有某些正确的成分。无疑，文德尔班—李凯尔特学派与俄国社会学学派所表述的观点具有某些共同之处。

本文阐述的方法论观点，个别方面与李凯尔特学说有某种共同之处。但是，我不能认为自己是李凯尔特的信徒。李凯尔特也同其他许多现代方法论者一样，看到了在历史观点和自然科学观点之间，存在着极其深刻的根本区别，认为历史学家注重的仅仅是个别的现象。李凯尔特倾向于贬低自然科学因素在社会科学中的作用。但是，在我看来，理论政治经济学也属于像自然科学那样一类的科学。我认为，在自然科学中，实际利益规定理论思想的方向，提出理论任务，并据以确定理论的内容。依我看，政治经济学的任务绝不是描述个别的现象，而是注重一般的东西，也就是说，按照李凯尔特的理解，它不是历史科学，而是自然科学。如果说在社会科学及其应用分科中，伦理学范畴获得特殊的意义，那么，这也仅仅是因为应用自然科学涉及极其有限的、一定的和公认的人类外部利益，而社会科学却涉及人类个性的最高利益

---

① 拉夫罗夫认为，“进步本身不外乎是从我们的道德观念出发对事件所做的主观看法而已……个性在德、智、体方面的发展，真理和正义在社会方式中的体现，这就是把可以认为是进步的一切都包括在内的简单公式。”（见《历史性的书信》，1906 年，第 4 版，第 46、51 页。）

及其全部心理感受。我认为，自然科学的观点在政治经济学中是完全合法的，而且在这个领域内，实际利益从属于伦理学。在我看来，这一点与自然科学的精神并没有什么不一致的地方。

马克思主义者对纯客观的社会科学体系的企求，同他们的关于阶级利益在科学认识领域内占主导地位的观念，显然是背道而驰的。按照他们的观点，社会科学不能不反映阶级的利益，但在这种情况下，它也就不可能成为纯客观的科学。要调和这一矛盾，就得在问题涉及相互冲突和对立的阶级利益的时候，用普遍适用的伦理标准来论证社会科学的目的论因素。① 在这个意义上，说应用政治经济学是伦理科学，才是正确的。迪策尔公正地指出，一般来说，只有作为伦理学的奴仆，政治才能成为科学。"离开伦理学提出的标准，政治就变为实现在社会生活中起作用的各种利益的药方汇编。"②

参考书目

一般方法论著作：

约翰·斯图亚特·穆勒：《逻辑体系》（《穆勒名学》中译本书名，严复译。——译者注），1900年，伊万诺夫斯基编译。

齐格瓦尔特：《逻辑学》，第2卷，第2版，1893年。

冯特：《逻辑学》，第3卷，1893—1895年。

П. Л. 拉夫罗夫：《历史性的书信》，第4版，1906年。

狄尔泰：《人文科学入门》，1883年。

齐美尔：《伦理学导论》，1892年；《历史哲学问题》，1892年。

文德尔班：《史实与自然》，1894年；《序曲》，弗兰克译自德文，1904年。

① 特别值得注意的是，甚至像否定在科学认识中有任何目的论因素的M. 阿德勒这样严谨的马克思主义者也都承认在实践的领域内，道德具有头等重要的意义。同时，他还承认实际的理智重于理论。"认识是为了生存，人类社会的道德精神以这样的口号把科学置于自己的控制之下。"（载于《马克思研究》，1904年，见M. 阿德勒：《因果关系和目的论》，第432页。）

② 迪策尔：《理论社会经济学》，第6页。

李凯尔特:《自然科学概念构成的界限》,俄译本,沃基译,1903 年;《自然科学和文化科学》,1903 年;《历史的哲学》,俄译本,格森译,1908 年。

伯恩海姆:《历史方法教程》,第 3 版,1904 年。

专著:

凯尔恩斯:《政治经济学的性质和推理方法》,第 2 版,1875 年(载于《经济学家丛书》:《凯尔恩斯》,1897 年)。

克尼斯:《从历史方法观点看政治经济学》,第 2 版,1883 年。

施穆勒:《论法律和国民经济的一些基本问题》,1873 年;《政治学和社会科学研究》,1888 年。

门格尔:《关于社会科学方法的研究》,俄译本,1894 年。

扎克斯:《国民经济的本质和任务》,1884 年。

菲利波维奇:《政治经济学的任务和方法》,1886 年。

凯恩斯:《政治经济学的范畴和方法》,1891 年。

列维茨基:《国民经济科学的任务和方法》,1892 年。

奥尔任斯基:《关于经济现象的理论》,1903 年。

迪策尔:《论国民经济学和社会经济学的关系》,1882 年;《对国民经济学方法论的贡献》,载于《国民经济年鉴》;《社会经济学理论》,1895 年。

格拉勃斯基:《关于国民经济现象的认识论》,1900 年。

施潘:《经济和社会》,1907 年。

施坦芬格尔:《关于国民经济学的方法论》,1907 年。

明斯特尔贝格:《价值哲学》,1908 年。

Л. 彼得拉日茨基:《法律和道德研究序言》。

瓦格纳、施穆勒、菲利波维奇、丘普罗夫、伊萨耶夫、斯克沃尔佐夫、热列兹诺夫的《普通教程》。

第三章　逻辑的经济范畴。价值与耗费价值

一、价值概说。普通哲学意义的价值。主观价值和客观价值。劳动价值论。边际效用论。戈森定律。门格尔图式。韦伯的心理物理学定律和边际效用论。二、劳动与边际效用是价值的两个要素。生产资料的价值取决于什么。边际效用论是作为评价过程的一元论。经济计划的编制中劳动耗费的调节作用。边际效用论与劳动论的综合。三、耗费价值概说。耗费价值概念与价值概念的区分。绝对耗费价值。相对耗费价值。劳动耗费价值主要是社会范畴。边际效用论和劳动论。瓦格纳、累克西斯和迪策尔的劳动耗费价值论。

一、价值概说　上一世纪最杰出的经济学家之一洛贝尔图斯曾提出一个非常重要的划分，把经济概念分为逻辑概念和历史概念（范畴）。[①] 逻辑的经济概念，是指任何一种经济制度所固有的概念，而不问这种经济制度的历史特点如何。相反，历史的经济范

① 洛贝尔图斯：《关于社会问题的解释》，1875 年，序言。

畴，仅表示特定的、暂时的、历史的经济形式。

基本的逻辑的经济范畴，是价值和耗费价值。这两个范畴，都是根据经济过程的性质而来的。经济过程，一方面，总是力求达到外在的目的，使外部自然界适应我们的需要；另一方面，则依靠用以达到目的的手段付出某些耗费来达到这一目的。可见，手段和目的，所费和所得，是经济活动的两极。据此，所谓的经济原则也就具有两重性：用最小的耗费取得最大的经济利益。任何经济活动都力求符合经济原则的这两项要求。在经济原则中体现了两个基本的逻辑的经济范畴：耗费价值（所费）和价值（所得）。任何经济生活，不管它多么复杂，都能够纳入这两个基本的经济范畴，正如任何经济企业的业务，不管是什么业务，都能够纳入簿记账户的两方：贷方和借方。

我们在考察这些范畴时，最好是从价值范畴入手，因为价值位于经济的一极，是经济的目的，而耗费价值则永远只能是手段。在人类理性活动的过程中，占主导地位的当然是目的，它决定经济活动的整个方向以及用以达到目的可能耗费的手段。

在建立经济价值理论时，不容忽视的是，价值范畴不仅仅有适用于经济的意义。① 现代的哲学思潮是力求更大地突破价值概念

① 冯特说：价值因素是使精神因素区别于纯物理因素的最重要的特征。精神世界是价值的世界，有着极其不同的质的特点和极其不同的等级。在精神世界里，一切都有其肯定或否定的价值，都有其或大或小的价值。（见冯特：《逻辑·方法论》，第2版，第2卷，第16页。）文德尔班认为：“哲学是关于普遍适用的价值的批判科学。”（见文德尔班：《序曲》，第30页。）明斯特尔贝格认为：“我们哲学思想所缺少的，就是完整的纯价值体系。只有那时，哲学才又成为长久以来唯独自然科学才有的那种真正的生命力。”（见明斯特尔贝格：《价值哲学》。1908年，第VI页）当然，明斯特尔贝格自己试图建立这种体系不能说是成功的。

的框框，使之成为哲学的基本概念之一。这与现代心理学的主意论学派有关。现代心理学家大都认为，意志是人的心理生活中的基本的和决定性的因素。①

但是，价值范畴也无非是意志范畴的形式之一。我们怎样才能把有价值的东西和没有价值的东西区分开来呢？只能靠我们意志的反应。意志总是企求什么和回避什么，摆脱什么。凡是意志企求的一切，我们称之为是肯定的价值；凡是意志想摆脱的一切，我们称之为否定的价值。意志之外，没有价值；价值之外，没有意志。② 因此，从普通哲学观点来看，应当承认埃伦费尔斯所表述的价值定义是完全正确的，他说："有价值的物品就是我们所期望得到的东西。"③

同时，期望得到的东西，可以是目的，也可以是达到另一目的手段。据此，价值可分为：1. 基本的、独立的价值；2. 派生的、非独立的价值。第一种是人们出于本身需要而期望得到的价值，如幸福、

① 例如，著名的丹麦哲学家许夫定说："如果要问心理生活的三个要素（认识、感觉和意志）哪一个是基本的，那当然只能是意志。"（见许夫定：《心理学》，第 3 版，1901 年，第 134 页。）用冯特的话说，"精神世界是意志的王国。这里起决定性的作用是意志，而不是观念或思想。"（冯特：《逻辑·方法论》，第 2 卷，第 17 页。）

② 一位现代英国哲学家公正地指出："在思想史上价值问题大概从未像现在这样成为普遍注意的中心"，如果说是这样的话，那么，究其原因，一方面是来自现代心理学主意论学派；另一方面是来自承认实际认识高于理论认识的现代哲学的总趋势。（厄本：《评价，第一性和规律》，1909 年，第 1 页。）

③ 埃伦费尔斯：《价值论学说》，1897 年，第 53 页。在论述价值的哲学文献中，关于什么是价值基础——是感觉还是意志的问题，存在着争论。持第一种观点的，有迈农、奥尔任斯基、厄本；持第二种观点的是埃伦费尔斯。如果和冯特一道认为感觉和意志实质上是不可分割的话，那么，这场争论也就在很大程度上失去了意义。但是，由于基本的精神能力是意志，而不是感觉，所以应把评价看做是意志的职能之一。冯特说："感觉和欲望不是意志发展的前提，而是属于意志发展并要求有内在意志活动这一固定条件的现象。"（见《生理心理学要义》，第 4 版，第 562 页。）

美、美德和荣誉等等。第二种则是获得某一基本价值的手段。

经济仅与派生的价值有关，因为经济不是目的本身，而是手段。[①] 经济物品的价值不在物品的本身而是我们借助它要得到某些基本的价值。经济价值，是我们基于对我们经济福利的大小取决于是否占有物品的认识而赋予该物品的价值。[②]

这里，1. 当我们把价值归于某一单个人时，我们说这是主观经济价值；2. 当我们抛开某一单个人的心理并从客观成果的观点来看待价值时，这是客观经济价值。

对于研究交换经济的经济学家来说，有一种客观价值是特别重要的，这就是物品的交换价值，它的购买力和价格。客观价值是在主观价值的基础上产生的，因为，归根到底，唯一的经济活动者是人。并且由单个人的相互作用而产生国民经济的全部过程。所以，为了认识客观价值、价格构成规律（价格理论将在下文交换一篇中谈到），必须先研究一下主观价值的构成机制。主观价值同时是逻辑的经济范畴，因为经济离开主观价值是不可思议的，与此同时，客观交换价值却不是历史上短暂的经济形式（交换经济），因此，它是历史的经济范畴。[③]

从价值的实质来看，这个范畴，同物品满足我们需要的能力，

---

① 明斯特尔贝格力求证实经济具有独立的价值，但是他的结论，即便很高明，也无法令人表示赞同。（见明斯特尔贝格：《价值哲学》，第十篇。）

② 参见门格尔：《政治经济学原理》，俄译本，奥尔任斯基审编，1903 年，第 77 页。迪策尔完全正确地指出，这个定义，重要的是阐明了我们的福利决定于是否占有物品这一观念。（见《理论社会经济学》，第 220 页。）

③ 亚当·斯密把价值分为使用价值和交换价值。使用价值的概念在斯密及其学派的体系中都没有得到充分的探讨，实质上是一种多余的概念。布伦坦诺正确地指出："一切价值都是使用价值。"（见布伦坦诺：《价值学说的发展》，1908 年，第 69 页。）

换句话说,同物品的效用有着直接的关系。无怪乎很久以来有许多经济学家都力求从效用的概念中引出价值的概念。但是,这些尝试长期以来都毫无效果。有些众所周知的事实,显然与主张效用是经济物品价值基础的理论,有着不可调和的矛盾,因为最有效用的物品,如水和空气,并不具有任何价值,相反,从表面看没有多大效用的物品,如宝石或金子,却具有很高的价值。面包比钻石有用得多,铁比金子有用得多,但是,面包和铁的价值却比金子和钻石低得多。这些事实清楚地表明,价值不仅不与经济物品的效用成正比,反而与效用成反比。

由于难以用效用的观点来阐明价值,所以,长期以来,在科学上确认了李嘉图所阐述的所谓劳动价值论。根据这个理论观点,一切经济物品均可按其形成的条件分为两类:自由再生产物品和非自由再生产物品。第一类物品的价值,主要根据生产该物品所耗费的平均劳动确定;而第二类物品(如稀有的塑像和绘画,等等)的价值,则根据其相对的稀有程度确定。

可见,李嘉图所阐述的劳动价值论,不能按一个原则充分解释一切价值现象,从而不得不承认劳动之外,还有完全不同于劳动的另外一种因素即相对的稀有程度所起的作用。但是,确定再生产物品和非再生产物品价值的过程,实质上是一回事。

从上一世纪七十年代起,新的价值理论又迅速得到了人们的拥护,如今可以说,即使不是普遍公认的,但也无疑是(至少在西方)盛行的理论。

这个理论即所谓边际效用论的创始人,应当说是德国经济学家戈森。他写的《论人类交换规律的发展及人类行为的规范》一书，于 1853 年出版后，并没有引起同时代人的注意。① 只是过了很久，各国才有一些经济学家(门格尔、杰文斯和瓦尔拉)，不约而同地得出了与戈森相同的关于价值的解释。

新理论的伟大功绩，在于它按照一个基本原则，对确定价值的过程的一切现象作出了充分而详尽的解释，从而永远结束了关于价值的争论。

准确定义经济物品效用的概念，是新理论的出发点。以往多次试图确定价值对效用的依存关系，都失败了，其原因就是没有把某种物品的一般的、抽象的效用和某一具体物品的实际效用区别开来。例如，水对我们有用，它具有抽象的效用，但不是每一杯水对我们都有用，都具有具体的效用，而只有一小部分水是具体有用的。如果指的是水的抽象效用或全部水的效用的话，那么，我们应当承认水是有用的，但是，如果指的是具体的某一部分水的效用的话，那么毫无疑问，大部分水对我们完全是不需要的，也是没有用的。

所有这类物品，都具有相同的抽象效用。但是这类物品的每一单位都具有不同的具体效用。假设我有四罐水，第一罐水，没有它，我会渴死，所以第一罐水效用最大。第二罐水，我用来洗漱，那它的效用就差一些。第三罐水，我可能用它浇花，那它的效用就更差些。最后第四罐水，我可能完全不需要了。这也就是普遍的经

① 当然，戈森之前还有先驱者。B. Я. 热列兹诺夫认为，亚里士多德早就提出了价值论，其基本思想是物品的价值取决于该物品满足需要的重要程度。(见《政治经济学概论》，第 7 卷，第 365 页及以下各页。)

济规律。不论以什么物品为例,我们都可以看到:我们占有的这些物品数量越大,它们用来满足的需要就越不重要,它们的效用也就越小。例如靴子,对第一双是必需品,对第二双则不甚需要,第三双就更不需要了。书,对第一本,我可能需要,对第二本,就可能完全不需要了。金戒指,对第一只的需要大于第二只,第二只又大于第三只,等等。

经济物品单位满足我们需要的程度,都是依次递减的,这就是说,该物品每一个单位的具体效用,都随着我们占有该物品数量的增加而递减。这个递减率是十八世纪贝努利首先用数学公式确定下来的,之后戈森把它作为新价值论的基础。①

那么,究竟是什么来确定物品的价值呢?是它的最大效用呢,还是最小的或平均的效用?不妨举例说明。一个人有三罐子水,失去其中一罐子水,就得放弃上述举例的浇花行为,但不放弃饮用,因而最小的需要将得不到满足,要是倒过来做呢,那在经济上就会没有意义,就会同要求我们从现有经济手段中获得最大享受的经济原则背道而驰。这也就是说,不是某单位物品的最大效用,也不是它的平均效用,而是它的最小效用即边际效用决定了当失去其中一单位物品而得不到满足时的需求的重要性。既然我们根据满足我们需要的观点来确定物品价值,那么,物品的价值就应由物品的边际效用来确定。所谓物品的边际效用,就是用我们所占有的该物品来满足的一切需要中最小的需要。

---

① 但需要对这个原理作一限定:经济物品单位的效用超出一定的边际,递减是不可避免的,如未达到这一边际,递减是不可能发生的。

这个推断是从下述前提中得出的唯一可能的逻辑结论。大前提是与占有某物品单位多少有关的福利大小决定于用我们所占有的该物品来满足的一切需要中最小的需要。这个论题,一方面来自经济原则,另一方面来自我们在上面提到的需要饱和定律。小前提是我们对经济物品的评价决定于被评价物品满足我们福利的程度。这个论题是从评价概念本身得出来的必然结论(不论评价什么,都意味着承认它是我们所想要的,换句话说,是对我们福利有益的)。从大前提和小前提得出的结论是:我们对经济物品的评价决定于用我们所占有的该物品来满足的一切需要中最小的需要,换句话说,决定于物品的边际效用。①

为便于说明在已规定物品价值的条件下各种物品的具体效用值,门格尔提出了下述社会需要及其满足程度的图式。②

Ⅰ	Ⅱ	Ⅲ	Ⅳ	Ⅴ	Ⅵ	Ⅶ	Ⅷ	Ⅸ	Ⅹ
10	9	8	7	6	5	4	3	2	1
9	8	7	6	5	4	3	2	1	0
8	7	6	5	4	3	2	1	0	
7	6	5	4	3	2	1	0		
6	5	4	3	2	1	0			
5	4	3	2	1	0				
4	3	2	1	0					
3	2	1	0						
2	1	0							
1	0								
0									

在这个图式中,罗马数字表示各种抽象的社会需要,按其相

① 不应忘记,整个推论的出发点,是假设我们占有的是一定数量的,无论通过生产新产品、交换或用其他方法来获得新产品都不能再增加的物品。

② 门格尔:《政治经济学原理》,第 91 页。

对的重要程度排列。阿拉伯数字表示满足其中每一种需要的程度。例如，罗马数字Ⅰ，表示对食物的需要，数字Ⅱ表示对住房的需要，数字Ⅲ，则表示对衣服的需要，等等。每一种需要都可能得到或多或少的满足，而阿拉伯数字则表明，每一种物品的具体效用是随着我们占有物品的数量增多而递减。如果重要程度较大的抽象需要得到充分满足时，那么，用以满足重要程度较低抽象需要的物品，其边际效用可能高于用以满足重要程度较高的抽象需要的物品。例如，假设用以满足罗马数字Ⅰ项需要的物品有 10 个单位，那么，它的边际效用等于 1；假设用以满足罗马数字Ⅴ项需要的物品有 2 个单位，那么，它的边际效用则等于 5。如果我们假设第Ⅰ项需要是面包，第Ⅴ项需要是金子，那么，我们则不难理解金子的价值为什么大于面包。诚然，对金子的抽象需要低于对面包的需要，但是，金子的总储量要比面包少得多，也就是说，尽管面包的抽象效用比金子大得多，但金子的边际效用（即金子的最后一个单位的具体效用）却比面包大得多。居民对面包的需要，可以达到充分饱和状态，即大多数人可以不挨饿。但是，对黄金饰物的需要，则远远达不到饱和状态，因为不要多余黄金饰物的人，是很少见的。

如果面包数量由 10 个单位减少到 5 个单位即$\frac{1}{2}$，那么，它的边际效用，如图式所示，由 1 提高到 6，即增大了 5 倍。如果金子数量由 2 个单位减少到 1 个单位，那么，金子的边际效用由 5 提高到 6，仅提高$\frac{1}{5}$。这说明必需品价值的波动大于它的供给量，而奢侈品价值的波动小于它的供给量。其原因在于对必需品需要的饱和程度，要比对奢侈品的需要大得多。必需品供给量的任何波动，都会引起必需品效用的剧烈波动。

评价过程不仅在经济中、而且在我们整个心理生活中起作用。对驱使我们行动的感觉进行评价，是我们一切有意识的意志行为的基础。但这是不够的。评价过程还应包括更为广泛的心理领域。根据韦伯和费希纳的所谓"心理物理学基本定律"，要使我们的感觉得到同等的绝对的增强，就得同等地增强刺激，或者说，只有按几何级数增大刺激的强度，才能使感觉的强度按算术级数增大。刺激量相同，感觉的绝对差别也相同。有关这个定律的文献非常之多。这个定律是韦伯通过试验首先确定的，随之费希纳把它作为心理物理学的基础。一般地说，这个定律在一定的范围内，对某些感觉来说是正确的。我们每一个人都可以根据日常生活经验来了解这一定律，例如，在阳光下看不见烛光的影子；在巨响中听不到微弱的声音，等等。任何人都知道，如果我们逐渐地和均衡地增加某种刺激量，那么，感觉就会逐渐减弱，例如，我们在房间里逐渐地增加一支烛光的亮度，光觉反而会减弱，等等，等等。

怎样解释外界刺激和感觉之间的这种独特的依存关系呢？在这个问题上，心理学家有颇大的分歧意见。冯特认为韦伯定律出自于我们意识的性质。我们的意识，不问我们的意志如何，对我们的感觉进行比较评价——在较强烈的感觉之下，较弱的感觉觉察不到；注意不到较弱的感觉，这是由于我们注意力全被较强烈的感觉吸引住了。据此，评价的过程，在冯特看来，就是我们最基本的心理生活现象的基础。①

但是，如果我们承认冯特的解释，那就会产生如下问题：为什么我们的意识只考虑外界刺激的相对差别，而不考虑它的绝对差别呢？我认为，这是由于自然淘汰的原故。我们的意识是在生存竞争的基础上锻炼成为有机体最强有力的自卫武器。有机体受到的外界刺激是无限多样的。如果我们的意识注意一切刺激而不问其强度大小的话，那就会违背有机体的实际利益。就我们的利益来说，只需要注意实际上重要的东西，也就是注意无论如何都有助于增加我们福利的东西。较弱的刺激之所以觉察不出来，是因为我们假如

① 冯特：《生理心理学要义》，第1卷，第4版，第590页及以后各页。

注意到它，那就只能是白白消耗我们的神经罢了。例如，在阳光充足的白天看得见星光的能力，对我们来说，有什么实际用处呢？但是，在夜间看得见星光的能力，却可以极大地改善我们的生存竞争条件。因此，我们的意识只注意外界刺激的相对强度而不考虑它的绝对强度，并且完全按照我们的实际利益行事。

如果情况果真是这样的话，那自然淘汰就能（在相应的生理组织的基础上）形成我们只注意相对差别而不注意绝对差别的意识体系。

因此，我们全部心理生活的基础，是我们对外界刺激进行的一定评价，诚然，这种评价目前是无意识的，是由相应的生理组织巩固起来的，但是，评价在历史发展中却创造了生理组织。这种评价所遵循的原则，正是现在我们在评价经济物品时所遵循的原则。实际上，根据边际效用进行评价，也就是根据物品对我们福利的相对作用进行评价。

经济物品随着其数量增加而效用递减，人们往往认为它体现了韦伯的基本的心理物理学定律。有充分的根据可以作出相反的论断：韦伯定律无非是一般评价过程的个别情况而已。因此，经济科学把边际效用论看做是意义远远超出纯经济领域的学说：经济评价只不过是根据边际效用的原则进行的一般评价过程的个别情况而已，而这一般评价过程又是我们全部心理生活的基础。

二、劳动与边际效用是价值的两个要素 上文叙述了消费品的价值。至于消费品价值和生产资料价值之间的关系，这个问题可用边际效用论加以解决。

生产资料对我们来说之所以具有价值，只是因为我们借助它可以获得消费品。所以，消费品价值和为取得消费品所必需的生产资料的价值，必须严格地相适应，消费品的价值决定生产资料的价值。例如，葡萄园的价值决定于葡萄酒的价值；铁的价值决定于铁制品的价值，等等。

但是，通常同一种生产资料可以制造出各种各样的消费品，例如，铁可以做炉子，炉子在寒冬的效用可说是最大的了，因为没有炉子，人在寒冬就无法生存；但是，铁还能制造出其他数以千计的物品，如各种机器、工具和器具，而它们又能制造出不限于满足取暖一类需要的各种消费品。试问，究竟应当如何高度地评价做炉子用的铁呢？假如用铁制造炉子和其他需要程度较低的物品，那么，在耗费固定数量的铁的情况下，也不会不去制造炉子，而会停止制造其他需要不大的铁制品。也就是说，用来制造各种效用物品的生产资料的数量大小，决定能否制造那种在用该生产资料所制造的全部物品中效用最小的物品。由此得出结论：生产资料的价值决定于用该生产资料所制造的全部物品中边际效用最小的那种物品的边际效用。

由于同一种生产资料可以用来制造各种各样的和效用不等的物品，所以，在这些物品的价值之间就建立了密切的联系。我们不妨以上面制作铁炉子为例。第一个炉子是冬季生活所必需的。第二个炉子可能是根本不需要的。那么究竟应当如何评价边际效用最大的第一个炉子呢？

要得出这个答案，可采用同样的分析方法：在耗费被评价的经济物品的情况下，要看哪一种需要将是得不到满足的。如果我耗费炉子，还储存有做新炉子的铁，那么，它显然是不会用来制造需要不大的物品，是要用来做炉子的。但是，铁有它的价值，这个价值决定于用铁制造的效用最小的物品的价值。这就是说，耗费炉子，不过是失去了铁的价值，而绝不是失去相当于炉子效用的价值，也就是说，耗费炉子，只要不豁出来冻死，就会用铁来做新炉子。可见，自由再生产的物品的价值，不是决定于其本身的边际效用，而是决定于生产资料的价值；生产资料的价值，如上所述，又决定于用该生产资料制造的边际效用最小的物品的边际效用。

恰恰在这个意义上，边际效用论的追随者通常所认为的产品价值由生产费用决定的论点，也是正确的。但是，劳动价值论却错误地理解生产资料在价值产生过程中的作用，认为生产资料不是消费品价值的源泉，而消费品价值才最终是生产资料价值的源泉。总之，边际效用论的追随者把边际效用论同劳动价值论截然对立起来了。例如，维塞尔认为，李嘉图的理论是惊人的科学谬误之一。在他看来，李嘉图的理论“充满了矛盾，致使公正的人全然不能理解它”。① 庞巴维克和其他边际效用学派的杰出代表人物对劳动价值论，也都作了同样严厉的批评。新理论家认为，旧理论集谬误之大成，毫无真理可言。

下面谈谈对边际效用理论的科学意义的评价。应当承认，边际效用论第一次详尽无遗地解释了评价机制，阐明了经济价值、价格是其结果的心理过程。这种理论把全部注意力都集中于评价分析上。从整体来说，这种分析可以说完全正确，但是能否由此得出结论，说经济科学对价值现象的研究领域仅仅限于这项任务呢？

当然不是为了彻底研究价值问题，必须阐明哪些客观因素调节经济物品的生产，为什么有些物品生产得少，有些物品又生产得多。可以承认，经济物品的价值决定于对物品的需求和物品的数量。但是，物品的数量又由什么来决定呢？

这个问题，从客观的价值要素来看，不能说是最重要的。然而，读者要想从边际效用理论家那里找到这个问题的明确答案，那

① 维塞尔：《论价值的起源》，第 19 页。

将是徒劳无益的。在大多数场合下，对上述问题，他们不是避而不谈，就是远远不能作出令人满意的解答。

诚然，边际效用的理论家承认生产条件对产品价值的影响，但是，他们没有彻底进行这种研究。到底是哪些客观因素调节再生产物品的数量及其价值，仍然是不清楚的。新学派的代表对过去盛行的劳动价值论持否定态度，把问题搞得更加混乱不堪。从边际效用理论家的观点来看，他们的理论完全推翻了基本的客观的价值要素是生产劳动的观点。应当在这两种理论之间进行选择，二者必居其一。新学派的代表人物就是这样看问题的。

但是，这是严重的误解。毫无疑问，边际效用论和劳动论两者是相互对立的，但又绝不是相互矛盾的。李嘉图和门格尔分别把注意力集中在同一个过程的两个不同的侧面。李嘉图的理论强调客观的价值要素，而门格尔的理论却强调主观的评价要素。但是，正如客观的生理观察，在一定的意义上与主观的心理观察相对立，但它又绝不排斥后者，而只是补充它，李嘉图的理论也同样不排斥边际效用论，而只是补充它。

边际效用论没有、而且也不能指出任何新的客观的价值要素，其原因在于那些因素早就是已知的。究竟那些要素是什么呢？李嘉图认为生产劳动是调节自由再生产物品价值的极为重要的要素。我们试从边际效用论的观点出发，验证一下这个原理是否正确。

生产是一个合理的经济过程，它遵循力求用最小耗费取得最大经济效益的基本经济原则。在制订总的经济计划时，首要的问题就是明确应该生产什么产品。人类需求极不相同，它只能用耗费人类劳动力的产品来满足。产品的劳动耗费价值不能不是决定经济计划——各个生产部门之间人类劳动分配的条件之一。不难理解,劳动耗费价值在编制经济计划中起着决定性的作用。

下面就根据解释评价过程的边际效用论来作一分析。我们知道,经济物品的具体效用,随着物品产量的增加而递减。为了满足我们的需求,需要有各种劳动耗费价值的产品。我们应当在这些产品的生产之间按照什么比例分配劳动才能收到最大效益呢?

边际效用是每种产品最后单位的效用,它随着生产规模的变化而变化。我们可以通过扩大或缩减生产来降低和提高边际效用。与此相反,单位产品的劳动耗费价值,是不以我们的意志为转移的某种客观上已知的因素。由此可以得出结论:在编制经济计划时,决定的因素应当是劳动耗费价值,而被决定的因素则是边际效用。用数学语言表述,边际效用应当是劳动耗费价值的函数。

如果我们同时生产几种具有不同劳动耗费价值的产品,那么,按照经济原则的要求,我们从最后单位时间的劳动中取得的效益,在每种产品的生产中都必须是相等的。如果做不到这一点,如果A类生产最后一个劳动单位的效益大于B类生产的效益,那么,扩大A类生产和减少B类生产就比较有利。最大的效益,只有在每类产品生产的最后劳动单位所取得的效益相等时才能达到。

我们知道,产品的劳动耗费价值是不一样的。换句话说,在单位时间内可以生产不同数量的各种产品,但是,在最后一个单位工时内所取得的效益,如上所述,应当在各种产品生产中都是一样的。由此可以得出结论:每种自由再生产的产品的最后单位的效用,即它们的边际效用,应与单位工作时间内生产的这些产品的数量成反比，换句话说，应当与这些产品的劳动耗费价值成正比。只有遵循这个条件，生产分配才能符合最大效益的经济原则。

这个定理只有借助于高等数学分析，才能用一般形式在数学上准确地加以证明。① 我们这里只作简单的算术论证，它足够能阐明上述经济比例关系。

假设现有两种产品A和B，其中生产产品A所需要的工时，比生产产品B多一倍。我们对这两种产品需求的程度相等，其需求程度减弱的数字序列为10、9、8、7、6、5、4、3，等等，借以表明每种产品的具体效用随着生产的扩大而递减。

假设我们工作时间只有2小时，那么，经济原则要求我们完全放弃生产较难制造的产品A，因为在2小时内，我们仅能生产产品A 1个单位，它的效用等于10，但是，在同样的时间内，我们却能生产产品B 2个单位，它的效用是10+9=19。我们的利益要求把全部工时用于生产产品B。

但是，我们支配的工时越多，产品B生产得越多，则产品B最后单位的效用递减就越厉害。假设我们有6个小时，生产产品B 6个单位。在这种情况下，产品B的第五和第六最后两个单位的边际效用用数字表示为6和5（这时，全部序列的相应数字为10、9、8、7、6、5）。我们在生产产品B的第五和第六个单位的时间内（它的效用总数为11），只能生产产品A的第一个单位，其效用为10。看来生产产品B还是较为有利的。

但是，假设我们有可能再多扩大些生产，假设我们还有2小时工时，那么，我们应当把这2小时用于生产什么产品呢？如果我们把它用于继续扩大生产产品B，我们就要在新增加的2小时内生产产品B的第七和第八个单

① 斯托利亚罗夫先生借助于高等数学分析，对我的论题作了一般证明（参见他的小册子《对M. 杜冈—巴拉诺夫斯基先生提出的自由生产产品的边际效用与其劳动耗费价值成正比的政治经济学公式的分析证明》，1902年）。斯托利亚罗夫先生是用微分学进行证明的。但是，上述比例关系，无须什么数学，只要用一般形式逻辑推论，也可以像本文所做的那样完全准确地予以证明。吉尔什费尔德先生在《社会学问题》第2期发表的《物品边际效用与其劳动耗费价值的比例定理》一文中，也就这一定理作了不十分严谨的数学证明。

位，其效用分别为4和3（产品B的全部序列用数字表示为10、9、8、7、6、5、4、3）。而在同样的2小时内，我们能生产产品A的第一个单位，其效用为10。我们在生产产品B时，从最后2小时内得到的效用以数字表示为7(4+3)，而在生产单位产品A时，我们得到的效用是10。看来生产单位产品A还是较为有利的。

这样一来，在上述条件下，最有利的劳动分配，应该是生产6个单位的产品B和1个单位的产品A。除此之外，其他劳动分配提供的经济效益都是最小的。

在上述劳动分配的情况下，产品A和B的边际效用又是怎样的呢？产品A 1个单位的效用是10；产品B 6个单位的边际效用是5（应记住，B的整个数字序列为10、9、8、7、6、5）。A的边际效用=10；B的边际效用=5。在同一时间内，生产A用2小时，生产B则要用1小时。已生产产品的边际效用与其劳动耗费价值成正比。①

根据边际效用论，我们可以得出如下结论：力求取得最大利益的经济原则，要求生产分配做到：自由再生产的产品边际效用与其劳动耗费价值的比例相一致。产品的劳动耗费价值，在确定经济计划——各部门之间的生产分配方面起着决定性的作用。在合理的生产分配的条件下，产品的边际效用应与产品的劳动耗费价值成正比。

① 假如这个数字改用其他数字，则得不到严格的比例。这是因为：只是在假设可能无限小地增加每一种产品生产的条件下，才必须有严格的比例，而在具体场合，只能稍微大于或小于这种比例。这也说明：为什么在实际生活中，在最后单位时间内所生产的物品，其边际效用大小不等、各不相同。不妨以上面谈过的炉子为例，生产第一个炉子效用最大，根本用不着生产第二个炉子，因为完全不需要它。正因为如此，各个不同的劳动部门在最后单位时间内生产的物品，其效用是大小不等的，尽管这与最大利益的经济原则相抵触。上面谈的这一切，是为了有助于理解本文所提出的边际效用与劳动耗费成正比这个原则的假定的和纯抽象的意义。

边际效用在第一级上决定经济物品的评价。但是边际效用本身(就自由再生产的产品而言)在第二级上又由产品的劳动耗费价值决定。因此,劳动产品按照边际效用的评价,在合理的即符合经济原则的生产分配的条件下,必须与其按生产耗费价值和劳动的评价相符合。但是,这样的生产分配,只能是一种经济所要力求达到而又无法达到的经济理想,所以,劳动评价与边际效用评价完全相符,也不过是一种理想罢了。

不管怎样,通常看来是相互排斥的两种价值论,在实际上却是相互协调的。两种价值论从两个不同的方面来研究同一个经济评价过程。边际效用论阐明主观的经济价值四要素,而劳动价值论则阐明客观的经济价值要素。

人们通常把劳动价值论即客观价值论与边际效用论即主观价值论对立起来,从而认为它们是相互排斥的。事实上,应该由此而认为它们是互为前提的。经济过程并不是唯一客观或唯一主观的,而是既有这一面,又有那一面,因为经济过程不过是主体(经济人)与客体(外部自然界)相互作用的过程。任何经济理论,如果仅仅是主观的或者仅仅是客观的,那它就是片面的和不完备的。边际效用论仅仅是主观的,而劳动价值论仅仅是客观的。真正的价值理论,应当从主观的经济因素上升到客观的经济因素,即从主观的边际效用转到劳动这个客观的价值要素上来。

我们弄通了这些,就容易解决边际效用论者和旧价值论者之间关于生产资料价值在确定产品价值方面的作用问题的争论。李嘉图认为,产品的价值由生产耗费的总价值决定,而这个总价值又由生产中所耗费的劳动决定。与此相反,新学派的代表却认为生产资料的价值，亦即生产耗费的总价值，是由产品的价值决定的。乍一看来，前一论点好像同后一种论点是根本不相容的。其实，可以很容易地把这两者有机地综合在一起。李嘉图说的是客观价值要素，边际效用论者则说的是主观价值要素。如果说的仅仅是心理价值要素，那么，边际效用论者的观点应当说是完全正确的。当然，我们之所以珍视生产资料，不过是因为我们借助生产资料可以获得我们所必需的消费品；我们之所以珍视葡萄园，不过是因为我们珍视用葡萄酿成的葡萄酒；珍视脱谷机，也不过是因为经过脱谷而得到的粮食对我们有价值，等等。所有这些都是无可争辩的。而且，产品的数量由生产它们的劳动耗费价值决定，这也是无可争辩的。刚刚谈过，生产的劳动耗费价值调节自由再生产的产品的边际效用；生产该产品的劳动耗费价值量，不是取决于我们的意志，而是决定于生产的客观条件。正因为生产该产品所耗费的生产资料的总价值，不能不由所耗费的生产资料的数量来决定，而这个数量又由客观条件而不由我们主观评价决定，所以归根结底，生产的客观条件决定产品（包括消费品和生产资料）的经济评价。

边际效用论是一般的评价理论，它不仅涉及经济现象领域，而且还涉及包括意志因素在内的我们意识的整个领域。与此相反，劳动评价只能是经济领域所固有的，因为正是在经济领域内，人的意志才能指向外部世界即物质自然界。因此，从某种观点看来，可以同意如下说法：劳动价值论主要是经济价值论，而边际效用论则是一般心理评价理论，绝不是特殊经济评价理论。正因为如此，恰恰出于劳动价值对于经济理论尤为重要这种正确的直觉、正确的理解，昔日的经济学家才倾向于劳动价值论。

三、耗费价值概说　除价值之外，耗费价值是另一个基本的逻辑的经济范畴。“价值是可视为外界物体状态的人类利益”是维塞尔给价值下的一个恰当的定义。[①] 耗费价值则是可视为经济活动要素的人类本身。两个范畴不仅不是同等的，而且在某种意义上说还是对立的，就像所费与所得相对立一样。

某种经济物品的耗费价值，是指为取得该种经济物品而付出的经济耗费。劳动耗费价值，是指生产该经济物品所耗费的劳动。除价值之外，劳动耗费价值是基本的逻辑的经济范畴，因而应把劳动耗费价值看做是绝对的耗费价值。[②]

经济过程是获取物质资料以满足我们需求的人类活动。经济价值范畴与需求有关，但是人类经济活动本身却不受价值范畴的控制。因此，对经济过程的科学理解，除价值范畴外，还要以独立的劳动耗费即绝对耗费价值范畴为前提。这两个范畴相互补充并形成经济科学的两个基本范畴。

但是参加生产过程的不仅是人，而且还有自然力，例如，马干活是农夫所需要的，就像需要他自己的劳动一样。那么，为什么不把马干活也看做是绝对耗费价值呢？因为在人类经济中，经济主

---

① 维塞尔：《论价值的起源》，第 79 页。

② 洛贝尔图斯说：“产品仅以劳动为代价，换句话说，劳动是产品生产过程中唯一能称得上的产品耗费价值的因素……。产品无疑是以人类所耗费的劳动为代价，但是，除了劳动之外，再没有什么因素能够构成产品的耗费价值……。当然，不能否认，为了生产产品，除了劳动之外，还需要其他很多因素，例如，需要自然界提供的材料……。但是，如果根据这一点就把材料称做耗费价值，那么，这等于把个体认作自然界。材料不是人在生产中所付出的耗费，而我们只能把人的耗费看做是耗费价值。”（见洛贝尔图斯：《关于德国国家经济状况的认识》，1842 年，第 6—8 页。）

体是人，而不是马，也就是说，我们做工是消耗我们自己机体的力，消耗我们自己本身。我们做工时会感到出力或感到苦，可是，马干活并不消耗我们的机体，甚至就像水转动水车一样，我们很少感觉到它。在马的世界里，马干活是唯一的耗费价值，人类劳动则不是耗费价值。同样，在人类社会里也只能说人类劳动是唯一的绝对的耗费价值。①

反对这个观点的人，可以举出下述意见。人们不仅应当用经济的方法来对待自己的劳动和自己的劳动产品，而且应当用同样的方法来对待不用耗费什么劳动的许多物品。不妨以土地为例。在地少的地方，地价自然昂贵，因此经济人不得不非常节省使用土地的自然生产力，尽管没有花费任何劳动来创造它。或者以野生树林为例，难道使用这种树林（如果森林树木很少）就可以不像使用靠劳动栽植的树林那样节约吗？洛贝尔图斯认为，只有人类劳动创造的物品才是"经济"物品。② 但是，难道上面所谈到的野生树林就不和人工树林一样都是经济物品（即我们用经济的方法来看待的物品）吗？当然，洛贝尔图斯错了，并不是只有我们劳动的产品才是经济物品。

凡是有经济价值的物品都是经济物品。物品要具有这样的价

---

① "当罗雪尔说母牛和公牛生产小牛犊，斯密说在农业生产中不仅有农夫，还有牲畜的时候……，这些作者都承认牲畜是个体，因为只有个体才是积极的、活动的……。为什么我们只承认人才是个体呢？可能因为人是唯一有理性的生物，是'万物之灵'，等等，等等吗？绝非如此。这都是幻想。实际上真正的原因要简单得多。人之所以是个体，原因就在于我们希望研究人类经济活动。如果我们希望研究蜜蜂的经济活动，那么蜜蜂就都是个体了；如果我们希望研究牛的经济活动，那么牛就都是个体了。在这两种情况下，人都不是个体。"（见奥夫托·埃费尔茨：《劳动与土地》，1897年，第46—47页。）

② "只有以劳动为代价的财富，才是经济财富"（见洛贝尔斯图：《关于我国国家经济状况的认识》，1842，第46页）。

值，就得具有某一种稀有性。因此，非劳动创造的物品（如森林和土地）也可以成为经济物品，但是，具有价值的这些物品毫无任何绝对耗费价值，因为它们是自然界赐予的物品，同那些不仅具有价值、而且具有耗费价值的物品有着根本性的区别。

例如，我们不妨从经济方面把空中陨落的铁陨石和矿山开采的铁矿石作一比较。陨石是自然界赐予的物品，其耗费价值等于零。铁矿石则不然，它耗费了人类劳动，具有绝对的耗费价值。陨石只是在一个方面成为我们经济的组成部分，也就是说，它是一种经济物品，因此增加了我们占有的经济物品的数量，扩大了我们从经济方面所取得的效益。铁矿石，除此之外还从完全不同的另一方面成为我们经济的组成部分，因为它体现了工人从矿山开采铁矿石的艰辛，体现了他们毫不顾惜精力、幸福和时间的牺牲精神。陨石只具有价值，而铁矿石既具有价值，又具有耗费价值。同样，处女地只具有价值，而粮食除价值之外，还具有耗费价值。

因此，经济（有价值的）物品可分为两类：具有耗费价值的物品（人类劳动的产品）和不具有耗费价值的自然界赐予的物品（非人类劳动的产品）。

所以，人类劳动是绝对耗费价值的唯一实体。但是这个绝对耗费价值，需要跟相对耗费价值区分开来。**绝对**耗费价值是与价值相对立的经济范畴，如同经济主体的人与经济客体相对立一样。与此相反，**相对**耗费价值则是可视为用以取得另一种价值的手段、而不是目的的一切价值。不妨以生产过程为例。对社会来说，产品的绝对耗费价值是由什么体现出来的，即社会为进行该项生产需要付出什么样的绝对消耗呢？如上所述，只有耗费在生产上的社会劳动，才能形成所求的产品的绝对耗费价值。但是，产品的相对耗费价值，同样可以由制造产品所耗费的材料体现出来。这样，我们可以计算出（实际上我们也在计算）需要耗费多少普特矿石、煤和辅助材料才能炼出一普特铁。一普特铁的耗费价值，可由几普特矿石和煤等等体现出来。但是，耗费价值范畴，在这种场合，显然具有迥然不同于它体现人类劳动力耗费的含义。劳动耗费是人的机体力量的绝对消耗。人类劳动，这是人类本身即经济主体的消耗。相反，矿石、煤等等（我们姑且不论它们都是人类劳动的产品）它们本身绝不属于人力的消耗。煤或矿石，这是客体，而不是经济主体。当然，煤和矿石都具有价值，因此，如把这些有用物品无谓地毁灭掉，势必要减少社会福利。正因为如此，我们应当节省使用这些客观的生产资料。但是，所有这些生产资料并不属于人体的一部分，所以，人消耗它们，并不是消耗人本身。

我们用生产资料来表示物品耗费价值，无非是因为生产资料具有价值。水和空气没有价值，因此在计算产品耗费价值时，就被忽略掉了。可见，一种产品的耗费价值用另一些产品表示时，我们不把耗费价值概念看做是与价值范畴相对立的独立的经济范畴，而是把它看做生产的价值范畴。相对耗费价值（即用产品表示的、而不是用人类劳动力表示的耗费价值）只能是作为手段，而不作为目的的价值范畴。

相反，当产品的耗费价值由劳动表示时，我们就完全舍弃了价值范畴。劳动产品，例如，用氢氧化合方法取得的水，可能没有任何价值，但是，它仍然具有劳动耗费价值，因为它耗费了我们的劳动和气力，劳动耗费是既成事实。打炮并不创造任何新的价值，但是我们可以计算它的劳动耗费价值。我们珍惜自己的劳动，并不是因为（或不仅仅是因为）我们通过劳动可以获得经济物品。不是的，我们的劳动，就是我们本身；我们珍惜自己的劳动，也和珍惜我们舒适满意的物品一样，具有根本的、而不是派生的性质。劳动耗费价值，也和价值一样，是重要的独立的经济因素。

因此，应把绝对(劳动)耗费价值和相对耗费价值(通过其他有用物品的价值来表示的一种有用物品的耗费价值)严格区分开来。这两个范畴的区别在现代交换经济中表现得特别明显。在交换居主导地位的条件下，任何价值都是用来取得另一种价值的手段。货币能买到一切。我们可看到：在现代经济中，任何一种物品的耗费价值，通常是由用以购买物品的货币来表示的。

野生森林或处女地都不含有一点点人类劳动。人类从自然界无代价地获得这种或那种东西。但是，无论土地或森林，都具有价值，因而都可以按一定的价格把它卖掉。对买到森林或土地的人来说，这些有价值的客体绝不是自然界的赠品，因买者花了钱，付出了非常实际的代价才买到它。买土地所支付的金额，在土地获得者看来，就是土地的耗费价值。因此，从私有经济观点来看，自然赐予的物品，也像劳动创造的物品那样，在交换过程中获得耗费价值。但是，这种耗费价值是相对的、私有经济的耗费价值，而不是绝对的、社会的耗费价值，它带有假定的和派生的性质，只不过是价值范畴的另一种表现而已。从全社会的观点来看，土地在交换经济中仍然是一种失去耗费价值的自然赐予的物品，因为社会作为一个整体，并没有耗费什么就获得土地。可见，只有从私有经济的观点来看，土地才有耗费价值，正如只有从私有经济的观点来看，期票才是财富一样。

在占统治地位的政治经济学中，纯劳动耗费价值范畴完全被忽略了。但是，现代科学把这个范畴称为劳动生产率范畴。假设，我们用 a 表示劳动量，用 b 表示耗费劳动而制造的产品数量，那么，劳动耗费价值可用 $\frac{a}{b}$ 表示，劳动生产率则用 $\frac{b}{a}$ 表示。换句话说，劳动耗费价值和劳动生产率，是用不同的形式表示的同一个经济概念。前一个概念表示产品数量与所耗费的劳动之比，后一个概念表示所耗费的劳动与产品数量之比。

如果站在劳动者利益的观点上，则不会怀疑根据经济过程中所耗费的劳动从局部和整体上对全部经济过程进行评价的重要性。反之，假如站在依靠财产收入的非劳动者的观点上，则会把人类劳动和外部自然界力量的活动等同起来。这也就是为什么站在劳动阶级一边的政治经济学派把劳动评价摆在首位，而其对立的学派却无视这种评价并否定其独立意义的原故所在。

我们承认劳动是绝对耗费价值的唯一实体，进而承认劳动是唯一积极的生产活动者，承认全部产品只能是劳动创造的。当然，从技术观点来看，从生产过程中物质转换的观点来看，人也是一种机械力，和其他机械力没有什么两样。从这个观点来看，人类劳动和动物劳动或机器做功之间没有任何区别。但是，从人类利益的观点来研究经济过程的经济学家却认为，人类劳动与其他机械过程是不能等量齐观的，因为只有人类劳动的耗费才是人类个体的消耗。基于这一观点，我们应当承认，只有人类劳动才是生产劳动，换句话说，应当把其他一切生产要素的有效作用都归属于唯一积极的生产要素——人类劳动。

劳动耗费价值概念根本不同于价值概念，它指的不是人类活动的对象，而是人类本身，是具有个性、从事劳动、饱经艰辛、与自然搏斗，并在斗争中结成社会关系的人类本身，因此，劳动耗费价值范畴主要是社会范畴，它是连接社会政治经济学和社会科学的桥梁，因为社会进步是在社会劳动生产率增长的基础上实现的。

但是，纯伦理观念虽然对纯客观的科学理论有着巨大的意义，在形成特殊的劳动耗费价值范畴方面也起一定的作用。参加生产过程的不仅有人，而且还有生产资料。那我们为什么单单把整个物品看做是人类劳动创造的呢？为什么单单承认人类劳动是积极的生产活动者呢？另一方面，又为什么把一切形式的人类劳动不加区别地等同起来呢？又为什么我们认为一切形式的人类劳动都是可以相互比较的，并把它们合成一个总量，形成一个社会劳动的总概念呢？

毫无疑问，其原因就在于我们都心照不宣地按照政治经济学的伦理指导思想——最高价值观念、人类个性等值思想行事。基于这种思想，我们才有权一方面否认马或蒸汽机工作的生产能力，另一方面又认定一切形式的人类劳动是社会劳动的整体。如果立足于古希腊罗马的毫无人类个性等值思想的宇宙观，就无法把奴隶和马的劳动区分开来，从而也就无法从根本上把自由民、希腊人、奴隶主的劳动和奴隶或野蛮人的劳动区分开来。劳动价值概念的伦理学基础，不但丝毫无损于这个观念的科学意义，而且证实已有和应有的范畴在政治经济学中是如何紧密结合在一起的。

约·斯·穆勒在其著名的政治经济学教程中指出，在价值理论的领域中，科学已经表述了最新的思想，未来的学者对已表述的思想不会再增添什么重大的新内容。① 众所周知，穆勒是一个不高明的预言家，恰恰是价值学说被后来的研究者们根本改造了。但是，现在可以满怀成功的希望来复述穆勒的预言。边际效用论将永远是价值学说的基础，虽然将来也可能有部分的补充和修改，但是它的基本思想已成为经济科学的 πτῆμα ἐζ ἀεί（永恒的瑰宝）。实质上，这个理论目前几乎已经得到实际上或至少是口头上的公认。

① 穆勒：《政治经济学原理》，俄译本，奥斯特罗格拉茨基审编，第390页。

德国经济科学最有权威的代表人物之一，布伦坦诺公正地指出："现在，在世界各国，不管某些经济学家是否认识到这一点，贝努利的学说已成为关于价值的科学讨论的出发点。"①试图对这个理论进行的批判，大多软弱无力，经不起认真的反驳。反对这个理论的主要论点认为，我们从经济物品所得到满足程度，不能从数量上进行比较，这一点已被康德驳倒了。康德说："不论我们关于物品的观念多么不同，但是满足感……在实质上都是一致的。否则，怎么可能对来自根本不同的观念的各种动机进行数量比较，又怎么可能选择对我们意志影响比较强烈的动机呢？一个人宁可把手头没读完的一本有益的书还掉，也不肯错过打猎的机会；宁可走开不听有趣味的讲话，也不肯耽误吃饭；宁可放弃非常可贵的愉快的谈话，也要坐下来赌博，甚至宁可不去接济在其他场合会诚心诚意给予帮助的不幸的人，也要用仅有的钱去买一张戏票。"②康德完全正确地指出，怎样才能对我们的各种欲望进行数量比较，这就是要我们始终按照一个最强烈的动机行事，也就是要对各种动机按照强度大小进行比较。换句话说，我们各种欲望之所以能够进行数量比较，那是出于我们意志的本性。

起初，也许是新理论的拥护者更多地阻碍了新理论取得成功，故而它不能很快地得到公认。这就是说，他们毫无根据地把新理论同李嘉图的价值论尖锐地对立起来了。正因为这样提出问题，所以李嘉图理论的拥护者也就表示反对新的价值理论，只是到了现代，才开始普遍意识到新旧理论之争纯出于误解。边际效用论的拥护者所反对的，其实不是李嘉图的价值论，而是与之截然不同的洛贝尔图斯和马克思的理论（下一章将要谈到）。实际上，洛贝尔图斯和马克思的理论同边际效用论是不可调和的，因为价值不可能同时是"劳动的结晶"，又是边际效用。至于李嘉图的理论，则另当别论。边际效用学说不仅不与李嘉图理论相矛盾，相反，正如本文所述，还与它互为补充，并构成逻辑上相关的概念。

甚至激烈抨击李嘉图的杰文斯，也指出这两种理论是完全一致的。他说："物品的价格，只能决定于它的效用大小。然而，怎样才能改变边际效用

---

① L. 布伦坦诺：《价值学说的发展》，1908年，第68页。

② 康德：《实践理性批判》，第26页。

呢？要靠增加或减少物品的供应量。然而怎样才能达到这种增加或减少呢？这就要靠增加或减少生产这些物品的劳动耗费。从这个观点来看，从劳动到价值之间存在两个阶梯。劳动决定供应量，供应量又决定用以确定物品价值或交换关系的边际效用。”①杰文斯这里所缺少的仅仅是三段论法的结论：劳动决定价值。

西方有一些经济学家，包括马歇尔②和迪策尔③在内，都不认为李嘉图理论和边际效用论之间存在着矛盾。相反，在现代，迪尔却企图把这两种理论对立起来，认为它们在逻辑上互相排斥。迪尔的论据归结到一点，就是它指出边际效用论的主观主义性质和劳动论的客观主义性质。④ 但是，正如本文所述，不仅不能由此得出结论，说这两种理论互相排斥，而且应当由此得出截然相反的结论，认为这两种理论是互为补充的。本文的观点，在我发表的第一篇论文《关于经济物品边际效用的学说》（载《法学通报》，1890 年）中曾作过阐述。后来，司徒卢威在德国期刊《社会法律文集》上和德米特里耶夫先生在其饶有趣味的《经济文集》一书中，都谈到了类似的观点。

但是，如果说主要是门格尔学派的著作使人们对价值范畴的理解大大地前进了一步，那么，这也绝不是指另一个基本经济范畴——耗费价值说的。俄国经济学家甚至（不管多么滑稽可笑）不得不证实这个概念在逻辑上的存在权。在我们的口语中，原来就有“ценность”（价值）和“стоимость”（耗费价值）这两个意义根本不同的词。例如，我可以说：“这幅画，我花费的代价（стоимость）很小，但我认为它的价值（ценность）很高。”这就是说，谁都明白说的是什么意思。但是，由于我们的理论知识水平比较低，所以才出现这种真正的怪现象：科学的经济术语不仅没有使口语术语臻于完善，反而使它变得更糟糕，以致造成口语从所未有的混乱。俄国有许多经济学家（特别是马克思主义者）通常不把“стоимость”（耗费价值）和“ценность”（价值）这两个术

① 杰文斯：《政治经济学原理》，第 3 版，第 164—165 页。

② 马歇尔：《经济学原理》，1898 年，第 429 页及以后各页。

③ 迪策尔：《理论社会经济学》，第 230 页。

④ 迪尔：《大卫·李嘉图的国民经济学的基本法则》，第 63 页及以后各页。我在《价值学说的主观主义和客观主义》（社会科学文献出版社，1907 年版）一文中详细分析了迪尔的观点。

语当做矛盾的概念，而当做同一的概念即同义词来使用。这是极其有害的习惯。显然，主要是从马克思《资本论》第一卷俄译本开始使用并固定下来了。在俄译本中，德语“Wert”一词误译为“стоимость”，而不是“ценность”。但是，德语中除了“Wert”这个术语外，还有另外一个术语“Kosten”，正像英语的“value”和“cost”绝不能混淆一样。正因为这两个俄语术语存在上述的混淆，所以有些德语和英语的语句译成俄语时，都有失原意。例如，马克思《资本论》第三卷开头部分有一句话：“die kapitalisische Kost der Ware misst sich an der Ausgabe in Kapital, die wirkliche Kost an der Ausgabe in Ardeit.”（“商品的资本主义费用是用资本的耗费来计量的，而商品的实际费用则是用劳动的耗费来计量的。”）如果把“Kost”（费用）译为“Wert”（价值），那么这句话就会变成毫无意思的了。① 同样，马尔萨斯对李嘉图所作的人所共知的批

① 参阅《马克思恩格斯全集》，中文版，第25卷，第33页。尼古拉先生的俄译本，把这头一句话译为“Капиталистическая стоимость (Kost) товара измеряется затратой капитала”（“商品的资本主义价值是用资本的耗费来计量的”）（《资本论》第3卷，1896年，第2页。）译者把德语的“Kost”一词加括号注明，意思是他承认这个词译成俄语是有困难的。实际上译者用俄语“стоимость”一词翻译两个根本不同的德语术语“Wert”和“Kost”，（马克思这里用的是英语词，在德语中通常不说“Kost”，而说“Kosten”）完全歪曲了马克思的理论，因为按马克思的观点，“Wert”（价值）是不用资本的耗费来计量的。其他的俄国译者都比尊敬的尼古拉先生机敏，但不够诚实，尼古拉先生是确切地译出了这一段话，但这也恰恰暴露了他用的术语是站不住脚的。现代马克思著作的译者根据自己掌握的早期马克思著作俄译本所用的术语，懂得了这段话不可能确切地翻译出来，所以宁愿转述也不愿意翻译。这段话转述为：“商品使资本家耗费的东西，是用资本的耗费来计量的；商品实际上所耗费的东西，是用劳动的耗费来计量的。”（《资本论》，第3卷，俄译本，В. 巴扎罗夫和И. 斯捷潘诺夫审编，1907年，第2页。）可见，他们认为，“Kost”一词在俄语中不可能有与之相应的名词，因此用动词“стоить”来代替“Kost”。但是，仅仅用上面几行字来转述是办不到的，所以不得不把马克思的这句话：“So erscheint nothwendig der Kostpreis der Ware für ihn als die wirkliche Kost der Ware selbst.”译成：“对他（资本家）来说，商品的生产费用表现为商品的实际价值（стоимость）。”这里，“Kost”一词又用相当于“Wert”的“стоимость”这一术语来表达，也就是说，似乎对资本家来说，生产费用与价值（ценность）相符，这是硬塞给马克思的，从而根本上歪曲了马克思的价值论。请看，错误的术语造成多么令人可笑而又可悲的不幸后果啊！

评，也会变得没有意思了。他批评李嘉图忽视了“the very important distinction between cost and value”。① 这需要确切地译成俄语：стоимость 和 ценность 之间的重大区别。如果按照现在流行的术语进行翻译，译为“стоимость 和 стоимость 之间的重大区别”，就变成毫无意义的了。基于上述原因，阐述价值理论的俄国理论家，应当作更大的努力来使他的读者了解说的是什么经济现象，而不致把“стоимость”（耗费价值）和“ценность”（价值）混淆起来。

本文所阐述的劳动耗费价值论，不过是所谓的劳动财富论的另一种说法而已。这个理论的意义在于它承认唯一的人类劳动的生产能力，把一切产品归结为生产所耗费的劳动。这种理论已经是很陈旧的了，早在亚当·斯密之前就被一些学者阐述过，但是表述特别明确的还是《国富论》②的作者。后来，这个学说被现在盛行的生产三要素（土地、劳动和资本）论（让·萨伊最早提出）排挤到次要的地位。劳动财富论之所以没有广泛地传播开，其部分原因在于这个理论缺乏明确的方法论根据，即不了解为什么经济学家把产品看做仅仅是劳动产品，尽管参与生产的，不仅有劳动，还有土地和生产资料。本文试图对上述理论从方法论上加以论证。

劳动耗费价值没有得到深入研究的另一个原因，是马克思完全错误地把唯一的劳动生产能力的学说和唯一的劳动创造价值的学说合而为一。马克思提出绝对的劳动价值论代替绝对的劳动耗费价值论的主张，其后果是毫无道理地混淆了两种不同的理论，也就是说，产品可以看做仅仅是人类劳动的产品的正确思想和只有劳动能够创造产品价值的根本错误的思想拼凑在一起。对这个绝对劳动价值论，将在下一章进行分析。

桑巴特在他的对《资本论》第三卷的著名的批判文章中，曾试图为马克思的劳动价值论进行辩护，把它解释为劳动耗费价值论。他把劳动价值论理解为“社会劳动生产能力的程度”，③但是，如果是这样的话，那为什么把劳动耗

---

① 见《李嘉图著作和通讯集》，1876 年，第 30 页。

② 《国富论》一开头就说，社会产品是社会劳动创造的。在其他场合，斯密还谈到，不仅劳动，而且劳动和土地，都是社会财富的主要源泉。（见《国富论》，第 1 卷，比比科夫译，第 91、477 页和其他各页。）

③ 桑巴特：《对卡尔·马克思经济制度的批判》，载《社会立法档案》，第 7 卷，第 577 页。

费叫做"价值",以至于认为劳动耗费是价格、产品交换关系的基础(显然是错误的),而不承认价值和耗费价值这两个不同的范畴有独立存在的权利呢?

极少数的经济学家懂得劳动耗费价值范畴在经济科学中有权独立存在。其中就有A. 瓦格纳。他从三个不同的角度出发,详尽地研究了耗费价值理论。这三个观点是:1. 人类,2. 国民经济,3. 单个经济。从人类的观点看,耗费价值(Kosten)是"为获得财富所耗费的各种人类劳动量"①。从国民经济的观点看,耗费价值是为克服自然阻力所耗费的价值。最后,从单个经济观点看,在耗费价值的构成中,除了从国民经济观点看的耗费价值外,还包括第三者的各种劳务报酬(工资、佣金、租赁费和借贷利息等等)。因此,本文所说的"绝对耗费价值"同瓦格纳所说的"从人类观点看的耗费价值"是一致的,而"相对耗费价值"则同瓦格纳所说的从国民经济和单个经济观点看的耗费价值是一致的。可见,瓦格纳完全承认:从全人类的观点来看,人类劳动是唯一的耗费价值,耗费价值范畴与价值范畴(根据瓦格纳的观点,后者是决定于其他方面的因素)并存,有其独立的意义。

累克西斯也同样不赞成劳动价值论,他拥护劳动耗费价值论。他说:"土地和资本,作为生产要素,不可能与劳动相协调,因为前者从属于后者。劳动是唯一积极的生产要素,自然界只不过提供劳动用的材料或只有通过劳动才能利用的原始的自由的自然力。资本,一般也不可能是首要的生产要素,因为它本身就是产品。"②

至于谈到迪策尔,除了价值论之外,他完全承认建立耗费价值论的重要性,并用很大篇幅来阐述耗费价值论,但是建立这个理论的任务,他完成得极不成功。这就是说,他只承认相当于我所说的"相对耗费价值"的那个耗费价值范畴。他说:"耗费价值的概念相当于消耗价值的概念。只有这样的东西才有耗费价值:它存在,效用就存在;它不存在,效用即随之失去。"③

在迪策尔看来,劳动耗费是耗费价值的基本要素,其原因仅在于劳动是普遍的生产手段,同时,又像任何其他生产手段一样,在需求大于供给的情况

① 瓦格纳:《理论社会经济学》,1907年,第42页。

② 累克西斯:《生产》(载《社会政治科学必备辞典》)。

③ 迪策尔:《社会经济理论》,第193页。

下具有价值。在这方面，人类劳动和马的劳动没有什么根本区别。

从不劳动的企业主的观点来看，这是理所当然的。对资本家来说，工人和任何一种生产工具没有什么区别。但是，从工人的观点来看，他和马的劳动似乎有某种区别。正如本文所阐述的，工人根本不依靠劳动的外在结果来估价自己的劳动，因为工人的劳动耗费是他的个体的消耗。迪策尔的观点否认了人类个体的最高价值，因为迪策尔把人看做是简单的生产手段，而不是目的本身。这个基本错误也使迪策尔随后所作的关于价值和耗费价值相互关系的全部论述失去了意义。

参考书目

关于价值的文献浩瀚如海，所有重要的理论家都程度不同地涉及这个问题。其中主要的有：

亚当·斯密：《国富论》，俄译本，比比科夫译，1866 年。
大卫·李嘉图：《政治经济学原理》，俄译本，西贝尔译，1882 年。
穆勒：《政治经济学原理》，奥斯特罗格拉茨基的最新编译本，1897 年。
马克思：《资本论》，第 1、2、3 卷(有几种俄译本)。
司徒卢威：《经济与价格》，第 1 卷，1913 年。
关于马克思价值论的批判文章，见下一章参考书目。

关于价值学说的历史概述：

李卜克内西：《英国价值理论的发展史》。
R. 考拉：《价值理论的历史发展》，1906 年。
卢约·布伦坦诺：《价值论的演变》，1908 年。
B. 扎列斯基：《价值学说》(《价值论》)，1893 年。
P. 奥尔任斯基：《经典家和宗教家的价值学说》，1896 年。
Э. 杰恩：《论价值学说》，1896 年。
A. 马努伊洛夫：《古典学派经济学家的价值概念》，1901 年。

关于边际效用论的文献：

戈森:《论人类交换规律的发展及人类行为的规范》。1854年(第2版，1889年)。

L.瓦尔拉:《纯粹政治经济学要义》,1874年。

杰文斯:《政治经济学理论》,1871年(第3版,1888年)。

门格尔:《政治经济学基础》,M.奥尔任斯基编译,1903年。

维塞尔:《主体价值的起源与定律》,1884年;《资本的实证理论》,1889年。

庞巴维克:《经济福利价值论的基础》,1904年,译自德文;《资本实证论》,第2版,1900年。

科莫钦斯基:《闭关经济的价值》,1889年。

楚克坎德尔:《论价格理论》,1889年。

P.奥尔任斯基:《关于经济现象的学说》,1903年。

B.沃伊京斯基:《市场与价格》,1906年。

边际效用论的评述：

马歇尔:《经济学原理》,第3版,1898年。

迪策尔:《社会经济学原理》,1895年。

施托尔茨曼:《国民经济学的社会范畴》,1896年。

希法亭:《庞巴维克对马克思的批判和研究》,1904年。

迪尔:《大卫·李嘉图关于国民经济的基本法则》,1905年。

绍尔:《政治经济学理论的基本问题》,1907年。

杜冈-巴拉诺夫斯基:《边际效用论》(载《法律通报》,1890年;《马克思主义的理论基础》,第3版,1906年)。

司徒卢威:《关于价值的论文》(载《社会主义文集》和俄国杂志《科学评论》、《生活》)。

弗兰克:《马克思的劳动价值论》,1900年。

马努伊洛夫:《关于古典学派经济学家学说的价值概念》,1901年。

斯托利亚罗夫:《杜冈-巴拉诺夫斯基公式的分析论证方法》,1902年。

B. 德米特里耶夫:《经济论文集》,1904年。

吉尔什费尔德:《福利边际效用与其劳动耗费价值的比例定律》,载《社会学问题》,1909年。

关于耗费价值的文献:

瓦格纳:《政治经济学原理》,1893年,第3版。

累克西斯:《产品》(载于《政治经济学辞典》)。

迪策尔:《社会经济学原理》,1894年。

杜冈-巴拉诺夫斯基:《马克思主义的理论基础》。

Л. 布赫:《政治经济学的基本要素》,1902年,第2版。

第四章　简单商品经济和资本主义经济的历史范畴

一、商品和交换价值。商品经济的社会合作性质。交换价值和价格。商品经济的拜物教。二、资本与剩余价值。资本作为经济的逻辑范畴和历史范畴。剩余价值。资本的不同类型。资本占有他人劳动。资本主义经济的定义。马克思的价值理论。马克思的价值概念的内在矛盾。认清价值和耗费价值两范畴具有独立性才能调解这个矛盾。

一、商品和交换价值　根据上述认识论原理，政治经济学主要研究交换经济。在交换经济中，单个经济人生产用于交换的物品而彼此服务。为出售而生产、并通过交换转入消费者手中的产品，叫做商品①。产品以商品为主的经济，叫做商品经济，在商品经济中，也和在没有交换关系的经济中一样，一些生产者为另一些生产者劳动。

---

①　毕歇尔认为，进入交换的产品并不都是商品，只有通过中间商人转卖的产品才是商品。（参见毕歇尔：《国民经济的发生》，第1版，第82页。）因此，根据毕歇尔的观点，手工业者出卖给消费者的产品不是商品，因为它没有经过商业渠道。本文遵循马克思提出的关于商品的观点，即："要成为商品，产品必须通过交换，转到把它当做有使用价值使用的人的手里。"（《资本论》，第1卷，俄译本，司徒卢威审订，第6页。〔参看《马克思恩格斯全集》，中文版，第23卷，第54页。〕）

如果我们以印度人的原始公社为例，则会看到公社内部有一定的分工，因为公社不仅仅有从事农业的人，而且还有许多许多从事其他劳动行业的人，如铁匠、陶器匠、木匠、牧人，等等。① 我们设想，如果存在社会主义的社会经济制度，那么，同样也会有许多从事各种劳动并相互服务的工人。但是，在商品经济中，单个生产者之间的联系是通过交换建立起来的，因而社会合作是以买卖劳动产品——商品的形式实现的。

一种商品同另一种商品交换的关系，决定于商品的交换价值，交换价值是指在交换中，用一种商品可以获得一定数量的其他商品的抽象可能性。交换价值的具体表现，是商品的价格，即为得到一定数量的某种商品所需要(或实际上已交付)的一定数量的其他商品。例如，1俄担谷物的交换价值，是1俄担谷物换取一定数量的印花布、铁、银、肉类、牛奶等的抽象可能性。例如，1俄担谷物的价格是5俄尺印花布(假如拿5俄尺印花布能换取1俄担谷物)或者是1俄担铁(假如用这些铁能换取同量的谷物)，等等；等等。通常用来表示商品价格的，是作为通用交换手段的商品，即货币。因此，我们可以得出一般公式：商品的价格是商品交换价值的货币表现。②

① 根据H. 西贝尔的论述，在某些印度公社中，有不下数十种从事各类行业的人。参见《原始经济文化论文集》，1899年，第2版，第540—541页。

② 关于“价值”和“价格”术语的不同含义，请参见诺伊曼：《经济原理》(载于舍恩贝尔格编《政治经济学手册》，第4版，1896年)。诺伊曼关于价格概念提出了不同于本书的定义。对本书提出的定义，可补充一点：所谓商品价值，我们通常是指用作获得另一种商品的手段的某种商品；所谓商品价格，是指为获得该商品所需要的其他某种商品。因此，我们说被出卖土地的价值和为购买土地所付出的价格。(在这个意义上，我们说“它(商品)用生命的代价取得了荣誉”。)换句话说，当谈到价值时，我们坚持卖者的观点；当谈到价格时，我们坚持买者的观点。

在商品经济占统治地位的情况下，社会的经济关系、一些生产者为另一些生产者进行的劳动，都被交换关系或者说商品关系掩盖起来了。在这个基础上产生了马克思所阐述的并称之为商品经济拜物教的那种商品经济制度的现象。所谓商品经济拜物教，是指在这种制度下，出现的一种迷惑人的经济现象：似乎不是人们支配商品关系，而是商品支配人们的关系。这种错觉非常强烈，往往在我们所有言谈中，有时甚至连经济理论家的思想也都充满了这种错觉。我们经常谈到商品，就像谈一个有生命的东西。例如，我们一谈到商品的价格，就谈它的涨、落和波动，似乎它的变动就是商品本身内在力量作用的结果。这不仅仅是纯属于术语不确切。其实是商品价格的性质本身就具有这样一些特点，它们必然会引起商品价格不依赖人而独立存在的错觉。

问题在于商品价格的运动并不以单个商品生产者的意志为转移。价格在市场上是按它的特殊规律确定的，根本不考虑商品生产者或其他居民集团的利益。由于某些原因，价格往往被确定在对该商品生产者集团极端不利的水平上，可见，价格毕竟不是生产者集团的努力所能改变的。例如，我们这里多年来家庭手工业产品的价格一直在下跌，这已成为家庭手工业者极端贫困的根源。但是，不论是家庭手工业者，还是其他社会集团或社会政权，都无力阻止或者哪怕能延缓一下价格下跌的速度。

在这些场合，现代社会也都非常明显地无力支配商品价格的变动。由此产生一种观念，认为商品本身含有决定商品价格的力量。

但是，当然这种观念无非是一种不可靠的错觉。商品本身没有任何价格。物质本身没有价格，正如野蛮人的木制偶像没有神的属性。因此，如果对商品生产者来说，物品就是价值，而对野蛮人来说，木制偶像就是神，那么，这仅仅是因为在商品生产者(绝不是在物品)中间存在着由价值范畴所体现的关系，在野蛮人(而不是在木制偶像)中间存在着迫使他们把一块木头奉为神明的条件。商品生产者在意识中把商品视为神物，与野蛮人把死物视为神物相似，正是这种情况才促使马克思谈到了商品经济拜物教。

商品的价格，是在商品经济的社会关系的基础上形成的。但是，由于这些关系不是社会政权有意识地有计划地调节社会经济的结果，而是单个经济自发地无意识地互相作用的结果，所以，商品经济拜物教也反映了这种经济体系极其深刻的特点，即：商品经济现象是不以个别和全体商品生产者的意志为转移的。在商品经济条件下，社会对社会中发生的经济过程失去支配权，并把商品视为神物，从而完全正确地表明它对商品运动的支配是软弱无力的。因此，商品拜物教尽管是一种错觉，但却是商品经济必然产生的错觉。

经济科学揭开了商品拜物教的秘密，并指出它是在商品基础上产生的错觉，但却不可能消除这种错觉。例如，月亮在地平线上，比在天上看起来要大得多。可是我们知道，这是一种错觉，不应受感觉欺骗。但是我们的知识却无力消除错觉和改变视觉产生的假象。同样，我们甚至明白了商品的本性，但是谈到商品价格的变动，仍然把它当作不以我们为转移的独立过程。

商品拜物教，最明显不过地表现在商品世界中居于统治地位的商品即货币上。金钱看来是商品世界的真正主宰。无怪，最早的商品经济理论家——重商主义者承认黄金是唯一的绝对的财富形式。货币价值的基础是什么呢？这似乎是一个不解之谜，但是有货币就能得到想要的一切，却是有目共睹的事实。由此而产生商品生产者的心理特点——贪得无厌的金钱欲望。“货币拜物教的谜就是商品拜物教的谜，只不过变得明显了、耀眼了。”①

可见，只要产生拜物教的社会关系的形式还存在，商品拜物教就是不可避免的。

“只有当社会生活过程即物质生产过程的形态，作为自由结合的人的产物，处于人的有意识有计划的控制之下的时候，它才会把自己的神秘的纱幕揭掉。但是，这需要有一定的社会物质基础或一系列物质生存条件，而这些条件本身又是长期的、痛苦的历史发展的自然产物。”②

二、资本与剩余价值 商品经济的最后阶段是资本主义经济。在简单商品经济的条件下，各类经济物品都是商品。在资本主义经济的条件下，人类本身的劳动力就成为商品。资本和剩余价值，是这个经济制度特有的范畴。

资本的概念也和其他许多政治经济学概念一样，有几个不同的含义。一个含义，是把资本理解为某种逻辑范畴；另一个含义，是把资本理解为历史的经济范畴。就第一个含义来说，资本是指用劳动创造的并用于继续生产的物品。这些物品有一部分在一次生产过程中全部消费掉，构成所谓流动资本（例如，用于

① 参见《马克思恩格斯全集》，中文版，第23卷，第111页。

② 同上，第97页。

加工的原料和辅助材料,包括燃料、润滑油、油漆以及在生产过程中一次消耗掉的全部物品);另一部分则在生产过程中,经过一次次生产活动,一部分一部分地损耗掉,构成所谓固定资本(厂房、机器、工具、耕畜等等,这些物品的效用不能在一次生产活动中全部丧失掉)。

资本作为历史的经济范畴,仅仅是指一定的、历史上暂存的经济制度。我们正是在这个意义上来谈资本主义经济和非资本主义经济的,但是,不论哪一种经济,没有劳动工具,或者说,没有作为逻辑的经济范畴的资本,就不可能有经济活动。

究竟什么是属于历史上暂存的资本主义经济这一特殊范畴的资本呢?

在简单商品经济条件下,人们彼此进行产品交换,但是,产品的交换价值在交换过程中绝不会增加。产品只有当它获得独立创造新价值的能力时,才会变为(在历史的经济范畴意义上的)资本。换句话说,产品只有当它的价值由于某些社会关系而获得自身增殖的能力时,才是上述含义的资本。这种新产生的额外价值,马克思称之为剩余价值(Mehrwert),而产生剩余价值的基本价值,也就是资本。

这种剩余价值的存在,最明显地表现在借贷利息即债务人向债权人所付的利息上。债权人把一定数量的货币投入流通,经过一段时间之后,这些货币不仅如数而且加上利息又回到他的手里。

这些利息是从哪里来的呢?资本本身是否像鸡生蛋或者像苹果树结苹果那样孳生利息?

价值具有货币金属的自然属性,创造利息的能力则也具有借贷资本的属性。神秘的外壳把借贷资本中利息的社会内容完全掩盖起来了。

有一些经济学家,为借贷资本产生利息的神奇能力所迷惑,在计算资本自行增长的能力时,有时竟达到荒谬绝伦的地步。这里不妨提一下十八世纪经济学家理查·普莱斯。他断言:只要长期贷放为数寥寥的资本并用复利使它增长,那它就会达到骇人听闻的数字。普莱斯推论说:“一个便士,在耶稣降生那一年以5%的复利放出,到现在会增长成一个比1亿5千万个纯金地球还要大的数目。”①普莱斯用这个观点拟制了清偿英国国债的计划。只要给资本自行增长能力提供充分发展的余地,那么,困难再大的财政问题也会迎刃而解。

资本拜物教、产金蛋、孳生利息的资本,最鲜明、最清楚地表现在借贷资本上。但是,要了解利息的秘密,要识破资本主义的幻景,就必须研究其他的资本形式。

借贷资本或高利贷资本,是历史上最古老的资本形式之一。商业资本也同样古老,或者更古老些。商人和高利贷者一样,也要获取剩余价值,盘算怎样增加他的资本价值。但是,只要资本仅仅以商业资本或高利贷资本的形式出现,只要资本在社会经济中不起主导作用,整个社会经济就不是资本主义经济。一旦资本主义关系也把产品生产领域包括在内,而且资本以生产资本的形式出现时,我们就有了资本主义经济制度。

在这种情况下,资本表现为属支配生产过程的资本家所有的一定数量的产品——生产资料和工人消费品。这些产品在生产中

① 参见《马克思恩格斯全集》,中文版,第25卷,第444页。

耗费掉，并转化为新的产品，而新产品的价值大于所耗费的价值。由此而产生了支配生产的资本家的收入，而这种收入，也和高利贷者或者商人的收入一样，都是剩余价值。

那么，归资本家所有的剩余价值又是从哪里来的呢？不难作出回答。剩余价值是产品价值的一部分。产品，正如上一章所述，只能是人类劳动生产出来的，因为劳动工具以及用来加工的材料，都不过是消极的劳动条件，而绝不是独立的、积极的生产活动者。可见，剩余产品，或者说，构成剩余价值的那一部分产品，也是用人的劳动创造的。究竟是什么人的劳动创造的呢？资本家本人是不参加生产劳动的，也就是说，剩余产品是从事生产的工人的劳动创造的，因此，**资本家获取剩余价值**，无非是**资本家占有他人劳动的产品**。

但是，为了使资本家有可能占有他人劳动的产品，就得使工人必须把自己的剩余产品让给资本家。另一方面，为了使资本主义生产存在下去，就要求这种对他人劳动产品的占有不能像奴隶主占有奴隶劳动产品或地主占有农奴劳动产品那样采取赤裸裸的形式，而要伪装成物品，伪装成似乎资本也能自行创造剩余价值。当工人还没有人身自由、还是别人的私有财产的时候，其主人所取得的剩余产品，就没有资本产品的外衣。由此可以得出结论，资本主义生产只有具备下述两个条件才能实现：（一）工人有人身自由，因而能向资本占有者出卖自己的劳动力；（二）工人没有生产资料，只有出卖劳动力才能得到生存的条件。

资本家不同于奴隶主或封建主，他在法律上同工人完全平等。工人不是非得为资本家工作不可。在劳动市场上，工人和资本家都是法律上平等的订约人，工人也像其他一切商品占有者一样，出卖自己的商品——劳动力。但是，在法律平等的背后，却隐藏着占有生产资料的资本家和不占有生产资料的工人在经济上的不平等。在工人可以任意出卖劳动力的法律自由的背后，隐藏着工人非得把自己出卖给资本家的经济上的必然性。

可见，资本主义经济是这样一种经济：在这种经济条件下，一部分社会成员占有另一部分社会成员用劳动创造的剩余产品的社会关系，被资本创造剩余价值这种物的商品伪装掩盖起来。占有他人劳动的产品，是一切资本主义收入的潜在来源，而并不问这种收入是采取借贷利息的形式（如在高利贷资本的条件下）、商品利润的形式（如在商业资本的条件下）还是工业利润的形式（如在生产资本的条件下）。

在简单商品经济条件下，商品、物、人类产品，都被奉若神明，并开始过独立的生活。在资本主义经济条件下，人和物地位更加颠倒了，不仅物从人的支配下解放出来，而且从事劳动的人也变成了简单的商品，变成了物，变成了资本家手中活的生产资料。物，死的资本，彻底战胜了人，并把人降为它的奴仆。

在各种价值理论中，特别值得注意的是马克思的理论。这个理论区别于其他一切价值理论的特点，就在于它的基础是价值概念和价格概念的截然对立。

马克思认为，某种有用物的价值量仅决定于社会必要劳动量或生产该物的社会必要劳动时间。“社会必要劳动时间是在现有的社会正常的生产条件下，在社会平均的劳动熟练程度和劳动强度下制造某种使用价值所需要的劳动时间。……含有等量劳动或能在同样劳动时间内生产出来的商品，具有同样的价值量。一种商品的价值同其他任何一种商品的价值的比例，就是生产前者的必要劳动时间同生产后者的必要劳动时间的比例。'作为价值，一切商品都只是一定量的凝固的劳动时间。'"①可见，商品的价值，就是凝结在商品中的劳动时间。正如李嘉图指出的，人类劳动不是影响价值大小的最主要的要素。但是这不对，正是劳动构成了价值的本质，价值的实体。

但是，正如劳动产品有各种各样，人的具体劳动也是不一样的。靴匠的劳动，就其具体形式来说，同农夫的劳动有着某种差别。正如不同消费形式的劳动产品不能进行比较一样，各种不同的具体劳动相互也不能进行比较。但是，如果我们抽去各种劳动的具体形式，并把它们看做是人类抽象劳动的简单表现，看做是一般人类劳动力的耗费，那么，各种各样的劳动就完全可以进行比较了。

复杂的、熟练的劳动要求工人受过一定的教育，它本身包含压缩了的、多倍的简单劳动量。就这个意义来说，各种各样的劳动都可以进行比较，并且可以用抽象形式的人类劳动的同一个单位来表示。正是这种抽象的人类劳动，摆脱了它的具体表现形式，构成了价值实体。

可见，价值，就是凝结在商品中的人类劳动。至于说交换价值，马克思把它解释为被交换的商品的劳动价值比例。问题很清楚，在马克思看来，再没有比关于自然参加创造交换价值的问题更荒谬的了，他说："既然交换价值是表示消耗在物上的劳动的一定社会方式，它就像汇率一样并不包含自然物质。"②③

但是，价值并不单纯是人类劳动。经济劳动是必不可少的经济的基础，并不取决于其历史形态如何。价值则是一定的历史的经济形态——商品经济所固有的历史的、过渡的经济范畴。

价值的经济范畴，是以如下两个因素为前提的：1. 生产该经济产品的人类劳动的耗费；2. 这个耗费不是直接表现在劳动时间上，而是间接地表现在用来交换该劳动产品的另一种劳动产品上。例如，我们不妨设想：社会不是

① 参见《马克思恩格斯全集》，中文版，第 23 卷，第 52、53 页。

② 同上，第 99 页。

③ 此处俄译文为："交换价值就像汇率一样包含自然物质"，与上引中文版文意有出入。——译者

由互相交换自己或他人劳动产品的商品生产者组成的，而是由共同占有生产资料和一切消费品的社会主义村社构成的。在这样的社会中，“一件产品中所包含的劳动量，可以不必采用迂回的途径（交换）加以确定。日常的经验就直接显示这件产品需要多少数量的社会劳动。社会可以简单地计算出：一台蒸汽机，一百公升小麦，一百平方米棉布包含着多少工作小时。任何人不会想到用相对的、动摇不定的、不充分的尺度即用别的产品，而不是用自然的、相当的、绝对的劳动尺度——时间来直接表现产品中包含的劳动量……。诚然，社会也必须知道每一种消费品的生产需要多少劳动。它必须按照各种必需品的效用和生产它们所必需的劳动量，来安排总的生产计划。但是，人们可以非常简单地做到这一切，而不需要著名的‘价值’插手其间。因此，价值概念是商品生产的经济条件的最一般的和最广泛的表现。”①②

可见，劳动产品的交换，是价值的经济范畴产生的必要条件。我们这就明白了价值范畴与劳动耗费范畴有什么区别。劳动耗费是普遍的事实，与该经济的某一形式的历史特点无关，而价值则是历史的事实。为了把劳动耗费转化为价值，社会制度就必须使人们只能用迂回的途径，用一种劳动产品与另一种劳动产品相比较的途径来表示劳动消耗。

我们就拿自给自足的自然经济来说吧。在这种情况下，任何一个经济人

---

① 恩格斯：《反杜林论》，第 3 版，1894 年，第 335—336 页。

② 这一段引文与中文版出入较大，现转引如下，供参考：“一件产品中所包含的社会劳动量，可以不必首先采用迂回的途径加以确定；日常的经验就直接显示出这件产品平均需要多少数量的社会劳动。社会可以简单地计算出：在一台蒸汽机中，在一百公升的最近收获的小麦中，在一百平方米的一定质量的棉布中，包含着多少工作小时。因此，到那时，由于产品中包含的劳动量社会可以直接地和绝对地知道，它就不会想到还继续用相对的、动摇不定的、不充分的、以前出于无奈而不得不采用的尺度来表现这些劳动量，就是说，用第三种产品，而不是用它们的自然的、相当的、绝对的尺度——**时间**来表现这些劳动量。……诚然，就在这种情况下，社会也必须知道，每一种消费品的生产需要多少劳动。它必须按照生产资料，其中特别是劳动力，来安排生产计划。各种消费品的效用（它们被相互衡量并和制造它们所必需的劳动量相比较）最后决定这一计划。人们可以非常简单地处理这一切，而不需要著名的‘价值’插手其间。价值概念是商品生产的经济条件的最一般的、因而也是最广泛的表现。”（参见《马克思恩格斯全集》，中文版，第 20 卷，第 334—335 页。）——译者

都能直接知道，生产他所消费的产品，需要耗费多少劳动。对共同占有生产资料的社会主义村社来说，情况也是这样。但是，在商品经济中，生产者消费的不是自己的劳动产品，而是他人的劳动产品，故而无法直接知道这种产品含有多少劳动。换句话说，无法直接知道商品经济中的劳动耗费，这是商品经济建立在私有制基础上所造成的后果。商品经济是由许许多多互不依赖、彼此隔绝的单个经济组成的。但是，劳动耗费依然是任何一个单个经济的基础。不过，它在商品中不是直接表现在一个劳动量与另一个劳动量的相等上，而是间接表现在一种劳动产品与另一种劳动产品的相等上，即表现在劳动在商品价值中的具体体现上。因此，尽管人类劳动构成价值实体，但它只有凝结在商品的物化形式中才成为价值。当然，“人类劳动形成价值，但本身不是价值。它在凝固的状态中，在物化的形式上才成为价值。”①

这就是价值和交换价值。那么，什么是价格呢？马克思在《资本论》第一卷中，确定价格是价值的货币表现，②即采取了对价值和价格比例的一般观点。但是，马克思在其以后的叙述中，特别是在《资本论》第三卷中，又立足于迥然不同的价格观点。

例如，马克思在《资本论》第一卷中指出，没有价值的东西可以具有价格，如土地和处女林。马克思称这种价格是“虚幻的”和“不合理的”，因为它与任何价值都不相符。马克思在《资本论》第三卷中详尽地阐述了他的价格理论。这种理论在所有基本点上，都与李嘉图及其学派的价格理论一致。这个理论的中心点，是下述论题：商品的平均价格（马克思称做“生产价格”，Pruduktion-spreise）不是用劳动耗费、而是用资本耗费、生产费用（生产费用对确定价格的作用，将在价格一章叙述）来调节的。马克思完全接受了李嘉图的理论，根据李嘉图理论，劳动耗费只是价格的一个最重要、但绝不是唯一的客观要素。

可见，价值不外乎是凝结在商品中的劳动，交换价值是劳动价值的比例，而价格则除劳动外，还决定于其他要素。因此，根据马克思的观点，交换价值

---

① 参见《马克思恩格斯全集》，中文版，第 23 卷，第 65 页。

② “价格是物化在商品内的劳动的货币名称。”参见《马克思恩格斯全集》，中文版，第 23 卷，第 119 页。

与价格是两个截然不同的范畴，价格不是抽象的交换价值概念的具体表现。这也正是上面提到的马克思价值论的特点：它把所有经济学家都认为是紧密联系的两个概念——交换价值和价格完全区分开来了。

正因为如此，通常人们对马克思理论的批评，只指出商品价格与劳动耗费不一致这一点，是没有击中要害的。马克思绝不认为，商品的平均价格同劳动耗费成正比或者力求达到这种比例关系。因此，不能认为，价格常常同劳动耗费不一致这一点跟他的劳动交换价值论是没有任何矛盾的。

只有揭露马克思所形成的不以价格为转移的交换价值概念的内在矛盾或空洞内容，才能证明他的价值论是站不住脚的。而且事实上，马克思创立了两个互不依赖、互不协调的交换价值与价格理论之后，也已陷入了致命的必须作出抉择的窘境，二者必居其一：要么交换价值是由决定商品价格的那些要素决定的，——这时，交换价值的实体就不可能是劳动，因为劳动不是价格实体；要么商品价格由不同于决定交换价值的其他要素决定的，——这时，交换价值的概念就失去任何确定的内容，因为交换价值无非是价格的基础。

在上述第一种情况下，马克思的价值学说看来是错的；在第二种情况下，该学说与商品交换的现实事实失去了任何关系，它成了空洞的学说。事实上，怎么可以设想有同商品交换关系不相一致的交换价值呢？马克思就是在承认交换价值是劳动耗费的表现，而商品的交换关系又与劳动耗费不相一致之后，才得出与交换关系不相一致的交换价值的概念。在这两种情况下，马克思创立的交换价值概念，都不适于用作科学研究的工具。马克思模糊地认识到了这一点，但是他之所以经常存在这些矛盾，原因就是他不能为自己的理论体系找到一条满意的出路，来摆脱面临抉择的窘境。马克思在其三卷本的《资本论》中，总是徘徊于两个互相排斥的观点之间：承认还是否认劳动决定商品价格的属性。马克思出于论据的需要，时而主张第一种观点，时而主张第二种观点。因此，马克思在《资本论》第一卷中基本上认为，似乎价格是直接由劳动耗费支配的；而在第三卷谈到商品价格的形成时，他又否认了这一点。因此，使人感到第三卷的价值学说同第一卷价值学说是互相矛盾的。事实上，矛盾的根子要深得多，它来自不决定商品价格的劳动交换价值的概念本身，而且还反映在商品的交换关系上。

所有这一切使《资本论》的许多经济论点打上荒诞的印记。马克思断然声明,价格不依靠劳动耗费,竭力把一个公式套进另一个公式,把一批又一批繁琐的东西纳入自己的体系,依据一个混乱的定理建立另一个混乱的定理,从而使自己奥妙的和极端人为的理论结构更加模糊不清。其实这个理论结构是以默认价格依靠劳动耗费为基础的。

归根到底,马克思之所以需要劳动交换价值(它以某种方式在交换关系中表现出来,因而是交换价值,但又与平均价格不相一致)这一矛盾的概念,不过是因为他试图把两个不同的、在一定意义上说是对立的经济概念——价值和耗费价值囊括在一个共同概念内。在上一章,已经谈过如何严格区别这两个概念。马克思的劳动价值,实质上不外是劳动耗费价值。但是,马克思的错误,不是术语性质的错误。马克思不仅把社会必要生产劳动称为商品价值,而且总是力求把商品的交换关系归结为劳动。不管交换关系或者说商品价格是由什么决定的,只要承认劳动耗费在经济范畴序列里有其独立的意义,我们就可以使劳动观点在经济科学中成为无懈可击的。只要我们把价值和耗费价值的概念完全分开,就可以创立逻辑上正确的和切合实际的价值和耗费价值的理论。商品的交换关系属于交换价值领域。在交换价值(交换价值是指抽象的价格基础)中,不仅劳动耗费具体化了,而且多种多样的政权关系和从属于交换行为的依存关系全都具体化了。根据上一章所阐述的价值理论,我们认为,土地也和人类劳动物品一样具有价值,而土地的价格,则与马克思的论断相反,绝不是什么"虚幻的"或"不合理的"现象。土地价格,也和任何一种人类劳动产品的价格一样,是一种现实的和合乎规律的经济现象,尽管在土地价格上所体现的不是劳动耗费,而是其他经济关系。与此相反,属于劳动耗费价值的领域的是直接生产的世界。在这里,工人与自然相对立,并在人同自然的斗争中,工人和生产资料占有者之间形成了多种多样的社会关系。既然马克思的主要任务在于揭示建立在资本主义经济基础之上的社会关系,并撕下了它们的物的伪装,那么,显而易见,马克思就要选择劳动耗费的范畴作为研究的出发点。马克思的错误,就在于他不懂得这个范畴的独立意义,并企图把它同价格理论联系起来,因而把劳动耗费称做价值,而不是称做耗费价值。我提出的耗费价值和价值是两个独立范畴的理论,有可能保存马克思价值论的社会内容之一,而摒弃马克思由于错误地混同了价值和耗费价值的概念而得出的那些错误的经济结论。

参考书目

马克思的经济学说：

马克思：《资本论》，第1—3卷，有几种俄译本；《雇佣劳动与资本》（俄译本）；《对政治经济学某些原理的批判》，A. 马努伊洛夫编译，1896年。

恩格斯：《反杜林论》（有俄译本）。

考茨基：《马克思的经济学说》，第8版，1903年（有几种俄译本）。

H. 多伊彻：《熟练劳动和资本主义》，1904年。

马克思经济学说的批判：

G. 阿德勒：《马克思对当代国民经济批判的根据》，1887年。

E. 伯恩施坦：《社会主义的前提》（1899年第1版，有几种俄译本）。

庞巴维克：《资本与利润》，第1卷，杜冈-巴拉诺夫斯基编译，1897年；《马克思的学说及其批判》，П. И. 格奥尔吉耶夫斯基编译，1897年。

W. 桑巴特：《对马克思经济体系的批判》（《社会立法档案》，第7卷，1894年）。

A. 文克施特恩：《马克思》，1896年。

斯洛尼姆斯基：《卡尔·马克思的经济学说》，1898年。

C. 弗兰克：《马克思的价值论》，1900年。

C. 普罗科波维奇：《关于马克思的批判》，1901年。

M. 杜冈-巴拉诺夫斯基：《政治经济学和社会主义现代史论文集》，第4版，1907年；《马克思主义的理论基础》，第3版，1907年。

L. 博尔特克维奇：《马克思体系中的价值计算和价格计算》，1907年；《关于马克思理论基本建设的校正》，载《国民经济年鉴》，Ⅲ. F. B. 第3册。

哈马赫尔：《马克思主义哲学经济学体系》，1909年。

对马克思主义批判的异议：

考茨基：《伯恩施坦和社会民主党纲领》，1900年。

R. 希法亭:《庞巴维克对马克思的批判》,载《马克思研究》,第 1 期,1904 年。

H. 别利托夫:《我国评论家的批判》,1906 年。

Л. Б. 布金:《从现代批判的观点来看卡尔·马克思的理论体系》,译自英文,B. И. 扎苏利奇主编,1908 年。

第五章　外部自然界与经济

经济对外部自然界条件的依存关系。原始部落民。人类相对地摆脱自然统治，是文化进步的标志。社会生活对外界自然条件依存关系的性质，随着人类历史的发展而变化。

人类的经济活动，就是人类与外部自然界的相互作用。因此，外部自然界的条件不能不对经济产生极其强大的影响。例如，经济对气候的依存关系尤为明显。人们只能群居生活在那些气候条件适于植物生长并能为人类提供重要食物的地区。而植物的生长，主要取决于气候条件，取决于年平均气温（一年四季的气温分布）和降雨量。

在两极地区，由于气候条件恶劣，人类几乎无法生活，仅有为数不多的捕鱼部落在这些地区的冰雪中寻觅食物。同样，过分干燥的气候，如撒哈拉等沙漠地带，不利于植物生长，人们也无法生存下去。

一个地区的地质和土壤的特点，也对经济有着直接的影响。土壤条件适宜与否，可使当地植物产品增收或减收，而地区的地质特点（如高度不一、形状各异的山地，或者是地势起伏、坡度不同的平地）同样也直接决定经济劳动方向和劳动生产率。

其次，从上述观点来看，地区的地理位置，河流的分布，离海的远近，海岸线的曲折，沿岸适于航海的条件（适宜的海湾、深度，等等），也都是非常重要的。

地区内有用的矿藏丰富与否，也是能否取得经济成效的一个很重要的要素。所有这些依存关系都是人所共知的，无须详述。

自然已给人类活动划定了外部界限，全部社会活动就应在这些界限内进行。可见，全部社会生活（其中也包括经济生活），都由存在于社会生活之外的外部自然界条件的力量来决定和支配。离海很远的人不可能从事海上贸易；采矿厂不可能建立在没有矿产的地方；各种栽培植物，都有其赖以生存的自然区域，等等，等等。人民的文化水平越低，人们的经济制度同外部自然界条件的联系就越密切，越明显。

众所周知，游牧部落有着独特的和稳固的社会经济形式。但是，游牧生活方式与外部自然界条件具有最密切的联系。游牧生活只有在辽阔的荒无人烟的草原上才有可能。

森林部落，也是社会经济类型同自然生存条件保持密切联系的一个例子。森林给予一些部族的生活制度以深刻的影响；如巴西栖居森林的印第安人、中非的森林部族、北美和北亚的狩猎氏族，等等。①

总之，原始部族的生活，完全决定于他们赖以生存的外部自然

① “森林使这些部落分化为氏族，不能建立强有力的政治组织，给交通造成困难，阻碍了农业和畜牧业的产生。这种对外部自然界的直接依存关系，是促使我们一再把矮小黑种人的生活方式拿来跟森林动物作比较的原因。”（F. 拉采尔：《人类地理学》，第 1 卷，第 478—479 页。）

界的特点。①

历史学家和社会学家早已指出外界自然条件和民族的社会制度之间的联系，但是，这种联系并不具有像人们有时所想的那种直通的、直接的性质。

例如，博克尔认为，用西班牙国内频发的地震能够解释西班牙人为什么迷信，用古希腊美丽的自然景色能够解释古希腊人宗教为什么带有拟人的特点，等等。基于类似这些表面的从未得到证实的近似现象，在历史科学中甚至出现了一个特殊的流派，保罗·巴尔特在其《作为社会学的历史哲学》一书中，把它叫做人类地理学学派。这个学派极端代表人物是法国历史学家莫佐利，他在《历史学问题》(*Les Problèmes de l'histoire*)一书中，试图用外部自然界对人的直接影响来解释社会制度的一切特点。但是，所有这些类似的尝试，从希腊历史学家起，继而孟德斯鸠和赫德尔，直到这个学派的最新代表人物，都没有获得很大的成功，而且对历史科学的发展也没有多大的促进。

问题在于，尽管外部自然界对社会制度无疑会产生巨大的影响，但是这个影响不是直接地、而主要是通过经济间接地产生的。经济与外部自然界的依存关系最为密切，而社会生活的一切表现又都或多或少地受到经济的影响，所以，外部自然界就通过经济(但不以它为转移)来决定社会生活的方式。

随着文明的发展，人类愈益控制自然界。在文明的初期，社会经济制度完全决定于外部自然界的条件。但是，社会越文明，不能

① "由于人们在颇大的程度上，要从他周围的动植物界获取为盖房、做衣服、制作家用器具、武器等所需要的材料，所以，从地形条件来看，各部族同外部自然界的联系也极其密切。这关系到能否栽竹子、养殖贝类、种植水稻、繁殖牛羊等等"。(F. 拉采尔：《人类地理学》，第1卷，第502页。)

直接归结为外部自然界的要素(包括人类的技能和智慧、人类积累的知识、人类制造的生产资料、来自人类历史生活条件的社会形态)的作用就越大。

因此,人们早就公正地指出:自然赐予的财富太多了,反而不利于文明的发展,因为不经过任何努力就获得生存所必需的一切,人类就不能在与自然的斗争中锻炼自己的意志和头脑,也就不能摆脱文化贫乏的蒙昧状态。由于这种原因,温带地区文明发展了,而自然财富无限多的热带地区,由于人们能够轻易地满足自己的需要,却仍然处于历史运动之外。

可见,人类历史的发展,在于逐步摆脱自然的控制。外界自然的条件和社会生活方式之间的密切联系,早在历史发展的初期就有了。但是,如果说经济的进步是人类扩大对外部自然界的统治,那么,社会发展就得说成是人类相对摆脱外部自然界的控制。在历史前进的过程中,一切社会生活现象,包括经济在内,都在变化。在同样的自然基础之上,相互间毫无共同之处的各种各样的经济形态,都在新旧交替。例如,拥有大城市、工厂、银行,疯狂追逐利润的现代美洲的资本主义经济,同几百年前移居北美平原的印第安游牧部落的狩猎经济,两者之间有什么共同之处呢!在这一地域内,自然界为社会生活广泛地提供了可能提供的东西,至于什么东西塞满这一地域,这在发展的初期阶段,只能直接取决于外界的自然条件。

经济形式逐渐摆脱外部自然界的统治,突出地表现在交通发展史上。在历史的初期,交通几乎都决定于外部自然界的特殊条件。海岸、河流、山口和山谷成了最早的天然的交通道路,而且在交通枢纽点还出现了城市。

但是，随着时间的推移，由于经济的发展，造出了新的人工的交通道路，尤其是在兴修铁路的时期，益发置原始交通道路于不顾了。开凿穿山隧道，挖掘运河，修建了一条条崭新的道路，方便了交通往来。例如，苏伊士运河为海上贸易提供了新的航道。不妨把罗马帝国的交通地图拿来跟现代的交通地图加以比较，就可以看出，尽管某些交通枢纽位置没有改变，但是交通总线路已经改变了。

由此可见，社会在逐渐摆脱外部自然界的原始的统治。当然，它对外部自然界的依存关系从不会中断。自然始终限制着为人类可能提供的范围，但是这个范围逐渐在扩大。连接社会与外部自然界的链条，始终不会断裂，只是变长了，而且，社会发展越来越取决于自己本身的、内在的、社会的、精神的力量，而不取决于外在的、与社会无关的、物质的力量，在这个意义上，社会发展更加自由了。社会对外部自然界的依存关系始终不会中断，但是，随着文化的发展，将变得更加多种多样，更加间接，更加疏远了，并且由于各种社会要素的影响而变得更加复杂了。

参考书目

居约："自然地理学"，载《人类历史论文集》，1888 年。

佩施尔：《地理学和民族学论文集》，1877 年。

拉采尔：《人类地理学》，2 卷，1882 年，1891 年；《政治地理学》，1897 年。

J. E. 雷克吕：《地球和人类的新的普通地理学》，1875—1894 年，19 卷（有俄译本）。

第六章　人口论

马尔萨斯理论。对马尔萨斯人口论的批判。现代出生率的下降。马尔萨斯的贫困论。当代关于马尔萨斯理论的论战。

一国的人口数量，在决定该国经济制度性质和福利水平的许多要素中，是最重要的一个要素。较早期的经济学家认为，增加人口是国家政策的重要任务之一。十八世纪杰出的国务活动家们，都赞同这个观点。但是马尔萨斯和其名著《人口原理》(1798年，初版)，却使这些观点发生了根本性的转变。

马尔萨斯学说的基础，是关于人类具有繁殖欲望的论点。然而，这种繁殖受到两种阻止：预防性的（即防止出生）和毁灭性的（即消灭人）。预防性的阻止，是指有碍于生育子女的各种缺陷和“道德的节制”，也就是使无力赡养家庭的人自愿不结婚或禁欲。所谓毁灭性的阻止，马尔萨斯指的是所有消灭人的行为，如疫病、战争，首先是贫困。如果预防性的阻止办法不起作用，那么，毁灭性的阻止办法就要发生作用，这是因为人类生活资料没有人口增长快，而人口增长是预防性办法阻止不了的。人口有按几何级数（如：1，2，4，8，等等）增长的趋势，因为人类繁殖的本能，不问人口数量如何,其作用的强度是永远不变的。相反,人类生活资料的增长速度至多也不会快于算术级数(如:1,2,3,4,等等)。因此,人口增长有超过生活资料增长的趋势,其后果是贫困和多余人口的死亡,从而恢复人口和生活资料之间的平衡。人民群众的普遍贫困,主要是由于人口过分增长造成的。当人类还不能用"道德节制"办法来战胜生殖本能的时候,实行任何社会改革都不能减少贫困。

为了正确理解马尔萨斯学说,应当记住,马尔萨斯绝不是说,人口似乎是按几何级数增长,而生活资料是按算术级数增长的。马尔萨斯仅仅是说人口有这种增长的趋势,而不是实在的事实。同时,上述这种趋势,应当理解为一种如无对立因素阻止则必然发生的行为。(参阅:L. 博尔特克维奇:"人口理论","十九世纪德国国民经济学的发展",1908 年版,第 1 编,第 1—10 页。)根据马尔萨斯观点,人口的实际增长应与生活资料的增长相适应,由于生活资料不能十分迅速地增长,人口按几何级数的增长也就不会实现。至于生活资料按算术级数的增长,马克萨斯在这里只不过试图就生活资料增长缓慢这一点提出数学例证罢了,并不认为这种级数就是实在的事实。但是,正如博尔特克维奇正确指出的那样,数学例证即算术级数的提法不能说是成功的,因为它在上述场合,已经失去确切的含义。如果我们假设:在上述情况下,开始使用算术级数,那么我们可以预料到在近期内,生活资料可增加一倍;如果在这个时期以前,开始使用这个级数的话,那么在该情况下,我们可预料到在同一期间,产品仅能增加一半,等等。

马尔萨斯学说的实质就是如此,这个学说引起了人们的普遍注意,而且迄今还在激烈争论着。在这个学说影响下,社会统治集团对人口增长所持的态度发生了急剧的变化:从前,认为人口增长是国家强大昌盛的源泉,并视为金科玉律,而在十九世纪却流传截然相反的信条,认为人口增长是人民大众贫困的主要根源,主张国家政策不应当奖励、而应当竭力抑制繁殖的本能。

下面再来谈谈对马尔萨斯学说的评价，首先需要指出的是，这个学说包括逻辑上迥然不同的两个问题，即：人口增长问题和贫困问题。马尔萨斯用条理分明、逻辑严谨的学说回答了两个不同的问题：人口增长是由什么调节的和人民大众的贫困是由什么决定的。

马尔萨斯的人口论，遭到来自纯生物学方面、主要是斯宾塞的严厉批判。斯宾塞断言，与马尔萨斯关于生殖本能作用不变的见解相反，在生殖能力与有机体个体发展水平之间，存在着无法消除的矛盾。有机体在生物进化阶梯上位置越低，机体越小，机体各部分差异越小，机体越不活跃、不活动，则机体所具有的繁殖能力就越强。用分裂繁殖的最简单机体，却能以惊人的庞大数字增殖。例如，纤毛虫在几天之内就能繁殖出数千亿之多。高级机体的生殖能力就比较差。生物越高级、越复杂，则要求机体消耗的精力就越多，从而用于纯生殖功能的精力就越少。

这个规律对人也是适用的。过着较紧张的精神生活的人，比起生活水平低级的人来，生殖能力要差些。因此，可以预期，人类智力越高，性本能和繁殖能力就越低。不管采取何种人为的措施，最终都会达到平衡的状态。

斯宾塞的一些见解是值得认真注意的。他指出，生物发展的自然进程能够使人的生殖能力减弱。但是，他的这些见解无论如何不能说是得到了科学的证明，只不过是或多或少带有或然性的假说罢了。这些见解，不论我们怎样对待它们，但有一点是很清楚的，就是它们只有对多少是遥远的将来的人类才有意义，而对现在或过去的则毫无意义。迄今人类仍然是有足以使地球容纳不下的生殖能力。如果说现在还没有出现这种情况,那仅仅是因为某些毁灭性或预防性的因素在起作用。

历史经验表明,在各个不同的历史时代人口增长的进程是各不相同的。在十九世纪以前,欧洲人口增长得异常缓慢。亚当·斯密认为,英国人口增加一倍,需要五百年的时间。到了十九世纪,人口增长的进程大大加快了。及至十九世纪末,在一些最文明的国家里,人口增长又出现了新现象,即出生率不断下降。但是,死亡率也同时在下降,但并不那么严重。出生率下降绝不是由于结婚率下降所致,因为当时结婚率还有上升的趋势。

出生率下降的过程最早出现于法国,已有数十年之久。在1816—1820五年期间,平均出生率是32‰;在1861—1865五年期间下降为26.7‰,而在1901—1905五年期间又下降到21.3‰。在同一时期,法国的结婚率,不仅没有下降,反而上升。十九世纪七十年代以前,出生率下降,可以说是法国的一大特点。但是,后来的事实却把它推翻了。现将西欧三个主要国家的出生率列表如下:

单位:10 000人

	1890	1900	1910
德国	357	356	298
英国	302	287	251
法国	218	214	197

在澳洲殖民地——工人阶级文化水平特别高的地方,出生率也急剧下降了。至于说美洲,在美国的一些州里,出生率已经低于法国。总之,出生率下降是带有世界意义的现象,它标志着人类已进入一个新的聚居时代。

结婚率上升和死亡率下降,说明了居民福利在增长。因此,现代出生率下降,无论如何不能说是由于马尔萨斯提出的抑制人口增长的一个首要因素即贫困造成的。相反,现代历史经验表明,恰恰是在更为富裕的文明民族中,首先是在这些民族中最为富足的阶层中,才出现出生率下降的现象。

可见,不仅居民的贫困能导致人口增长率下降,而且当经济发展到一定阶段时,富裕也能导致人口增长率下降。这并不是由于人类生殖能力减弱,而是由于现代文化人害怕家口多、花费大所致。性欲的满足并不比过去减少,只是由于采取各种避孕的预防性措施,不生孩子了。

这些预防性的办法根本不是马尔萨斯所说的和所提倡的“道德的节制”。所谓“道德的节制”,马尔萨斯指的是节制性欲,而绝不是用不正常的方法来满足性欲。

因此,现代出生率下降是由于采取了马尔萨斯未曾提到过的新的预防性办法造成的。实行这种办法同现行社会经济制度的特点,有着直接的联系,因为资本主义经济使个人之间的生存竞争加剧,同时也使福利水平有所提高,从而迫使人们担心自己的社会生活水平会下降。资产阶级文化使人们害怕有一个大家庭。

与马尔萨斯的人口论有着直接联系的是他的贫困论。在马尔萨斯看来,贫困不能用社会改革来消灭,因为贫困的根本原因,就在于人口过分迅速的增长。现代发生的事实,不仅不能证实这个论点,而且与这个论点完全抵触。十九世纪,世界人口是大大地增加了。十九世纪初,世界人口还不到 10 亿,而目前已经超过 17

亿。这个庞大的增长数字，大多来自欧洲和欧洲籍民族。人口尽管增长得这么多，但是普遍认为，社会财富在同一时期增长得更多。十九世纪的历史经验表明，惧怕人口过分增长，纯属虚构，而且上个世纪人类生活资料不仅不比人口增长慢，反而按相当快的级数增长了。因而广大群众贫困的原因，不能用人口增长的条件来解释。人口增长的结果，社会财富源泉迅速增多，科学技术迅猛发展从而使目前新出生的千百万人，获取生活资料的条件要比人口较少的祖先好得多。

经济学家在马尔萨斯学说的科学意义问题上存在的分歧，丝毫也没有缩小，依然很大，例如，不久前，奥本海默《马尔萨斯的人口规律和新国民经济学》(1900年)一书就在法国刊物上引起了争论。奥本海默是马尔萨斯的激烈的反对者，他说，人口增长不仅没有快于生活资料增长的趋势，而且相反，生活资料增长倒有快于人口增长的趋势；还说，人口增加能使社会财富增长得更快，贫困的原因也不能归结到人口的过分增长。奥本海默遭到很多人的反对，其中有Ю. 沃尔夫和迪策尔。

在关于马尔萨斯观点的论战中，经常把两个根本不同的学说即人口论和贫困论混为一谈，这就严重地妨碍了对马尔萨斯作出正确的评价。奥本海默反对马尔萨斯，是反对他的几乎是绝无仅有的贫困论。奥本海默的基本论题如果不采取一般的形式表述，还得说是正确的。在上一世纪，在先进的资本主义国家中，人口的增长无疑落后于生活资料的增长，但不能由此得出结论说将来也永远这样持续下去，而且也不能说人口增长了，社会财富也可望得到更快的增长。不过，应当无条件地赞同奥本海默另一个观点：资本主义国家出现的贫困，并不是人口过剩的结果。

马尔萨斯的人口论，根据现代的资料是驳不倒它的，只能作某些补充而已。看来马尔萨斯没有预见到，不仅贫困，而且富裕也能阻止人口的增长。这种新的办法即避孕的预防性措施，应当纳入马尔萨斯十分重视的预防性阻止办法的范畴。

参考书目

马尔萨斯:《人口论》,比比科夫译。

车尔尼雪夫斯基:《关于〈政治经济学原理〉的注释》。

Д. С. 穆勒和斯宾塞:《生物学基础》,В. А. 格尔德译,1899 年。

奥本海默:《马尔萨斯的人口规律和新国民经济学》,1900 年。

迪策尔:《马尔萨斯人口理论之争》,1905 年。

博尔特克维奇:《人口理论》。

布伦坦诺:《马尔萨斯理论和近几十年的人口运动》,1909 年。

卡尔·考茨基:《自然界和社会中的繁殖与发展》,Н. 梁赞诺夫主编,1910 年。

尤利乌斯·沃尔夫:《出生下降》,1912 年;《人口论与马尔萨斯主义》,1914 年,载于《新经济思想》杂志,第 2 期,М. И. 杜冈-巴拉诺夫斯基主编。

第七章　国民经济的发展

一、社会发展的一般规律。生物学的进化规律。社会与有机体。进化规律是否适用于人类社会的历史？二、经济发展的图式。经济发展是否可能有统一的规律？按产品种类划分国民经济的阶段。布鲁诺·希尔德布兰特图式。毕歇尔的国民经济发展图式。三、经济制度的分类。和谐性的和对抗性的经济制度。四、俄国的经济发展。俄国没有西欧那样的城市。贸易中间商的作用。稳固的强制劳动。农奴制的演化。农奴制衰亡的原因。补充评论。俄国文献中关于俄国经济发展和农奴制衰亡原因的争论。

一、社会发展的一般规律　国民经济，也和其他所有的社会结构一样，处于历史发展过程中。揭示国民经济发展规律，是否应成为经济科学的最高目的？

毋庸置疑，社会现象，以至于它们的发展，也像内部世界和外部世界的其他现象一样，都受自然界因果规律支配。社会生活同其他生活领域在这方面也毫无区别。政治经济学力求阐明社会经济现象的因果规律。同时，它揭示的规律，就是下述含义的历史规律，即：在一定历史环境中出现的客观经济现象的单一性在经济规律中表现出来。这些规律，就其本身的认识论性质来说，它们的形式也像所有的严谨科学的因果规律一样，总是相对的，而不是绝对的。它们的一般公式是“有什么条件就有什么现象”。

但是，对社会发展规律也完全可以有另外一种理解，认为这些规律具有绝对的形式，而不是相对的形式。相对的预见不是充分的预见。充分的科学预见的思想，拉普拉斯用下述名言把它很好地表述出来：“理解能在某一瞬间认识自然界中所有发生作用的力量和所有物体的相互位置，如果它能充分有力地把这些数据计算出来，它就能把最大的天体运动和最小的原子运动用一个公式概括起来，无论什么对于理智来说也都不是不可靠的，未来以及过去都会展示在它的眼前。”

要想对未来作出充分的而不是相对的预见，就要有两种认识：对所有因果规律的认识和对自然界中发生作用的所有现实力量和物体及其相互位置的认识。不消说，不论第一种或第二种认识，就我们的认识能力来说，都是根本办不到的。由此可见，我们不得不放弃对未来的绝对的预见。

这个缺陷在某种程度上可以用特殊的科学规律范畴即所谓**进化**规律加以弥补。这些进化规律的典型模式就是有机体的发展规律。这些规律在生物科学中起着很重要的作用，而确立这些规律的，则是特殊科学——胚胎学。这些规律之所以不能归结为因果规律，并不是因为有机体的发展与因果规律没有依存关系，而是因为我们的认识不完善，不能根据因果规律来解释细胞的生命活动：为什么一种细胞变为人，而另一种细胞却变为昆虫。但是,我们清楚地知道,每一个人或每一个昆虫在其发展中所经过的发展阶段,都是一成不变,千百万次周而复始、循序渐进的。进化规律具有粗略的经验主义性质,但却是极其宝贵的认识,使我们有可能以绝对的、当然也是极其有限的形式预见到未来,因为上述这些现象,在有机体的发展中,经过一定时间就会出现,只要发展本身不中断的话。认识这些发展规律对实践的重要性,是很清楚的,例如,如果我们不知道婴儿过若干年会长大成人,养育孩子就没有意义,等等。须知,婴儿长大成人,是人体发展的规律。

有机体在其发展中经历的各种循序渐进的形式之所以能称之为规律(尽管是经验主义的),是因为所有的同类机体都经过同一的循序渐进的过程。

这些进化规律,尽管有极其重大的意义,但显然都不能同因果规律对立起来,因为,在我们看来,这些规律最终都要分解为因果规律,如果事实上这种分解实现不了的话,那么,只能归咎于我们的认识还不完善。任何一个生物学家都不怀疑,有机体的发展,也和自然界的其他所有现象一样,都受因果规律的支配。但是,生物学家由于认识不完善而不能把有机体的发展归结为因果规律,而且正因为如此,他才满足于表述进化规律,换句话说,不能把发展现象的解释上升为自然的逻辑的结论。

不管怎么说,在当代的生物学中,进化规律起着很重要的作用。甚至在社会生活中,也开始寻求与有机体的发展规律相类似的进化规律。因此,如果我们有科学根据可以把人类社会视为有机体,那么,就毫无理由反对社会生活与有机体生活的这种接近。

关于人类社会是不是有机体的问题,文献资料很多。如所周知,有一个社会学学派基本上把社会与有机体等同起来。这个学派有著名的现代科学思想的代表,如:赫伯特·斯宾塞、谢夫莱和利林菲尔德等。

事实上，不容怀疑，生物个体和群体在许多场合是无法确定它们的根本区别的。例如，许多低级机体形成的群体，无疑是高一级的机体。水母或水螅的群体就是和单个水母或水螅一样的既相联结而又有差别的整体。植物学家认为树木是个别生物个体的群体，但是显而易见，我们也有同样的理由认为，树本又和其他任何的植物机体一样，是统一的机体。

但这是不够的。不仅有机体的群体基本上应当和构成这些群体的个体一样看做是有机体，而且连离散的、实际上互不联系的动物社会，也大都完全有理由看做是有机体。不妨以蜜蜂或蚂蚁的群体为例。我们面前有一群个别的、实际上互不联系的个体，其中每一个体只能作为整体的一分子而存在。个体的特点是只能执行整体的某一职能而不能独立地存在。可见，群体中的个别的个体，是群体的一个器官，因为它们的全部生命活动都服从于整体的利益。群体社会在统治和支配着个体的生命活动，个体没有独立的目的，只是全力以赴地为社会服务。在这种动物社会中，我们可以看到所有有机体的特点，即：个体完全服从于整体，并由此而形成某种统一体。

我们再拿人类社会来说吧。我们在这里看到的完全是另外一种情形。诚然，在人类社会中，我们也常常看到单个个体差别很大，个体紧紧地依赖于整体。但是，由于人类社会的每一个组成部分——个人，都具有智慧和意志，所以，个人任何时候都不会是整体的一个简单的器官。个人就其基本属性而言，是目的本身，他力求使整体服从于自己的目的和利益。人类社会生活的中心是单个的个人，全社会的联盟是为个人的利益而存在，而我们在蚂蚁或蜜蜂的社会中所观察到的情况都恰恰相反，不是整体服从个体的利益，而是个体为整体的利益而活动，个体为整体而耗尽生命。

可见，人类社会在最重要的方面与有机体对立起来，因为在有机体中整体利益具有决定的意义，局部利益却没有独立的意义，而在人类社会中，其组成部分即个体的利益具有决定性的意义，整体利益则没有独立的意义。原因很简单，人具有相当发达的神经系统，绝不能变为某种高级统一体的简单器官，而他本身就是最高的目的。

这就是说，人类社会不是有机体，任何把人类社会和有机体混同起来的理论，都应当看做是非科学的。

有许多历史学家和社会学家,过去探索过,现在还在探索各个民族都必须遵循的历史发展规律。例如,有一个沿袭下来的历史观念,认为各个民族都一律经历幼小、成熟和衰老三个时期,这在某种程度上似乎是各个民族都有共同特点。这些“规律”主要体现在由三部分构成的形式上,相当于三个时间要素:过去、现在和未来。例如,孔德把我们认识的三个不同的发展阶段(神学、形而上学和实证主义阶段)依次交替当做不变的历史规律。

孔德认为,我们认识的发展,是整个社会发展的基础。在神学时期,人把自己周围世界变化的原因看成是支配世界的超自然的实体的意志。随之而来的是形而上学时期,这时人们不去解释自然现象,而把抽象的概念拟人化,并把它们看做是事物的“实质”,从而认为这就是要得到的解释。例如,用“自然害怕真空”的命题来解释水在水泵中的上升现象,等等。在实证主义时期,科学排斥形而上学,人们不再去探索神秘的实质而满足于阐明现象的连续性和共存的单一形式。在不同时期各具特点的社会制度的差别,也是与我们认识的不同状况相适应的。

过去,试图揭示社会发展规律是屡见不鲜的现象,那时有些历史学家就在自然科学成就的影响下,力求根据历史创造一种类似自然科学的东西。如今,情况变了,特别是李嘉图及其学派的方法论著作问世以来,情况更加不同了。但就是李嘉图学派也根本解决不了我们现在所关注的问题。

诚然,李嘉图否认历史上存在进化规律,但是,他的根据仅仅是认为,历史科学只能研究个别的事物,而在这个领域内是没有任何重复现象的。在李嘉图看来,只有研究社会的一般科学,即社会学,才能像任何自然科学那样有合法的权力来探索合法的发展。

我们无论如何不能赞同这一观点。

不论在什么社会生活领域内，都可以确立一个统一的、一成不变的和适用于各个民族的历史发展规律，这是不可能的。迄今为止，所有想确立这种规律的企图无不失败了。

我们看到，有机体发展的历史，是属于典型的进化规律的领域。这些规律的实质可以归结为：每一种有机体都始终不变地要经过该有机体所特有的相同的变化或转化周期。不难理解，这种发展方向的守恒性，与有机体不能随着外界变化而无止境地改变自己内在结构的特点，有着直接的联系。任何一个有机体，只有在严格的特定的外界条件下，才能够生存下去。一旦外界发生重大变化，机体就会逐渐死亡。如果不是这样，如果机体能够无限地适应外界的变化，那么，发展阶段的稳定性就不复存在，机体的发展也就不会始终呈现相同的周而复始的特征。例如，放在水中的鸡卵，不会孵化为水生动物，反而会死亡。但是，如果说鸡卵内胚胎在水中也能发育，那么鸡卵则必定受到了完全是另外的一种变化，并且结果会产生与一般条件发育完全不同的另一种动物。也就是说，只是因为我们看到鸡卵的胚胎发育所经历的各个阶段有着一成不变的、典型的连续性，所以，这个鸡卵的胚胎，一般说只能在特定的外部环境中生存，如果把它放在别的环境中，则根本不能发育，并且将逐渐死亡。如果我们假设，有机体不管外界有什么变化，都能生存和发育，那么，就不可能有同一发展阶段的任何稳定性和不变的连续性，也或者说，就不可能有该种有机体周而复始的发展，因而也就谈不到有机体的发展规律。

可见，有机体生命的同一发展阶段周而复始地循环直接与有机体对外部环境变化不能充分适应有关。有机体不能充分适应其生存条件，这一点从高级有机体来看表现尤为明显：它们全都不免要衰老和死亡。所有高级有机体都必然要死亡，也说明了这些有机体不可能长期适应其赖以生存的外界条件。

试问：现在人类社会在这方面是否与有机体相似呢？换句话说，人类社会是只能在严格的特定的外界条件中生存呢，还是人类社会的内部结构也能随着外部环境的变化而变化，从而使人类社会以越来越新的形式继续生存下去？

要想得出上述问题的正确答案，就必须把社会的生活条件和截然不同的另一个问题——属于有机体的个别人的生活条件严格地区别开来。当然，就社会生活而言，首先是必须使构成社会的人们得以生存。如果外界生活条件急剧变化，使构成社会的个人全部死掉，那么，社会也就不再存在下去了。但是，在这种情况下，社会的灭亡，就是个人全都灭亡的结果，这只能归因于人们的机体不适应新的生存条件，而不能归因于社会的生活方式不适应新的生存条件，至于谈到这些人类社会生活方式，则不妨说它们是极其多变和极其多样的，以至无法指出这种多变性有什么固定的界限。

只要外部环境的条件使属于生物体的人能够生存下去，那么不管外部环境的条件如何变化，社会生活方式都将会适应这些条件。同时，人们也能在各种不同的社会条件下生存下去。高级的社会生活方式是可塑的；它们在这方面与有机体的静止形态形成鲜明的对比。显而易见，社会不同于复杂的有机体，它不会衰老和死亡。社会在完全相反的方向上发展，这在世界史上不乏其例。

例如，罗马帝国灭亡之后，西欧社会无疑走了回头路——文明没落了，社会也倒退到很低级的发展阶段。这一点表现在一系列明白无疑的特征上。这个过程连续了几个世纪之久，罗马社会终于倒退到很低的阶段同刚开始发展的野蛮部族根本没有什么区别。正如许多历史学家所说，在中世纪，西欧的历史走向复兴，也可以说，开始发展了，于是欧洲返老还童了，从此又走上了前进发展的道路。那么，对有机体来说，能不能也是这样的呢？有机体能不能返老还童又开始从头发展呢？

社会生活方式的这种异常的可塑性及其对自然和社会环境的适应能力，使各个不同的人类社会在历史上不能重复出现完全相同的发展阶段。人类是由许多处于各种不同发展阶段的社会和民族构成的。世界历史是出现一次，不再重演的过程，其结果人类生存的自然条件和社会条件，在世界历史的每一阶段，在每个历史时期都会发生重要变化。生活在现代的落后的、很不开化的民族比生活在更早历史时期的同一发展阶段上的民族处在根本不同的发展条件中。那么，可不可以说在这样的条件下，现代很不开化的人民又会重复过去出现在历史舞台上的人民的发展进程呢？显然是不会的，因为自然和社会环境条件不同了，而且社会生活方式具有可塑性，也不能不引起发展方向的变化。

因此，没有任何根据可以设想，社会的发展受一种什么一成不变的进化规律支配，即受生物体发展中所观察到的那种规律支配。当然，这并不意味着，社会发展一般没有什么规律可循。社会生活及其一切表现形式，也如其他自然界现象一样，都严格受规律的支配，但是，这些规律都是由生物进化规律分解出来的自然界的因果规律。我们否定社会历史上存在进化规律，但是丝毫也不怀疑社会生活的规律性，只不过想证实一下，同一发展阶段周而复始的经验概括，尽管在研究个别有机生命活动的生物科学中起着显著的作用，但并不适用于人类社会的历史。社会和有机体的发展的这种差异并不奇怪，因为人类社会不是有机体，因而没有任何理由可以设想，对有机体是正确的结论，对人类社会也得是正确的。

综上所述，应当承认人类社会是高度可塑的组合体，只要对其制度进行内部的相应的改变，就容易适应其生存的外部条件。与不可分物体的一定的、似乎凝固的，并由其性质决定的某种不变的形式相反，人类社会的形式，是极其流动不定、变化无常的，并能根据环境条件形成各种不同的结合体。在人类社会的这种本质下，外部环境的任何变化就必将引起社会内部制度的深刻变化。而历史环境在不重复出现的世界历史进程的影响下不断地发生变化。

同时，还应当指出下述看法。人类社会的发展只是一部分带有自发的和无意识的性质，一部分受人类有意识的意志支配。由于后一原因，人类知识的增长本身就构成各个历史时代各个民族赖以生存和发展的条件的重大变化。过去的经验，可以有助于防止重犯过去的错误。

例如，从历史上看，起初是神学思维让位给形而上学思维（按照康德的说法），只是后来我们的思维才有了科学的性质，假如这种说法是正确的话，那也绝不能由此得出结论说，仍处于早期发展阶段的民族，在达到科学阶段之前都将不可避免地要经历一个形而上学思维的阶段。不经过形而上学思维的阶段，科学也是可以被理智掌握的。

但是，关于发展规律的概念，可赋予不同于上文所述的另一种含义。也就是说，发展规律绝不是指各类不同现象各自都要经过老一套连续变化的那种重复性。没有任何重复性才能谈得上发展规律，即使是某类现象（哪怕是单一的和不重复的现象综合）始终在一个固定不变的方向上变化。这些变化的典型例子，是按一定的规律变化的数列，例如几何级数：1，2，4，8，16，等等。如果现象按这种几何级数变化，就可以预见到该现象在其发展的每一个阶段将表现为何种形式，也就是说，所发现的这些变化的规律性完全可以称之为该现象的发展规律。

这种规律性，当然在逻辑上是可以理解的，于是就有一些人认为，社会科学应力求揭示的发展规律恰恰属于这种逻辑类型。但是，就从这第二个含义上看，也无法同意社会发展规律思想的辩护者的意见。

首先应当指出，属于第一种含义的发展规律（处于同一发展阶段，属于同一物种的各种不同代表所共有的重复性规律）就是非常重要的现实的科学认识工具（如生物科学），而属于第二种含义的各类具体现象的发展规律有无可能存在，还需要证实。不论在自然科学哪一个领域中，我们还暂且不知道有这类被探明的规律。当然，斯宾塞的宇宙进化规律具有这种逻辑性质，因为不论是整个宇宙还是宇宙任何一部分的进化，在斯宾塞看来，都表现为物质和力的分解和合成的进步。但是，斯宾塞的理论绝不能说已得到了科学的证实，它仍属于一般哲学的领域。不论在自然科学的哪一个学科中，我们都没有发现任何类似进化规律的这种规律。门捷列夫的化学元素周期系统，同样也不能认为它就是这种进化规律，因为元素的物理化学属性取决于元素的原子量，并不具有共同的性质，而且绝不能期望得到任何一种数学上的精确度，原因是门捷列夫确定的各组元素的数量不同，也就是说，在这种条件下严格的周期性是没有的。

但是，如果说，就是在物理、化学或生物现象领域中能够确立此类进化规律（这很值得怀疑），那也绝不能由此得出结论，说在社会发展中也能找到这样的规律。相反，上文为了证明各个民族的社会发展不可能都经历同一的发展阶段而列举的一些论点，却完全适用于这第二种含义的规律。社会组合体具有很大的可塑性，并具有很强的适应其赖以发展的自然和社会环境变化的能力，致使它们不能在同一个方向上，按照类似 1,2,4,8 等数列循序渐进地进行变化。这是因为要能够做到按这类数列变化，社会组合体就必须在其内在力量的影响下进行变化，而不管自然和社会环境的变化如何。自然和社会环境并不在一定的方向上发生变化，但却在其每一个发展阶段上又形成自然力和社会力量的新的组合。须知，世界历史是出现一次、不再重现的过程。因此，在外界和社会环境具有如此深刻变化的条件下，某一社会组合体的发展，怎样才能保持同一个方向，怎样才能循序渐进地增强同一个特征呢？

总之，不论进化规律的概念具有什么含义，社会发展不受这些规律的支配却是一清二楚的。

马克思也持有这样的观点。从他给米海洛夫斯基的一封著名的信中可以清楚地看出这一点。马克思在这封信中责备米海洛夫斯基不了解他的历史理论（顺便说一下，有不少马克思主义者也都犯这种不了解的毛病），写道："他（米海洛夫斯基）一定要把我关于西欧资本主义起源的历史概述彻底变成一般发展道路的历史哲学理论，一切民族，不论他们所处的历史条件如何，都注定要走这条道路，——以便最后都达到在保证社会劳动生产力极高度发展的同时又保证人类最全面的发展的这样一种经济形态。但是我要请他原谅。他这样做，会给我过多的荣誉，同时也会给我过多的侮辱。"①而且，马克思申明，根据他的观点，资本主义绝不是每个民族必经的发展阶段。例如，在古罗马，尽管农民群众无产阶级化了，但是资本主义并没有因此发展起来，而是建立在奴隶劳动基础上的生产方式发展起来了。俄国的情况也完全如此。马克思认为，十九世纪七十年代，俄国在一定的条件下也有可能避免资本主义的发展阶段。同时，马克思在《资本论》第一卷序言中声称，他的目的在于"揭示现代社会的经济运动规律"。第一个论断看起来同第二个论断是矛盾的。其实，在这种场合下，马克思的论断也许并不矛盾。对各个民族和各个时代普遍适用的历史发展规律，是不存在的，因为历史发展的条件在变化，而且发展的方向也在变化。但是，处于相同的社会经济环境条件下的各个民族，也应当有相同的发展方式。马克思所说的现代社会，是指资本主义生产条件下的社会。条件相同，发展阶段也必然相同。在这个涵义上，马克思既可以否认历史上存在普遍的发展规律，又可以认定，一定的社会经济体系(如资本主义经济)的运动，要受其本身一成不变的发展规律的支配。另一个问题是：可不可以接受马克思的后一个论断？在我看来，一定的社会经济体系，确切点说，指的不是规律，而是发展趋势，即便是后者，如无相应的条件也是不能出现的。

只要对马克思力求确定的所谓资本主义经济发展规律稍加思考，那就不难看出，所谓这些规律，实质上不是属于生物发展规律一类的进化规律，而是迥然不同的另一种逻辑规律，即国民经济的因果规律。例如，在这些发展规律中，最重要的规律就是资本的积累和集中的趋势。这个趋势，马克思根本不是通过对现实事实的经验概括来确定的(像确定生物进化规律那样)，而是从作用于资

① 《司法通报》，1888 年，第 10 期，第 266—267 页。(参阅《马克思恩格斯全集》，中文版，第 19 卷，第 130 页。)

本主义经济体系的经济力量的因果规律中推导出来的。大资本在经济上比小资本强大，它们之间存在着竞争，资本主义大企业势必吞噬和排挤掉小企业。资本主义经济发展的这个趋势，可以找到充分的因果解释：马克思阐述的其他一些资本主义发展趋势，也可找到这种解释，因为这些趋势一般可以说都得到了客观的论证。

因此，可以认为，能够确定某一经济体系（这里指资本主义体系）的某些发展趋势，但这些趋势必须是从因果规律上得到论证的。只有这种因果解释所依据的假设条件是真实的，因果规律才是真实的。

例如，资本积累和集中的趋势，并不是对所有的资本都适用。在农业经济中，这种趋势根本不会出现，出现的却是小企业排挤大企业的相反趋势。

二、经济发展的图式　试图确立经济发展规律的想法，早在十八世纪以前就有了（而这种想法的萌芽还要早一些）。虽说这种想法已经陈旧了，但是，至今仍然还能找到追随者和辩护者。这个图式假定每个民族都必须经过如下阶段：1. 狩猎阶段；2. 游牧阶段；3. 农业阶段；4. 工业经济阶段。德国经济学家李斯特给这个图式注进了某些新的内容，使它具有更加科学的形式。①

这个图式尽管有普遍性，但它的科学意义仍然是极其有限的。我们首先看到的是，它只按照获取产品的种类，而不是按怎样和在什么社会形式下获取产品的情况来划分历史时期。此外，这个图式是先天就有的，并不是实际研究的结果，因而也是不符合事实

① 李斯特把经济发展分为五个阶段：1. 蒙昧；2. 游牧；3. 农业；4. 农工业；5. 农工商业。参见《政治经济学和国民体系》，1883 年，第 7 版，第 11 页。

的。这种先验的论点是：种地要用犁，拉犁就要有牲畜，这就需要事先驯化牲畜，因此，畜牧业要早于农业。而畜牧业理所当然地要先有一段狩猎时期。但是，这种先验论并不了解原始农业可以不用牲畜，耕地只用锄和人力就行了。因此，畜牧时期绝不是不可避免地要早于农业。在某些国家里（如玻利维亚）畜牧业受自然条件的限制，实际上是不可能存在的。现代研究的结果表明，有许多民族的农业（人力种植形式）都早于畜牧时期。这一点是十分清楚的，因为种植农作物比驯养牲畜要容易得多。因此，农业属于妇女的劳动领域，而更困难的劳动——狩猎则交给男人去做。狩猎民族大多又是农业民族，如北美印第安部落和很多非洲民族。这种形式的农业已存在数千年之久。

畜牧业起初是出于毫无意义和微不足道的需要而产生的。许多野蛮人的住处就是名副其实的动物园。占有者本人也难以说清楚他为什么要饲养这些动物，因为动物并没有给他什么好处。这些动物有时用来满足他的爱美需要；有时用作他子女或他本人的耍物。① 有时驯养动物出于宗教迷信，后来才逐渐用于经济目的（狗、牛是所谓图腾崇拜的现象）。最终，想把动物据为己有的欲望，就无疑成为驯服动物的极其强烈的诱因。许多野蛮人的首领迄今还保留着豢养驯服了的狮子、豹、狼等猛兽的习俗，也就是说，在酋长身

① “一般不妨认为，在开始驯养动物的时候，人的自然亲近感，比起任何经济利益的观点来，作用要大得多，而经济利益观点的产生也要晚得多。处于低级文化阶段的人，一般来说，养它是为了娱乐，只在极端需要的压力下，才想到它的用处。”（拉采尔：《人类地理学》，1889 年，第 1 卷，第 494 页。）摩尔根认为：“驯化动物可能起源于驯养狗，将狗驯服为狩猎的助手，后来又驯养其他动物幼仔，纯属为了娱乐。”（摩尔根：《古代社会》，1891 年，第 35—36 页。）利珀特指出：“无法探明人喜爱豢养动物的起源。这种爱好在其渊源方面与儿童喜欢游戏如出一辙，因为即便现在猎人还常常把幼狐带回家来，无非是给孩子们做耍伴玩。”（利珀特：《文化史》，1885 年，第 1 卷，第 128—129 页。）

边围有一群驯服了的野兽，可以为首领的威力和权势增光。

畜牧业的出现，是经济领域内巨大的进步。畜牧业成为主导的经济形式的现象，在历史上还是比较少见的，因为畜牧业要有特殊的、难得的自然条件——辽阔的草原(如中亚和南非)。畜牧民族是以农业民族为其存在的前提条件，需要与农业民族进行交易往来。因此，不但不能说，畜牧业肯定早于农业，而且确切点说，恰恰相反，农业(人力耕作)却是早于畜牧业的。可见，上述经济发展图式是站不住脚的了。

另一种经济发展图式是德国经济学家Б.希尔德布兰德提出来的。他把经济发展划分为三个阶段：1. 自然经济，2. 货币经济，3. 信用经济。在自然经济占统治地位时，货币不参与交换，而产品或者根本不进行交换，或者不用货币就直接进行互相交换。在货币经济占统治地位时，货币成为交换的中介，出现了买与卖。在信用经济占统治地位时，交换不用货币而以信用形式进行。①

这个图式较前一图式富有内容，但不能说是很成功的。它的创新之处，主要在于它构思出了第三个经济阶段，即信用经济阶段。然而，也恰恰是这一点又成了它的弱点。信用经济不可能与货币经济相对立，因为信用是建立在货币基础之上的。现代先进国家经济发展的事实表明，信用的发展并不排除对货币的需求，恰恰相反，一般地说还增大了对货币的需求。信用经济也是货币经济，只不过是复杂化了的，或者说是形态改变了货币经济罢了。

毕歇尔在其著名的《国民经济的产生》论著中所阐述的国民经

① 布鲁诺·希尔德布兰德：《自然经济、货币经济和信用经济》，载《国民经济年鉴》，第2卷，第1页等。

济发展图式，在当代取得了极大的成功。他的图式以严谨的逻辑性见长，对历史发展的客观事实解释得十分清楚。毕歇尔的图式是以产品从生产者到消费者所经过的途径长度这一确定的特征为基础的。起初这个途径的长度等于零，也就是说，生产者消费掉自己生产的产品。随后，途径就长了起来。产品开始从生产者手中转到消费者手中，但都是直接转手的（两个生产者之间进行交换）。这就是中世纪的城市经济的阶段。随之而来的是第三个时期：产品从生产者手中不是直接转到消费者，而是转到商人手中，只能由商人把它卖给消费者。产品可能要经过几个商人之手才能转到消费者手中，有时产品竟然要经过几十个商人之手。

因此，毕歇尔将经济发展的过程分为三个阶段，1. 闭关自守经济（自给自足的生产）；2. 城市经济（小独立生产者相互满足需要的生产）；3. 国民经济（产品流通）。

闭关自守经济在人类历史的上古时期居统治地位。在这种经济制度下，每一个单一的家庭，各自生产它所需要的全部消费品。但是，如果古代家庭也像现代家庭一样，只有父母子女等几个人，而成年劳动者又不超出两三个人的话，那么这样的家庭无论如何也不能够满足它自己的全部需要。因此，在这个经济发展阶段，为了满足经济上的需要，就非得有一个大家庭不可，它不是仅由一对夫妇，而是由几代人组成，他们几代人同居并形成一个大经济体。这样的大家庭在原始人中占统治地位。

随着需要的增长，家庭内部就要有一个更大的分工。不论家庭成员多么多，但全家仍然只能是一个生产单位，而且规模也是很有限的。为了提高劳动生产率，打破狭小的家庭框框，就要采取两种办法。或者是第一种办法：几个家庭合并，用共同的劳动来满足共同的需要（如用共同的力量盖房、造船和伐林等），或者是第二种办法：家庭吸收外来人，充当不自由的成员。于是出现了奴隶制。第一种增加劳动成员的办法，直到今天也有许多没有脱离闭关自守经济阶段的民族仍然还在用。例如，俄国人的劳动组合，保加利亚人的游击队，等等。但是，闭关自守经济绝不是任何地方和任何时候都是沿着这个方向发展的。在古代希腊人和罗马人的经济中，出于改革闭关自守经济的需要而出现了奴隶制。奴隶制是出于提高劳动生产率这种经济上的需要而产生的。它是为了打破闭关自守的经济界限，跳出血缘亲属群体而采取的手段。高度发达的奴隶制经济模式，可以说是拥有成百奴隶的古罗马贵族的经济。

但是，闭关自守经济发展的直接结果，出现了逐渐取代这种经济阶段的城市经济阶段。中世纪的城市，首先是一个城堡，邻近的村民一旦遇有急难即可到这里躲避。要保卫城市就得有人。脱离农田而有劳动能力的市民，理所当然要从事工业劳动，生产各种制品，用以换取农村生产的原料和谷物。如果我们回过头来看一看中世纪的德国地图，那么，在我们眼前就会展现出这样一幅画面：全国城市星罗棋布，连最偏远的乡村农民进城赶集当天就能赶回家里。每一座城市及其周围的农村，构成一个经济整体，能独立地满足它们所有的重大需要。商业虽然有，但很不发达，主要出售一些市民所需要的物品。此外，也有规模较大的商业，经营一些外地产品，但在中世纪城市经济中不起很大作用。至于城市手工业者，则不需要经过商人来出售自己的产品，也就是说，或者直接为消费者加工订货，或者直接在集市上把产品出售给消费者。

在十五和十六世纪，城市制度的解体导致了国民经济的发展，其特点是产品开始流转起来了，要转好多道手才能转到消费者手里。在生产者和消费者之间，出现了支配交换全过程的商人。始则某些地区，继则某些国家也都实行了同类商品生产的专业化，而在它们之间，也都通过商业建立了密切的联系。于是，国民经济发展起来了，并用它的纽带把全世界逐步联结成一个庞大的当代世界经济的整体。

毕歇尔的图式有很大的长处，才使它获得了成功。他的图式不是臆造的体系，而是实际历史事实的概括。毕歇尔以惊人的技巧把这些历史事实围绕一个中心思想集中起来了，这个中心思想，在他看来，在历史的迷离混沌状态中必须是一条指导性的线索。

尽管这个图式有它的长处，但绝不能因此就认为它是我们所要探求的经济发展的普遍规律。首先，它把历史现实过分简单化了，把极其复杂的经济类型都归并为一项了。例如，在“闭关自守经济”这个项目内，毕歇尔把几乎没有什么共同之处的经济制度，如原始的半共产主义经济制度和古希腊、罗马的奴隶经济都包括进来了。中世纪的农奴制经济，按照毕歇尔图式应归入“闭关自守经济”项内，它跟奴隶制经济还是有根本区别的。

图式还有一个很大的缺点，甚至就是西欧的实际历史发展也很难纳入图式。例如，埃拉多斯的经济制度，从它的总体来看不可能把它描述为闭关自守的经济。古代世界经历了一个漫长的发展周期，在这个周期中有它的中世纪时代和它的新时代，有它的兴盛时期和它的衰落时期，这些时期都各具特点。从事贸易的希腊各个共和国的经济，是以贸易为基础的，因而也不是闭关自守的经济。总之,对世界史的认识是不正确的,认为世界史是进步的发展过程,每一个后来的阶段都要超过前一个阶段。其实,古代社会,在兴盛时期,远远超过了中世纪,而且极其发达。① 同样,中世纪经济的图景也被毕歇尔大大简化了。②

但是,毕歇尔认为经济进步的主要特征在于从生产者到消费者之间的途径延长了,这个基本思想也引起了人们的严重怀疑。正如桑巴特正确指出的那样,现代的经济发展特点,恰恰在于力求缩短这个途径。正如中世纪城市中盛行把商人排除在外,直接为消费者服务的生产一样,现代的资本主义经济发展阶段,也出现了把资本主义经纪人排除在外的订货生产。

规模最大的资本主义生产的产品,如船舶、铁路设施、重型机器等,都是订货生产。最近出现的庞大的资本联合组织(所谓资本家卡特尔和托拉斯),都力求生产它们本身所需要的全部产品,把一系列辅助产品纳入基本生产(如美国石油托拉斯能自行生产石油开采、加工和运输所需要的几乎全部设备)。在这种场合,产品无须经过商人,就能从一个工业企业转入另外一个企业,而产品的生产则从始至终在一个企业内进行,这个企业往往是把产品直接出售给消费者。除资本联合组织之外,出于同样目的(也取得了成功),还建立了消费者联合组织,即所谓消费者组合。其结果,出现了排斥商业经纪人的趋势,这正是发展最快的资本主义国家的特点所在。

最后,这也是最主要的,不应该忘记:毕歇尔的图式不可能具

---

① 爱德华·迈尔:《古代的经济发展》,佩尔曼犯了相反的错误,他在古希腊罗马世界中发现了资本主义经济,也发现了所有与现代相对立的社会制度。参见他的《古代社会主义与共产主义史》,罗斯托夫采夫审编,1910 年。

② G. V. 贝洛夫:《国民经济发展的理论》(《历史杂志》,第 86 册)。

有什么世界意义,因为它只不过对西欧经济史的概括罢了。这个图式,最大的一个特点,在于中间成分——城市经济。但是,城市经济,就其典型形式而言,仅仅存在于西欧,别的地方是没有的。不是欧洲的国家不消说了,就是整个东欧,如俄国,也根本不存在类似城市经济的现象。①

三、经济制度的分类 综上所述,应当抛弃那种提出经济发展的一般图式和只限于进行各种经济制度分类的想法。作为社会整体一部分的社会集团的相互关系,是经济制度分类的依据。根据这一特征,首先,经济制度可分为两大类:1. 和谐的经济制度;2. 对抗的经济制度。在和谐的经济制度下,单个经济彼此间没有不可避免的利害冲突,与此相反,对抗的经济制度却具有这种冲突。

和谐的经济制度可分为如下三类:

1. 还几乎没有生产资料私有制和交换的原始经济;

2. 小独立生产者的商品经济;

3. 尚未实现的、生产资料归广大生产者集团所有的社会主义经济。

对抗经济制度亦可分为如下三类:

① 我觉得П. П. 马斯洛夫探求经济发展规律的最新尝试也是不成功的。他对经济发展阶段的划分(隔绝的经济、公社经济、地区经济、民族经济和世界经济)与施穆勒大体吻合(闭关自守的经济、城市—地区经济,地域—国家经济、民族—国家经济、世界经济)。毕歇尔划分的缺点,又在马斯洛夫的划分中表现出来了。俄国什么时候存在过地区经济呢?俄国农村手工业(按照马斯洛夫的说法,即地区经济)在十九世纪是同我国资本主义一起发展起来的。换句话说,马斯洛夫提出三个发展阶段,在俄国都是同时并进的。此外,马斯洛夫还有一个很大的错误,认为俄国手工业要早于家庭手工业,家庭手工业是从手工业发展而来的。这里马斯洛夫重犯了沃龙佐夫的错误,我在《俄国工厂》一文中极力想证实,家庭工业发展的进程是与此截然不同的。

1. 奴隶经济,劳动者是生产资料所有者的财产;

2. 农奴经济,生产资料所有者有权支配劳动者的劳动;

3. 资本主义经济,劳动者在法律上是自由的,但由于不占有生产资料,在经济上被迫为生产资料所有者劳动。①

和谐的经济制度的特点,是直接生产者占有生产资料。私有制是历史发展的产物,而且在最原始的部落民中,有为数不多的经济物品是属于个别占有者的。处于氏族生活条件下的原始部落的整个生活制度,其特点是:部落各个成员的利益惊人地协调一致。没有交换,或者几乎没有交换。产品在哪个地方生产,就在哪个地方消费。

恩格斯说:"虽然当时的公共事务比今日更多,——家庭经济都是由若干个家庭按照共产制共同经营的,土地乃是全部落的财产,仅有小小的园圃归家庭经济暂时使用,——可是,丝毫没有今日这样臃肿复杂的管理机关。一切问题,都由当事人自己解决,在大多数情况下,历来的习俗就把一切调整好了。不会有贫穷困苦的人,因为共产制的家庭经济和氏族都知道它们对于老年人、病人和战争残废者所负的义务。大家都是平等、自由的,包括妇女在内。他们还不曾有奴隶……"②即使认为这段对原始部落经济制度的评述过

---

① 这个分类采取了司徒卢威的术语,是以社会特征和经济特征为基础的。司徒卢威在新出的《经济和价格》一书中,从经济和社会的角度提出了饶有趣味的社会形式的分类。

② 恩格斯:《家庭、私有制和国家的起源》,1889 年,鲍什尼亚克译,第 110 页(见《马克思恩格斯选集》,中文版,第 4 卷,第 92—93 页)。有时也听到这样的意见,说在原始民族中占统治地位的,是完全的共产主义。例如,И. 库利舍尔在《资本的利润进化》(第 1 卷,圣彼得堡,1906 年)一书强调在原始人中不仅土地和土地的果实,而且"其他物品,如住房、工具和家庭用具,都是共同的财产"(第 3 页)。无论如何不能同意这个意见。甚至特别倾向于认为原始部落经济制度具有共产主义因素的摩尔根—恩格斯学派,也远远不赞同这种说法。用摩尔根的话来说,"在野蛮时期和低级野蛮时期,财产的范围并不大。在第一阶段,财产是由个人消费品组成的,在第二阶段,又加上了公共房屋和菜园的占有权。个人消费的最贵重的物品,随同去世的所有者一起埋葬到

分理想化，那么在任何情况下也都不能否认，原始部落会像以后的社会一样分成经济利益相互对立的各种群体。

第二种和谐经济制度是小独立商品生产者的经济，如行会昌盛时期的中世纪城市经济。该时期行为的任务是为自己全体成员保障足够的工资，为消费者提供适中价格的优质产品。学徒和帮工起先不构成敌视行为师傅的特殊社会阶级，因为他们本身达到一定年龄也就成为师傅。在手工业行为组织中，我们看到了在小生产和一些生产者占有生产资料基础上的和谐经济。在这种经济体制下，交换是在整个经济制度的基础上进行的，但产品不用流通，而直接由生产者转到消费者手中。

最后是目前尚不存在的社会主义经济，这将是一种和谐的经济制度，在这种制度下，由于在生产资料公有的基础上承认社会全体成员在经济上平等，可以平等参加社会劳动并享有劳动成果的平等权利，所以各个社会集团的利益能够达到协调一致。那时将不再存在交换，因为产品将不再归个别生产者，而归整个社会集团所有，整个社会集团将按照某些原则把产品分配给它的全体成员。

至于另一种类型的经济制度——对抗的经济制度，则具有截然相反的特点。所有这些经济制度都建立在不平等上，建立在一

坟墓里。”（摩尔根：《古代社会》，1891 年，第 63 页。）于是，尽管财产的范围不大，但是仍然存在着个人消费品的所有制。恩格斯也指出了这一点。恩格斯就原始部落的成员说：“男女分别是自己所制造的和所使用的工具的所有者：男人是武器、渔猎用具的所有者；女人是家庭用具的所有者。”（《家庭的起源》，第 185 页〔见《马克思恩格斯选集》，中文版，第 4 卷，第 155 页。〕）但是，毫无怀疑的是，在原始部落中，私有制推行的范围远比今天大得多。

些社会集团依附于另一些社会集团的基础上。其中每一个社会集团都以社会强制的存在为前提条件，即一个社会集团能够把另一个社会集团变为简单的经济工具。但是，因为这后一个执行生产手段职能的社会集团，本身也是目的，那么，在此基础上，就不可避免地产生两个集团的利害冲突。

奴隶制经济的特点，是劳动者和生产工具都是经济组织首领的财产。① 只有劳动生产率发展到一定的阶段，才会产生奴隶制。这是因为当劳动还不能生产出更多的超过维持劳动者生存所必需的剩余产品的时候，把人当做奴隶使用是毫无益处的。但是，一旦劳动能够提供剩余产品的时候，就产生了一个人想使用另一个人的劳动力的动机，并用直接强制的办法把劳动力用到生产上去。在狩猎民族中，奴隶制是不多见的。在渔猎民族中，较为常见，而在游牧民族中则是常见的现象了。广为推行奴隶制的要数农耕民族了。起先，战争几乎可以说是奴隶的唯一来源。最早的奴隶几乎都是其他部落的人。

奴隶制既能在自然经济（毕歇尔的术语则是闭关自守经济）条件下，也能在交换经济条件下存在，但最终还是在自然经济条件下，得到了更大的发展。

在奴隶制的第一阶段，奴隶的地位同年幼的家庭成员差不多，

① 尼布尔的《奴隶制是一种经济制度》是一部研究奴隶制问题的出色著作。尼布尔持如下观点：只要有自由的、闲置的土地，在农业民族中就会自然而然地产生奴隶制度，因为在闲置的土地上部落统治者只有把劳动者变为奴隶才能强迫他们为自己劳动，他说："哪里适于耕作的土地被占有了，哪里就没有奴隶制存在的余地。"（参见《奴隶制是一种经济制度》，俄译本，1907 年，第 2 版，第 277 页。）

就是在今天的非洲，奴隶跟主人的女儿结婚也是常有的事。但是，随着时间的推移，奴隶的性质发生了变化，于是奴隶制进入了第二个阶段。随着统治阶级文化水平的提高，奴隶主和奴隶之间的差别也愈来愈大，奴隶终于失掉了一切人权，变成了家畜。尤其是奴隶的劳动一旦成为奴隶主发财致富的源泉时，奴隶的处境就更糟了。在自然经济条件下，奴隶主的需求很容易满足，因而没有强烈的欲望非得用劳动手段来过分压迫奴隶不可。但是，在奴隶劳动的基础上一旦出现用于销售的生产，奴隶主追逐财富的欲望则永远也满足不了，对奴隶劳动的剥削也达到了无以复加的地步。在这种情况下，奴隶则当做牛马驯养和繁衍起来，对待他们比对待牛马还要坏，因为牛马没有人那样大的适应能力。

在古代，处境尤为悲惨的是那些在矿山和其他工业行业从事劳动的奴隶。这种对奴隶劳动进行的残酷剥削的情况，在美洲种植园中也能见到。那里尽管有高度的资本主义文化，但是奴隶制却在从事种植业的各个经济部门中死死地保存下来了。一方面，这是因为，在热带气候条件下这种经营方式较为原始；另一方面，可以对奴隶劳动进行在自由雇佣工人条件下无法想象的惨重剥削。正因为如此，尽管奴隶劳动生产率普遍低下（仅在特殊的条件下，如在罗马贵族经济中，奴隶劳动的技术才达到了较高的水平），但美洲的奴隶制却一直延续到现代才消失，而且不是逐渐衰亡的，只是在南北美流血战争之后，用法令废除的。

第二种对抗性经济，是农奴制经济。这时，劳动者虽然已不纯属农奴主的私有财产，但是农奴主在法律上或多或少有权支配劳动者的劳动（如农民每周要为地主劳动 3 天）。农奴制在中世纪初期的西欧特别发达。农奴制是由于统治阶级掠夺土地而产生的。

起先是国王和王公把空闲的土地攫为己有。随后是教堂和贵族私占土地。最后连农民村社的耕地也都为统治阶级侵占了。连绵不断的战争使农民精疲力竭,以致无力维持自己的所有制来反对封建主。因此,农奴制经济,也像奴隶制一样,可以存在于各个不同的交换发展阶段,但是,对它更为有利的是不甚发达的交换。

在中世纪,西欧有两种完全不同的经济制度同时并存。在城市里,和谐的行会经济居于统治地位,而在农村里,对抗的农奴经济居于统治地位,变为农奴的农民人数庞大,往往高达人口总数的百分之四以上。其后,西欧农奴制开始逐步走向衰亡。为地主服强制劳役变成向地主交付一定的货币租税。农民逐步获得了人身自由,其中一部分人变为小土地所有者,一部分人沦为雇佣劳动者。但是,这个过程进行得异常缓慢,延续了几世纪之久。法国农奴制的残余是在大革命时期才消灭了的;西欧大多数国家农奴制也在1848年革命时期消灭了的。

现代的对抗性经济——资本主义经济,其特点是工人在法律上是自由的,并与其他阶级一样处于平等的地位,但是由于生产资料归地主和资本家所有,工人不占有生产资料,所以也和以往奴隶和农奴时代一样,他们在经济上必须为生产资料占有者劳动。经济压迫取代了以往的政治和法律的暴力。资本主义经济制度的特点,是交换高度发展,而且产品不再像城市经济时期那样简单地从生产者转到消费者手里,而是经商业经纪人之手进行流转。

上面谈的就是依次交替的基本经济制度。但是,这些制度并不形成经济发展所必须的阶段。在许多场合,可以看到如下的经济制度交替的顺序:

1．和谐的原始经济；2．对抗的奴隶制经济；3．农村中对抗性农奴制经济与城市中和谐的小生产经济同时并存；4．对抗的资本主义经济。

但是，这种顺序绝不能看做是各个民族经济发展的共同规律。和谐的城市经济阶段，如上所述，只是西欧才有的，绝不适用于东欧。奴隶制经济阶段，也远非所有的民族都经历同一的发展顺序，都能达到同样的发展程度。例如在俄国，这个阶段或者与农奴经济阶段结合在一起，或者在农奴经济阶段之后出现。而且，就在这个俄国和北美，奴隶制经济还和资本主义经济并行发展。上述系列中几乎每一个成分都可以消失，而且整个系列也可以无限地缩减。例如，我们看到，欧洲殖民地的一些原始部落就超越了所有中间阶段，直接由原始经济过渡到资本主义经济。

四、俄国的经济发展　我们在说明俄国的经济发展之前，不得不指出俄国的经济发展条件同西欧有着深刻的差别。其中最重要的和最基本的差别，就是在俄国历史上不存在城市经济阶段。

在旧时的俄国，不曾有过中世纪西欧出现过的那样的城市。首先，俄国城市非常少，淹没在农村的汪洋大海之中。就是那些曾经有过的城市，其性质也不同于西欧的城市。西欧的城市，是小工业的中心，而这些小工业不是为中间商人、而是直接为消费者生产。而俄国的城市，基本上是行政和商业的中心，工业主要分布在农村。俄国有许多地方，家庭手工业一向十分发达，这主要是因为那里土质不适于发展农业，农民不得不从事副业生产。但是，西欧的城市手工业者和俄国的农村家庭手工业者有着根本的不同;前者为当地居民和当地市场生产,而后者则只能为外地市场生产(因为当地没有市场),从而不得不依靠中间商人。由于缺少城市,就必然需要商业资本,于是商业资本控制了小生产者。俄国家庭手工业者之所以需要商人,是因为手工制品的消费者分散在俄国辽阔的土地上,家庭手工业者不可能直接同他们进行交易。①

没有城市手工业,其结果势必给资本家和商人的莫斯科罗斯的经济和社会制度带来特别大的影响。

莫斯科的政治优势,也是由于莫斯科成为大区的商业中心而建立起来的,这个大区的工业主要操纵在集中于莫斯科的商业资本手里,商人阶级,继农业贵族之后,是古代罗斯势力最大的一个阶级。

当时,莫斯科国家根本没有那种在西欧历史上曾经起过重要作用的社会阶级——自由城市手工业者阶级。现代的研究家,如前不久逝世的H.П.巴甫洛夫-西尔万斯基,发现古代罗斯有封建制度的因素。② 但是,像西欧形成的那种行会和城市手工业,不论在古代罗斯还是近代罗斯,都从来没有过。俄国不存在西方文

① 精通十九世纪初俄国经济制度的优秀人物施托希对当时俄国工业的突出特点作了如下的表述:"俄国手工业者劳动时漫不经心的态度,在某种程度上是与极端离奇的、任何其他国家都没有的体制有关。但是,除大城市外,俄国手工业者从不收订货,只为出售而生产,如制作鞋、便鞋、靴子、长袍以及衣服、皮衣、被褥、桌椅等应用物品。手工业者把所有这些物品提供给商人而收取一定的费用,商人再在自己的店铺里把它们卖掉。"(见海因里希·施托希:《俄国历史统计学的描述》,1779年,第3卷,第178—179页。)

② 参见他的《古代罗斯的封建主义》(1908年)和《封地罗斯的封建主义》(1910年)。

明和文化赖以产生的那种严密的、完善的小工业者组织。西欧城市公社不仅从封建主政权手里争得了自由，而且最终使君主专制制度垮了台。正如中世纪人们所说，"Die stadtische Luft macht frei"（"城市空气给人以自由"），这个谚语包蕴着深邃的思想。我们这里没有呼吸到工业城市的这种空气，因而也就没有自由的立足之地。

因此，实际上，俄国的历史发展条件不同于西欧的另一个根本区别，亦即直接来自俄国历史发展条件的一个区别，就是俄国的强制劳动制异常强大，牢不可破。还没有哪个地方的奴隶制，在人民生活中根子扎得像俄国这样深。显而易见，我们的奴隶制并不是随着历史的进程而归于消亡，反而同我们的经济和社会制度越来越紧密地结合起来了。这就是我们农奴制历史的一大特点。在十四和十五世纪，农奴制还没有形成为一定的社会制度。只是到了十六和十七世纪农民的农奴化过程才完成了。① 但是，农奴总还是地主的农奴，不是奴隶，总归没有完全丧失人权。俄罗斯国家不断扩展它的政治势力，变成了强大的帝国，可是，农民的地位却每况愈下。

在叶卡捷琳娜二世时期，农奴不折不扣地变成地主的财产，就像物品一样由地主支配。正当十六、十七和十八世纪西欧农奴制

① M. A. 季亚科诺夫说："在法律方面，农民的人格逐渐贬低，无法遏止地几乎或完全与奴隶合为一体。农民和奴隶混同的现象，最初在实践中，在经济领域内表现出来，随后又逐渐在法令中反映出来了。十七世纪后半期，当两个曾经是迥然不同的集团——自由农民和奴隶几乎全在法律上合为一体的时候，上述这种日常生活和法令两方面的实际发展趋向就结束了。"（《古代罗斯的国家和社会制度论文集》，1907 年，第 371 页。）

在缓慢地趋于消亡的时候，俄国的农奴制反而在逐渐演进，最终变成了纯粹的奴隶制，因为俄国农奴在农奴制发展的最后阶段只在名义上不是奴隶罢了。

但是，饶有趣味的是，尽管地主的权力很大，但是俄国农奴的处境在十八世纪末期还是勉强过得去的。那时，来俄国旅游的外国人说，俄国农民的生活一般说来比波兰、立陶宛或波罗的海东部沿海一带农民要好得多。甚至可以认为，那时俄国农奴的经济地位比普鲁士或奥地利农民还要好一些，尽管西欧的农奴绝不像俄国那样处于无权的地位。那么究竟怎样来解释这个似乎颇为奇怪的事实呢？

一位德国旅行家贝恩哈迪对此曾做过如下巧妙的解释。十八世纪的俄国地主，他们生产不是为了出售，因此没有兴趣去极端残酷剥削农奴的劳动。贝恩哈迪说，“假如西印度的种植园主生产的不是糖，而是粮食或亚麻，假如这些产品像俄国那样难以销售出去，从中得到的收入又不多的话，那么，我并不认为只是由于殖民者残酷无情，奴隶才遭到折磨和虐待的。”①恰恰应当从是否出售产品这个条件来寻求俄国农奴处境在十八世纪勉强过得去，而在十九世纪却日趋恶化的原因。

十九世纪前半期，当俄国地主刚刚开始为出售而生产，俄国粮食贸易迅速发展，粮食出口大为增加的时候，农奴的处境就恶化起来了。领地地主开始使用农奴的劳动来加紧扩大自己的耕地。俄国地主经济出现的这些新情况，也从十九世纪下半期俄国许多农业省份把农奴代役租制改为徭役租制这一点上表现出来了。在实行农奴代役租制期间，农民跟地主保持的农奴关系，表现在交纳一定的（主要是货币）租税上；而在徭役租制盛行时期，这种关系则表现在农民为地主服劳役上。因此，徭役制，比起代役制来，是一种更加沉重的人身依附形式。就是说，推行徭役制以取代代役制，只能说明：农奴制没有消亡，反而采取了更加苛刻的形式。

当农民完全丧失了自己的家业、不得不依靠“月粮”（农民终年在地主土

① 贝恩哈迪：《对俄国面貌的描述》，第 2 卷，第 154 页。

地上劳动所得的计月实物报酬)为生的时候,强制劳动制达到了极度的发展。“月粮”是十八世纪仅有的现象。及至十九世纪,在小俄罗斯,剥夺农民土地,使他们依靠月粮为生的现象,已经广泛地发展起来了。①

在短工和家庭手工业发达的省份里,农奴制发展的情况则完全不同。在那里,我们看到十九世纪前半期,代役制逐渐排斥了徭役制,因为地主对农民实行代役制比在自己的庄园里剥削农民劳动力得到的好处要大得多。

这样一来,十九世纪前半期,在俄罗斯中心的工业省份内,农奴制采取了更加缓和的形式。与此相反,在农业省份内,农奴制不仅没有走向衰亡,反而跟领地地主的企业经济联系得更紧了。十九世纪中叶,领地地主的企业经济,只是由于剥削农奴的无偿劳动,才得到了较大规模的发展。

农奴制在俄国经济中根深蒂固,以致如此顽固地保持下来,也是毫不奇怪的。我们怎么也看不出,这种社会制度像西欧那样有逐步走向消亡的迹象。这里不免出现一个问题:我们的农奴制为什么最终还是消亡了呢?

首先是因为农民不甘心忍受奴役,并坚持不懈地要求自由。农民暴动在尼古拉一世的统治时期,从未停止过,而且尤为突出的是暴动越来越频繁。除大规模暴动之外,农民为了反抗农奴制,还多次杀死领地地主,烧毁庄园以至大批外逃,等等。②

这里,政府和地主都不会忘记十七和十八世纪发生的彻底动摇了俄罗斯国家的两次大规模的农民起义。谢梅夫斯基说:“普加乔夫的幽灵永远徘徊在我们贵族的眼前,犹如严厉的死的警告在提醒我们:为了维护地主的利益也必须废除农奴制。”③对于农民起义的危险性,叶卡捷琳娜也好,亚历山大一世也好,尼古拉一世也好,都不止一次地指出过。亚历山大二世在对莫斯科贵族所作的一次著名讲话中,再次重申:“农奴解放最好是从上而下,而不是从下而上进行。”这个见解对于消灭农奴制来说,始终是主要的、无法反驳的论据。

其次,远不是所有的领地地主对维护农奴制都是同样关心的。在这方面,有着切身利害关系的,只是那些实行劳役制的人。这些人主要是中小地

---

① 伊格纳托维奇:《解放前夕的农奴》,1902年,第100页。

② 同上,第171页。

③ 谢梅夫斯基:《十八世纪和十九世纪前半期俄国的农民问题》,1888年,第2卷,第571页。

主。诺沃罗斯和西南边区的一部分地区早在农奴解放之前,就在地主经济中广为推行自由雇佣劳动制。这些地区的地主甚至从农奴解放中得到好处,因为解放必然会降低工钱和增加劳动人手的来源。富裕的地主则对农民大多数实行代役制,这是显而易见的,因为大规模实行徭役制经济是不容易的。富有的贵族组成了宫廷,并在国家中占居显赫的高位和要职。在沙皇身边的庞大的贵族集团很少关心农奴制依附关系,并且非常清楚地了解农奴制只有依靠政权力量才能够维持下去,所以,容易接受在对自己有利的条件下废除农奴制的思想。

商人和产业家,是十九世纪中叶在俄国已有颇大发展的资本家阶级,他们坚决反对农奴制。工厂主痛感自由雇佣工人不足,因为农奴制把他们束缚在农村。同时,依靠强制劳动进行工厂生产,在当时是毫无好处的(这在下文论述俄国工厂工业时还要谈到)。如果说大企业家的农业能够实行强制劳动的话(尽管它的生产率很低),那么,工厂则要求效率更高的劳动,如自由工人的劳动。况且,当时工厂主和商人本身也往往出身于农奴,甚至有些人虽然使数以千计的工人就业,但是,他们自己却仍然是那些不甘心解放他们的地主手下的农奴。既然占有农奴是贵族阶层的特权,那么,产业和商业资产阶级的发展,就理所当然地破坏了实行强制劳动的社会制度。

在这方面,俄国的农奴解放和北美的黑人解放有某种共同之处。无论在俄国或北美,奴隶制都曾经是构成企业主农业基础的经久不衰的经济措施。无论在俄国或北美,都不曾看到这种制度在农业经济中有什么逐渐走向衰亡的迹象。因此,在俄国和北美,奴隶制只是在推行强制劳动制的阶级作了一番顽抗之后才通过法令明文废除的。

总之,实行徭役制的中、小地主是站在维护农奴制这一方面的。资产阶级是反对农奴制的。大贵族阶层则倾向于在对自己有利的条件下废除农奴制。最后,官僚集团,其上层虽然主要是由农业贵族组成的,但是由于职务关系不从事徭役制经营,因此对农奴制采取大经济所持的立场。这里应当着重补充说明的是,在官僚界中,地主的阶级利益也包括与农奴制敌人相接近的重大的职业利益。这些职业利益,首先在于我国政府人士意识到农奴制会破坏国家安宁的危害性。从国家的观点出发,应当极力争取废除经常有引起人民起义危险的农奴制,这一点,当时的俄国政府人士已经清楚地认识到了。

其次，农奴制阻碍了俄国经济尤其是俄国工业的发展，彼得时期的政府极力发展工业，深知没有生产力的增长，就不可能增加国家的政治力量，而增强政治力量是我国政策的主要目的。因此，我国官僚阶层不能不感到农奴制必须废除，认为如果维护它，就要根本违背政府始终关心发展工业的愿望。后一种见解，是有助于农奴解放的最有说服力的论据之一，也就是说，国家富强的利益，在政府眼里不能不占有举足轻重的地位。①

可见，在十九世纪前半期的俄国，存在过拥护和反对农奴制的代表两种强大利益的观点，这也就是半个多世纪以来废除农奴制这个迫切问题始终没有得到解决的原因所在。但是，我们的社会越向前发展，反对奴隶制的力量就越增长。从上一世纪二十年代起，旨在反对农奴制的超阶级的思想运动，作用增强，次数也增多了。从十二月党人时代开始，俄国社会的优秀分子全都力争把俄国农奴从屈辱的奴隶制桎梏下解放出来。这场由于对社会的极端不公正和人类个性的极端压抑的厌恶而激起来的超阶级的运动，随着俄国社会文化水平的提高而不断地增强了。

所有这些都使农奴制的基础趋于瓦解。但是，农奴制以强大的阶级利益为支柱，持续了很久，最终由于受到了俄国在克里米亚战争期间失败的影响而垮台了。这场战争表明，必须改革使国家政治上走向衰弱的社会制度。可见，不但人民起义给国家造成威胁，而且以农奴制为基石的旧制度对国家来说也是危险的，因为它在不断地瓦解国家政治力量的基础。这一点统治阶级是最清楚不过的了，并且是迫使强制劳动制崩溃的最后一击。

随着农奴制的瓦解，我国经济制度与西方经济制度的重大区别也消失了。于是，在俄国，一种新的在西方业已盛行的经济体系——资本主义也得到了自由的发展。

不久前，关于俄国经济发展的条件和方向的争论成为公众注意的中心。

---

① 尼古拉一世对斯摩棱斯克的贵族代表们说："农奴制是使我们没有商业和工业的原因。"（参看前引伊格纳托维奇著作，第 196 页）

在上一世纪九十年代，俄国知识界就特别关心这种争论了，尽管争论似乎带有理论的性质，但却涉及极其重要的实际政策问题。所谓的民粹派证实说：俄国的经济发展，如同俄国的经济制度一样，跟我们过去和现在西欧所看到的制度有着深刻的区别。与此相反，马克思主义者倾向于贬低过去俄国经济发展特殊性的意义，并且绝不希望将来俄国离开资本主义各国经济发展的共同方向。

从本文所阐明的观点来看，必须承认过去俄国的经济发展带有深刻的特殊性，但是这些特殊性并不是民粹派所说的特殊性，而且最重要的是，这些特殊性，如俄国没有西欧那样的城市制度和俄国强制劳动制具有很强的生命力等等，都已成为过去的历史了。现代俄国从根本上不可能与西欧资本主义国家相对立，因为俄国在当代也属于资本主义经济的国家，当然不应当由此得出结论，说现代的俄国与其他欧洲国家在经济方面已经不存在重大的差别了。每个国家的经济和社会制度都具有独特的、不相重复的特点，至于谈到俄国，它的经济历史和社会历史的深刻区别，当然不会不留下痕迹，不会不对其后的发展产生相应的影响。

有些现代俄国历史学者，如巴甫洛夫-西尔万斯基，都倾向于完全否认俄国和西欧的历史发展存在着根本差别。这是因为上述历史学者不懂得城市经济在西欧历史上的巨大意义，仍抱着老观点不放，认为在俄国处于萌芽状态的封建主义就是西欧中世纪特有的社会制度。但是，整个社会制度和现代西欧的文化，恰恰是从城市工业（而不是从封建主义）发展起来的。而这种城市工业，如上所述，恰恰是俄国所没有的。

马克思主义者和民粹派关于俄国的历史发展方向的争论，是西欧派和斯拉夫派在这个问题上的早期争论的继续。在这些争论中，西欧派的立场遇到了困难，因为他们争取实现西欧的政治和社会理想，并论证这些理想在俄国是可以实现的。同时，他们也无法否认俄国过去的历史情况根本不同于西欧历史向我们展示的情况。既然俄国过去的历史与西欧比较，存在着如此深刻的差别，那我们怎样才能使俄国在不久的将来也出现西欧盛行的那种生活方式呢？对于这个问题，西欧派没有能作出令人满意的答案。例如，米柳科夫在谈到这个问题时，完全承认俄国和西欧的历史发展条件有着深刻的差别，因而不得不在他的《俄罗斯文化史论文集》中乞灵于“内部发展规律”，说这个规律必然使俄国及其他国家走向西欧盛行的社会生活方式。至于究竟什么是能消除历史条件一切差别的“内部发展规律”，尊敬的作者并没有说清楚。他只是毫无事实根据地硬说这个内部发展规律是“任何一个社会都有的，而且对任何一个社会都是相同的”①。凭借这个神秘莫测的、谁都没有提出过的普遍发展规律，П. Н. 米柳科夫就能做到自圆其说，把西欧社会生活方式必将在俄国获得胜利的信念同俄国和西欧历史存在深刻差别的历史分析调和起来。

我认为，只有不相信任何的社会“内部发展规律”，才能圆满地解决俄国这场由来已久的争论。如上所述，我试图论证一个许多人觉得奇怪的论题：不存在任何的社会“发展规律”，而且探索这种规律本身，就是由于不懂得人类社会与有机体之间存在着深刻的差别所致。假如大家都同意这一论点，那么，上述争论就会迎刃而解了。的确，过去俄国的社会制度与西欧的社会制度是有根本区别的。但是，这并没有妨碍俄国走向资本主义经济体系，而且当前俄国占统治地位的，就是西方那种资本主义经济。因此，毫不奇怪，俄国正在争取实现西欧的政治生活方式。

至于我国农奴制瓦解的原因，近年来已成为饶有趣味的论战的课题。П. Б. 司徒卢威在《十九世纪俄罗斯农奴制经济发展的基本因素》（载《神的世界》杂志，1899 年，第 10—12 页）一文中阐述了如下的思想：在农奴制经济还没有废除的时期，我国地主的企业经济，绝不是像我们过去想象的那样处于衰落状态，而且从纯经济观点来看，地主经济也不是非得有自由雇佣劳动不可。П. Б. 司徒卢威的观点在报刊上受到了许多抨击。例如，Н. А. 罗日科夫在他新近出的一部著作中写道，代役制经济对地主是不利的；就在农奴解放之前，自由雇佣劳动制在地主经济中也已广泛推行了②。同样，П. И. 利亚先科也得出结论说，废除农奴制是出于地主经济利益的需要。③ 但是，这些说法都没有事实根据，因而 П. 司徒卢威的观点仍然是无可辩驳的。

① 罗日科夫：《十九世纪上半期俄国的经济发展》（《十九世纪俄国的历史》，1907 年，第 1 版，第 150 页以下各页）。

② 罗日科夫：《十九世纪上半期俄国的经济发展》（《十九世纪俄国的历史》，1907 年，第 1 版，第 150 页及以下各页）。

③ 利亚先科：《俄国土地进化概要》，1908 年，第 212 页。

总之,我的上述《简评》文章,是从理论上阐明我国农奴制经济发展条件的富有成效的尝试之一。

参考书目

有关国民经济发展的一般文献:

舍恩贝尔格:《政治经济学手册》,第 4 版,1896 年,载《国民经济学》,舍恩贝尔格的"国民经济"一文。

恩格斯:《家庭起源、私有财产和国家》(有几种俄译本)。

利珀特:《文化史》,译自德文,第 7 版,1908 年。

布鲁诺·希尔德布兰德:《自然经济,货币经济和信用经济》(载《国民经济年鉴》,B. II)。

李斯特:《政治经济学国民体系》,特鲁布尼科夫编译,1891 年。

毕歇尔:《国民经济的产生》,И. 库利舍尔编译,1907 年。

桑巴特:《劳动组织和劳动人民》,基里洛夫译,1901 年。

И. M. 库利舍尔:《西欧经济生活史演讲》,1910 年。

П. 马斯洛夫:《国民经济发展史》,1910 年。

П. 司徒卢威:《经济与价格》,1913 年;《罗雪尔、施穆勒、菲利波维奇-热列兹诺夫的普通教程》;在《社会经济发展规律问题》一书的第 5 卷《经济学的新思想》中讨论了存在社会发展规律的一般问题。

古代世界的经济:

摩尔根:《古代社会》,译自英文,1900 年。

格罗森:《家庭和经济的形式》,译自德文,1898 年。

H. 西贝尔:《原始经济文化概论》,第 2 版,1899 年。

M. 科瓦列夫斯基:《家庭和所有制的起源和发展概论》,1895 年。

H. И. 尼布尔:《奴隶制是经济制度》,译自英文,第 2 版,1907 年。

Э. 迈尔:《古代世界的经济发展》,译自德文,1898 年;《古代奴隶制》,译自德文,1899 年。

俄国的经济发展：

В. 谢梅夫斯基:《叶卡捷琳娜二世女皇时期的农民》,第 2 卷,第 2 版,1903 年。

П. 米柳科夫:《俄国文化史概论》,第 1 卷,第 5 版,1906 年;《十八世纪头二十五年俄国的国营经济》,第 2 版,1905 年。

Н. 罗日科夫:《十六世纪莫斯科罗斯的农业》,1899 年;《用社会学观点对俄国历史的评论》,1903 年;《俄国历史上的城市和农村》,第 2 版,1904 年;《十九世纪上半期俄国经济的发展》(《十九世纪俄国历史》,格拉纳特出版,第 1 版,1907 年)。

Н. И. 巴甫洛夫-西尔万斯基:《古罗斯的封建主义》,1908 年;《罗斯封地的封建主义》,1910 年。

Н. 沃尔孔斯基:《农奴制下的地主经济的条件》,第 1 卷,第 3 版,1907 年。

И. И. 伊格纳托维奇:《解放前夕的地主农民》,1902 年。

П. И. 利亚先科:《俄国土地进化概要》,1908 年;《俄国土地进化概要》,第 2 版,1913 年。

П. 司徒卢威:《农奴经济》,1914 年。

第 二 篇

生 产

第一章　抽象形式的经济劳动过程

经济劳动的一般概念。现代社会的劳动和历史萌芽时期的劳动。劳动工具的发展。发明。机器发展史。政治经济学的分类。消费。生产三要素理论。生产劳动和非生产劳动的划分。

经济活动的目的，就是创造为满足我们需要所必需的物质环境。在现代社会，经济活动可分为两个阶段。在第一阶段，是不断克服外部自然界的阻力，使自然适应我们的目的，不妨说，这个过程就是生产。在第二阶段，在人类改造自然以适应自己需要之后，各个生产产品占有者之间便发生了交换。

在生产过程中，人是唯一的积极活动者。当然，人不能赤手空拳，也不能什么都没有就进行生产的。经济活动本身是以两极即人和外部自然界为前提的。其中，生产就是在人和自然界之间发生的直接过程。人们活动所指向的那些东西，称为劳动对象；劳动对象如果经过初步加工，则称为原材料。置于人和劳动对象之间，用以影响劳动对象的物件，叫做劳动工具。劳动对象和劳动工具，包括辅助材料即那些不能直接构成劳动工具，但却是劳动过程所必需的物件，如燃料、润滑油、照明材料，等等，统称生产资料。为达到经济目的的人类活动，才是经济劳动。

究竟什么是经济劳动呢？人们往往认为，经济劳动，就其实质而言，是一件不愉快的事。然而，我们不能同意这样的看法。诚然，经济有自己的特点，就其本质而言，它是手段，不是目的。但是，手段并不意味着一定就是不愉快的和令人厌恶的事，因为经济劳动，也同其他任何劳动一样，在这种情况下，其目的只能是外在的，而不是为劳动而劳动。否则，这种活动就不再是劳动，而是一种游戏了。

诚然，有些经济劳动，无论在什么情况下，都不能说是愉快的。例如，地下采掘、屠宰、清除垃圾等等，这些劳动都不可能使一般人产生乐趣；然而，这类经济劳动毕竟还是为数不多的。在大多数情况下，经济劳动是不是愉快的，这要取决于劳动的条件如何，而且首先要取决于劳动时间的长短。

应该承认，任何工作，对劳动者说来，通常开头都多少有点不愉快，因为他还来不及适应这种活动，他的器官不能很好地听从其意志使唤，工作起来无精打采，所以不会产生乐趣。后来，劳动者习惯于工作，工作开始使他产生了某种乐趣，他的工作器官也得到了正常的锻炼。过了一段时间，工作又逐渐变得不愉快了，而且这种不愉快会迅速增长，直到最后，甚至连最愉快的劳动也变成了苦活。

经济原则——力争最大限度的乐趣和最低限度的苦恼——决定正常的工作时间。只要这种劳动还是愉快的，工人便没有理由中止劳动。当劳动变得不愉快时，对工人来说，只要劳动产品给他的满足，还超过工作过程本身所造成的不愉快感，劳动就可以继续下去。但是，劳动越继续下去，这种不愉快感就越大;而劳动产品越多,产品的边际效用则越小,最后一个产品单位能满足欲望的程度也就越低。显然,劳动过程的不愉快感超过劳动创造的产品单位的满足感的时刻就要到来。这时,劳动就应当中止,否则,继续劳动的时间越长,就越要得(从劳动产品中得到的愉快感)不偿失(劳动过程造成的不愉快感)了。

假如劳动产品归工人所有,而工作结束的时间又根据工人的意志来确定,那么,劳动日的长度就应该是这样的;但是,在资本主义生产条件下,工人当然根本不是支配自己时间的主人,所以,劳动日可能会加深痛苦,而且实际上正在加深,远远超出了工人所应承受的程度。

从另一方面说,经济劳动在一定的条件下也可能不会加深不愉快感。比方说,如果我们假定劳动生产率很高,从而对劳动产品的需求很容易达到饱和,那么,人们就有理由在劳动本身还能使其感到愉快的时刻就可中止经济劳动。尽管继续劳动下去仍能使人们感到愉快,但是,如把时间用于其他方面会得到更大的愉快,那就要暂时中止尚感愉快的经济活动而转向别的更加愉快的经济活动。然而,要做到这一点,就得有很高水平的劳动生产率,或者最低水平的需求。但不论哪一种情况,都与现代的经济条件不相适应,所以,我们当前正常的劳动时间,只能按上述观点确定。

但是,也有这样的时期,经济劳动并不是必然会加深人们的不愉快感。原始人,就其本性来说,没有能力从事任何长时间的不愉快的活动。因此,在历史萌芽时期,我们看到经济活动与带有游戏性质的活动并没有严格的区别。因此,还可以看到毕歇尔所说的那种情况:在原始人生活中,没有任何生产意义的活动,如舞蹈、自我装饰等,起着极其特殊的作用。

但是,野蛮人为了满足自己的需要,在许多情况下也不得不从事不感兴趣的活动。在使用原始的劳动工具的条件下,野蛮人的生产过程进行得非常缓慢,以致一些旅行者把它比做自然界的自然过程,如同植物的生长等等一样。要制造一件简单的工具,野蛮人就得花费几个星期和几个月的劳动。在原始的技术条件下，野蛮人加工食物、做衣服和制作食具需要付出极大的努力。野蛮人克服繁重劳动的方法，就是使劳动富于节奏，逐渐变成机械的或多或少无意识的行为。于是，劳动的节奏便逐渐发展为歌曲和音乐。正如毕歇尔所指出的那样，野蛮人通常是一边劳动，一边唱歌，身体还常常做出各种和谐的动作，因此，有的时候，野蛮人的劳动(如耕地)，看起来好像是在舞蹈。所有这些都是使劳动带有真正愉快的性质，变成近似一种游戏的手段。

其后，人类历史的特点，是经济领域同游戏分离得越来越远了。一方面，整个艺术领域从经济中全然分离出来了，可是，据毕歇尔研究，它起初是与经济密切联系在一起的：例如，音乐和诗歌就是从用以缓和劳动气氛的劳动歌曲中产生出来的。① 另一方面，经济劳动也独自成了失去任何美感要素的活动。在现代的工厂里，有成百台机器在嘈杂、轰鸣，当然就谈不上劳动歌曲和一般美学了。

但是，这并不是说，将来也是这样的。只要生产企业仍归不直接参加生产劳动的资本家支配的时候，使经济劳动带有美感的成分，这当然得说是毫无目的的。一旦生产过程归工人支配，情况就完全不同了，这时，劳动环境和劳动条件就是工人的生活条件，工人不能不尽力把这种环境变成更愉快、更有兴趣的环境。因此，在未来社会中，重新提到首要地位的，仍然是人类所面临的和在人类幼年时期就有的任务，也就是如何使经济劳动增添美感要素，从而变成真正愉快的劳动。为此，方法应该是：1. 缩短劳动时间——如果劳动时间过长，它就不可能是愉快的；2. 劳动多样化——即便是最愉快的劳动，最终也会使人厌烦，而劳动多样化，是使劳动成为总是愉快的最好手段；3. 劳动要适合于每一个劳动成员的爱好和才能，因为按个人的趣味和内心欲望而选择的劳动，通常都能使人产生真正的愉快感；4. 创造一个相应的有

---

① 毕歇尔：《劳动与节奏》，第 3 版，第 342 页及以下各页。

美感的劳动环境,其直接目的在于缓和经济劳动的气氛并使之高尚起来。现在,人类天才的发明能力完全没有用在这方面,其原因很简单,就是这种发明找不到销路,资本家不需要它们,而恰恰是资本家控制着现今的经济世界;但是,一旦工人把自己命运掌握在自己手中,他们会比野蛮人更好地解决这个任务,使经济劳动不再像现在这样是一种沉重负担,而是一种自由的、欢乐的体力和脑力活动①。

改进劳动工具,是提高劳动生产率最有力的手段之一。

劳动工具的发展史,不论从经济学还是从一般社会学的观点来看,都有着重大的意义。即便不同意马克思的历史哲学(所谓唯物史观),也仍然不能否认改用新的劳动工具是极其重要的历史要素。② 但是,我们迄今还没有一部得到科学论述的劳动工具发展史。

社会发展的初期阶段,新劳动工具的发明或多或少带有偶然性。野蛮人过于只顾眼前,无力去想未来所需要的发明。在他们看来,经济是跟游戏密切联系在一起的,经济的兴趣,由于其他因

---

① 如何使经济劳动带有愉快性质的问题,是傅立叶思想体系的中心问题之一。毫无疑义,傅立叶在这方面谈了许多极为正确的观点,虽然他的基本论题(在"和谐"的社会制度下任何劳动都是愉快的,任何外来劳动动机的必要性都将消失)在这方面走得太远了。对这一论题的分析批判,请参看拙著《现代社会主义》,1906 年,第 187—190 页。

② 马克思说:"劳动资料的使用和创造,虽然就其萌芽状态来说已为某几种动物所固有,但是这毕竟是人类劳动过程独有的特征,所以富兰克林给人下的定义是创造工具的动物。动物遗骸的结构对于认识已经绝迹的动物的机体有重要的意义,劳动资料的遗骸对于判断已经消亡的社会经济形态也有同样重要的意义。各种经济时代的区别,不在于生产什么,而在于怎样生产,用什么劳动资料生产。劳动资料不仅是人类劳动力发展的测量器,而且是劳动借以进行的社会关系的指示器。"(参见《马克思恩格斯全集》,中文版,第 23 卷,第 204 页。)

素而变得复杂起来，它的作用很差而且不稳定。因此，毫不奇怪，生产技术的完善，劳动生产率的提高，在历史初期都是在各种各样非经济因素的影响下达到的。真正的纯经济任务，对智能幼稚的野蛮人来说，是不存在的，他们只不过是在无意中采用新的生产方法罢了。因此，一般说来，采用新的生产方法，是野蛮人非经济活动的偶然结果。

衣服产生于装饰，它往往也是用来区别首领和一般统治阶级成员的标志。① 火的使用在人类经济生活中具有很大的意义，可是这也并非来自经济动因的影响，而显然是出于宗教祭祀的需要。② 畜牧业，被划为经济史上的一个时期，如上所述，是由于驯养动物用于娱乐(也是由于宗教祭祀观念)而发展起来的。

技术发明，在历史发展的初期阶段或多或少带有偶然的性质，并不依赖于人类的经济活动。但是，情况逐渐地起了变化，这些发明越来越成为纯经济动因的结果。就这个意义来说，十八世纪末期——伟大的工业革命时期表现得尤为突出。这个时期的标志，主要是在纺织工业中涌现出一系列的技术发明。这些发明则很少是偶然的产物。

---

① “人制作装饰品要比制作服装早，服装，就其中的某些部分，不是别的，正是一些装饰品改制而来的。”(利珀特:《文化史》，1885 年，第 1 卷，第 175 页。)

“澳大利亚野蛮人穿戴的东西，与其说是服装，不如说是装饰品。”(拉采尔:《民间艺术》，第 2 卷。)

“奖章和服装的起源是同一根源。穿连衣裙，像挂奖章一样，首先是希望引起人们惊奇。”(斯宾塞:《社会学原理》，1898 年，第 412 节，第 210 页。)

② 桑巴特:《劳动组织》，第 36 页。

例如，纺纱机的出现，就是一系列发明的结果，每一项发明都是由于经济生活的迫切需要而引起的。整整几代的发明者都在研究改进这种机器，才使它成为现在这样的纺纱机。早在纺纱机用于生产以前，就有一些天才人物致力于解决不用手纺纱的课题才把它发明出来。在阿克赖特创办第一个棉纺厂成功以前，有不少发明家也都在设法解决这个技术课题，才使阿克赖特得以成名。继阿克赖特之后，普通纺织工哈格里夫斯和克隆普顿（姑且不提许多二流的发明家），在使用棉纺机方面又作出了新的重大发明。所有这些都充分说明，这是一种合乎规律的过程，而加速这一过程的动力，就是当时英国感到迫切需要提高纺纱的速度，因为对棉布需求的增长刺激了国内对棉纱需求的急剧增长，可是手工纺纱速度赶不上织机，这样迫使成千上万的人绞尽脑汁，终于想出了一个用几辆纺车同时纺纱的办法。① 织布机的发明也出于同样的原因。蒸汽机是用作矿井排水的工具而发明出来的。矿井越深，排水越困难，则对排水工具的需求也就越大。在采矿工业发展的推动下，蒸汽机在几百年来已有雏形的基础上诞生了。正因为如此，托马斯·塞维利发明的第一台得到实际应用的蒸汽机被他命名为“采矿工业主之友”。后来这种机器又经过纽康门、瓦特的先后改进。瓦特终于彻底解决了把蒸汽应用于工业生产的难题。②

所有这些发明的历史表明，发明完全有赖于工业发展的条件。工业需要新的工具，它就被关心它的人们发明出来了。

但是，现代与十八世纪根本不同，经济上的发明逐渐成为理论知识发展的附带产物。

对理论的兴趣推动了科学研究，科学研究又促使研究家完全意想不到地解决了某一项重大的实际课题。这一类发明，是我们

① 纺纱机的发明史是大家都知道的，而且多次论述过。这次发明的推动力，显而易见，是一批较老的研究家。不妨参看 E. 伯恩斯：《大英帝国棉制品发展史》，1835 年，第 117 页等。

② 参看马乔斯：《蒸汽机的发展史》，1901 年。

时代的特点,如同前一类发明是十八世纪的特点。

例如,电工学的产生,一半归功于伏特的理论研究,一半归功于法拉第的理论著作。关于苯的化学结构研究方面的许多论著,促使吉宁发现了苯胺(阿尼林)新的有机结构原理,从而使霍夫曼发明了人工合成苯胺染料。以前这种染料是由茜草提制而成的。现代的重大发明无线电报,是与赫兹致力于解决有关电光源性质的纯理论问题的试验密切相关。克鲁克斯的理论著作导致伦琴发现X射线,这项发现在实践中立即得到了广泛应用。亥姆霍兹说:“一切实际成就,都完全突然地得之于研究。这些研究对局外人来说,仿佛是毫无用处的琐事,可是对研究者来说,虽然看到那里尚有潜在的因果关系,但只能从纯理论的兴趣出发去探明它。”①

诚然,现在有许多发明都是实际的经济需要的基础上产生的,而且这类发明要比以往任何时候都多得无法比拟。但是,除了这些发明之外,现代还有一个突出的特点,就是过去几乎从未有过的另一类发明,即在理论知识进步的基础上涌现出来的发明,极其迅速地增多了。

由此可见,技术发明史可分为三个时期。第一个时期,人们自觉性很差,不能有意识地和经常不断地去提高劳动生产率,发明是偶然出现的。第二个时期,新的劳动工具的发明,是人们有意识地和有计划地致力于提高劳动生产率的结果;发明是经济动机促成的。第三个时期,人们的智能高度发展,理论知识成为目的本身,技术发明则是附带的产物,是受纯理论需要支配的理论研究的结果。

---

① 参看Д.戈尔德加密尔:《物理学一百周年》(载《俄国思想》,1902年,第2期)。

在人们为提高其劳动生产率而创造的各种劳动工具中，有着特殊意义的是机器。从纯技术观点看，勒洛给机器下的定义是“把能够产生阻力的物体组合起来，借以迫使自然力推动物体做事先规定的运动”。①

从经济观点看，正如马克思所指出的，机器的特征是：它不同于简单劳动，不是简单地增强和补充人类劳动力，而是代替人类劳动力。

每台机器由三部分组成：发动机构、传动机构和工具机或工作机。发动机构使机器转动，其动力可能是机器本身，如蒸汽机；或者来自外部，如用水力推动的水磨。传动机构，系统复杂，可以调节运动，必要时改变运动形式，如变垂直运动为旋转运动等。至于说工作机，它直接完成生产作业，这也是机器运转的目的所在。

工作机，即机器运转，借以直接完成生产作业的部分，是机器最重要的一个部分。工作机能完成在手工生产方式条件下工人完成的作业。如上所述，这是因为机器使运动只能在一个确定的方向上进行。在这种条件下，整个机器机构的工作不决定于人的控制力，而决定于机构本身的装置。机构自动运转，而人只不过看管其运转，并纠正其难以避免的缺点。机器越完善，工作就越不需要人，因此，最理想的机器，可以说是工作完全不需要人的机器。当然，这种完全代替人的机器，是不存在的，但是，技术正在朝着这个方向发展，力求把人从机械的工作中日益解脱出来，从而使死的机

① 勒洛：《理论运动学》，第 38 页。

器承担起机械的工作。

尽管只是到了现代，机器才在工业中得到了广泛应用，但是机器的历史却早在远古时代就开始了。也许，最早的机器就是用来取火的木钻。弓、箭、纺锤、车床前身的制陶机、犁、粉碎粮食用的各种机械用具，都是古老机械的例证。但是，直到十八世纪中叶，机器还在生产中起着微不足道的作用。纺纱机和织布机的发明，紧接着为新工作机提供强大蒸汽动力的蒸汽机的发明，是现代机器生产的开端。没有蒸汽，就不能广泛地使用工作机，因为以往开动机器的所有其他动力（如马力、人力、水力和风力），在技术应用方面都远远不如蒸汽方便。

由于机器的应用，在工业史上出现了一个最伟大的时代。有了机器，人类劳动力再也不是从事纯机械生产劳动所必需的了。人作为机械力已失去其原有的意义。而人作为精神动力的体现者，作用则与日俱增。人借助自己的思维，开始支配物质，从而不再是从前那种自然机械力了。生产成果大小，主要取决于实际使用的机械的完善程度，而研制这些机械，则是系统科学的任务。这样一来，技术便与科学发生了直接联系，技术的进一步发展，则取决于理论科学思想的发展。

但是，由于资本主义制度所固有的对抗性质，机器在技术上比手工劳动工具完善，势必要降低直接从事产品生产的工人的作用。机器越完善，它在生产过程中代替工人的可能性就越大。正因为在现代条件下领导生产过程的，不是工人，而是占有机器的资本家，所以，资本家把机器变为反对工人的技术力量。机器不是劳动者的奴仆，而是他的得势的敌手，劳动者的劳动产品——机器，成为资本家手中反对工人的最好工具。以往和现在，每每都是在工人大罢工之后，采用新的机器，这是因为资本家深信活劳动工具不能俯首听命，而不得不求助于死劳动工具。因此，工人习以为常地把机器视为自己最危险的敌人。早在十九世纪二十年代，英国的织布工人攻击纺织厂，捣毁织布机，以为是织布机使他们失去生路，束缚了他们的手脚，把他们交给资本家摆布。

然而，工人阶级之所以感到机器的推广使用是一场深重的灾难，其原因当然不在于机器。机器，就其本身来说，它极大地提高了社会劳动生产率，是现代的社会财富空前增长的源泉。如果说社会财富的这种增长，对工人阶级的地位改善不大，那么，这只能归咎于社会的生产条件，归咎于具有对抗性质的资本主义制度。

本教程共分五篇：国民经济概论、生产、交换和分配以及整个资本主义经济的理论。从法国政治经济学分类学家萨伊以来，政治经济学一般教程通常分为生产、交换、分配和消费等篇。但是，消费一篇在政治经济学中命运不佳。诚然，其他各篇的内容绝不是完美无缺的，但消费部分已经存在多年，却始终不能在总的体系中占有一定的地位。几乎每一个经济学家都用别的内容来填补它。通常在这一篇中阐述有关经济危机、保险、消费合作社以至工人家庭收支情况等方面的理论。可是，所有这些方面的论述都分别能够在其他各篇中找到。至于说消费理论，就其本义而言，一般地说，是极其不完备和不充实的。

因此，某些经济学家认为，建立系统论述的消费理论，是政治经济学当前首要的任务，我对此持截然相反的观点，并与杜林一致认为①，消费部分之所

---

① 杜林说："所谓消费理论，不得不归结为对奢侈和非生产性消费的枯燥无味的见解，但是，它必然要处处起着十足多余的附属作用，或者同样地起着有价值的补充作用。"（杜林：《国民经济和社会经济教程》，1892 年，第 2 版，第 9 页。）

以在经济学中探讨得很少,是因为它包括在这门科学里是不正确的。如上所述,问题在于消费绝不是经济活动,也就是说,消费在经济科学中不应占有一席地位。须知,全部人类生活不是别的,而是消费。如果说消费也是政治经济学的特殊研究对象,那么,政治经济学就应当包括全部关于人类的科学。钢琴演奏是钢琴的一种消费,也就是说,从这种观点上看,钢琴演奏理论也可以说是政治经济学的组成部分了。正是由于不能把消费塞进经济领域,所以政治经济学教程中消费这一篇的内容才是空洞无物的。① 通常写进消费一篇的东西,仅仅是因为需要填补篇幅而加进去的。

例如,经济危机与现代社会经济生活的各个方面都有着极其明显的联系,但它们绝不属于消费现象。没有一种危机理论认为消费领域是危机的最终原因,甚至所谓"消费不足"的理论也认为危机的最终原因不在消费领域,而在分配方面。至于谈到保险,从理论角度看,它是交换行为,我将在本书有关章节中加以论证。消费合作社,只是由于名称的巧合才归入消费这一篇中,然而,它们是采购即交换的机构,而且是在与商业企业斗争的基础上发展起来的,所以消费合作社理应在交换一篇中占有一席地位。最后,工人家庭收支情况因与工资有关而不能不加以研究,也就是说,它应当归入分配这一篇。

在大多数政治经济学教程中,生产这一篇却是从土地、劳动和资本所谓生产三要素理论开始的。我认为根据下述理由不可能遵循这个惯例。首先,生产要素的理论本身我认为就是不正确的。当然,从技术观点看,对于按生产中作用力量进行的这种分类,是无可非议的。但是,这种适合于工程技术人员的分类,对经济学家来说却很不适宜。正如本书在政治经济学方法论一章中所指出的那样,经济学家所作的分类,应当从人类个体的最后目的的观念出发。其实,如果把工人跟他的劳动工具和土地等同起来,那么,我们显然是把工人看做是简单的生产工具,而不是目的。这种分类是危险的,因为它把政治经济学中应占统治地位的基本观点弄得模糊不清。在实践上,这种分

---

① 巴扎罗夫先生正确地指出:"消费包括在政治经济学中,也许只是出于误解。"(《生产劳动和创造财富的劳动》,1899 年,第 6 页。)

类使政治经济学大受其害,并把它们许多论点完全打乱了。只要指出这种分类法的作者萨伊的分配理论,就足以说明这一点。把工人跟资本和土地等同起来,是萨伊替非劳动收入辩护的手段。总之,生产三要素论是掩饰资本家阶级利益的,对于资本家阶级来说,工人实际上不过是一种生产工具,因此,这个理论在承认工人也和其他人一样是目的本身的政治经济学中不应当有它的地位。

但是,除了上述基本论点之外,生产三要素论绝不适用于起整个生产理论的试金石的作用。它把系列完全不同的三个要素,进行对比,因而不可能正确地阐明其中任何一个要素。正因为如此,这个理论,即使在丘普罗夫的深思熟虑的教程中经过修改,但还是不妥当的。丘普罗夫主张产品只能是由劳动创造的。他完全正确地指出:"从经济观点来看,自然力和资本的相互促进,是唯一创造经济财富的劳动生产率高低的条件。"①然而,他认为可以把劳动生产率的条件归结为下述"三个主要范畴:第一,与劳动本身有关的条件;第二,与物质和外界自然力属性有关的条件;第三,与资本有关的条件。"②同时,他还逐一地探讨了这些条件范畴。其结果,造成论述的极度混乱。例如,当探讨与劳动有关的条件时,却不得不谈到一部分超出政治经济学范围的外部性质的条件,如居民按年龄、按性别的分配等属于人口统计学方面的问题;不得不谈到一部分纯社会方面的条件,如居民按职业的分配,以至于工厂立法等等;这些似乎根本不应当在生产篇的开头占有地位。随后才是关于资本的理论,资本被看做既是逻辑的、又是历史的经济范畴。社会资本再生产,如所周知,是在资本主义社会复杂的社会关系的基础上通过一系列交换进行的,关于社会资本再生产的深奥学说正在展开。所有这一切,造成某种极其混乱、支离破碎的情况,比方说,要了解社会资本再生产的条件,就得事先认识资本主义经济中产品实现的规律。总之,关于社会资本循环的学说,是政治经济学最困难的部分之一,可以放在教程的末尾,在说明了最基本的资本主义经济现象以后加以论述,无论如何不能放在教程的开头来论述。

---

① 丘普罗夫:《政治经济学》,第 74 页。

② 同上书,第 80 页。

本书试图完全摆脱生产三要素的传统理论。本章主要是以抽象的形式把生产过程作为逻辑的经济范畴加以考察。在以下几章中将考察生产过程赖以进行的历史演变的社会形式。

到目前为止，在现代政治经济学教程中，可以看到关于所谓的生产劳动和非生产劳动的论点。这种分类在政治经济学中，当时曾起过很大的作用。它主要来自重农学派，他们认为只有农民的劳动才是生产劳动，其根据是，只有农民的劳动才能创造新的财富。亚当·斯密继承了重农学派的分类观点，认为创造物质财富的任何劳动都是生产劳动。此后，经济学家对生产劳动和非生产劳动的特征问题，长期争论不休，法国经济学家倾向于扩大生产劳动的概念，使之包括一切有用劳动，而英国经济学家（李嘉图学派）却始终信守斯密的观点。这种争论一直延续到现在。我觉得，这是孔德指责的经济学家专爱作那种经院式争辩的最明显的一个例子①。实际上，把劳动划分为生产劳动和非生产劳动对经济科学有什么必要呢？这种划分，对于重农学派来说，倒有十分确定的极为重要的意义，因为在他们看来，生产劳动对于国民经济是最有效用的劳动。但是，斯密早就与这种观点完全割断了联系，并极力主张上述分类跟承认各种社会劳动都有或大或小效用的观点毫无共同之处。但是，如果真是这样，这种划分将失去任何科学的意义。实际上，在它的背后隐藏着对政治经济学来说真正重要的划分，即把劳动分为经济劳动和非经济劳动。后一划分，对经济科学正确规定其研究范围是很必要的，它的重要性

---

① 我敢确信这一点，尽管在马克思的《剩余价值理论》一书中几乎用了两百多页的篇幅来专门论述生产劳动和非生产劳动问题，但是，正是马克思这些论点才使我坚信整个有关上述问题的争论完全是无益的。即便是马克思也不可能从枯萎的无花果树上摘下任何果实。马克思经过广泛的研究，不能不得出下述结论："在资本主义生产体系中，**生产劳动**是给使用劳动的人生产**剩余价值**的劳动，或者说，是把客观劳动条件转化为资本、把客观劳动条件的所有者转化为资本家的劳动，所以，这是把自己的产品作为资本生产出来的劳动。"（参见《马克思恩格斯全集》，中文版，第 26 卷，Ⅰ，第 426 页。）这样的定义要多少都行，可它们又有什么用呢？根据这个定义，凡在自己土地上干活的农民的劳动，都是非生产劳动（因为它不创造剩余价值），只有在农业资本家土地上干活的农民的劳动，才是生产劳动。但是，为自己干活的农民的劳动尽管是非生产劳动，但却创造了产品，并按马克思的看法，是具有生产力和生产率的。这样一来，竟然有生产产品并具有生产率的非生产劳动。

是无须证明的。本教程也采用这种划分。既然如此,就肯定不能同时再保留生产劳动和非生产劳动的传统划分了。①

参考书目

一般文献:

马克思:《资本论》。

杰文斯:《政治经济学原理》,1888年,第3版。

K. 毕歇尔:《劳动与节奏》。

桑巴特:《劳动和劳动者组织》,1901年。

勒洛:《理论运动学》,1875年。

努瓦雷:《劳动工具》,1880年。

恩斯特·卡普:《技术哲学的基本路线》,1877年。

盖格尔:《人类发展史》,1878年。

原始民族的技术:

摩尔根:《古代社会》。

利珀特:《文化史》。

E. 哈恩:《家畜与人类经济的关系》,1896年。

毕歇尔:《原始部落民的经济》,1898年。

现代的技术和技术发明史:

伯恩斯:《大英帝国棉制品发展史》,1837年。

① A. A. 伊萨耶夫令人信服地批评了把劳动分为生产劳动和非生产劳动的各种观点之后,得出如下结论:生产劳动应当认为是任何有用劳动,而非生产劳动则是无用劳动。他说:"我们认为一切无效用的劳动是非生产劳动。"(《政治经济学原理》,第57页。)如果是这样的话,则不如说有用劳动和无用劳动,要简单得多,不必徒劳无益地去创造新术语,何况还可能对有用劳动和无用劳动这种深刻的科学重要性抱有疑义。

詹姆斯:《毛纺制品发展史》,1857 年。

费尔亨:《机器操作的针织品和花边织物制品发展史》,1867 年。

库克·泰罗:《工厂史体制导论》,1886 年。

霍布森:《现代资本主义的演变》,译自英文,1898 年。

卡马奇:《工艺学说史》,1872 年。

勒洛:《蒸汽机简史》,1891 年;《关于工程力学史话》,1885 年。

马乔斯:《蒸汽机发展史》,1901 年。

库利舍尔:《资本家利润的演变》,1908 年,第 2 卷。

第二章　简单协作和复杂协作

一、简单协作。协作形式。大生产比小生产具有更高的生产率。二、复杂协作。劳动的社会分工和技术分工。劳动分工的利弊。三、社会分化。统治集团的产生。斯宾塞理论。劳动分工以及社会财富和权力的分配。社会分化的范围。对斯密劳动分工论的批判性评论。马克思和毕歇尔的见解。

一、简单协作　单个的、个体的经济劳动在人类社会中是一种例外，而规模或大或小的人群的共同劳动，却是居于主导地位的劳动形式。许多人处于相互协同行动中的劳动，叫做协作。协作通常分为简单协作和复杂协作。许多人从事同种工作的共同劳动，称为简单协作。如果他们从事不同种的工作，则是复杂协作。

简单协作可分为如下三种：1．结伴劳动，2．联合劳动，3．合伙劳动。结伴劳动就是每个人互不依赖，各干各的活，搭伴的意思是指一个劳动者紧挨着其他一些劳动者做活。乍看起来，好像这里看不出有什么协作，但是，实际上从事劳动的人们聚集在一起，对劳动生产率却有着颇大的间接影响。原始部落甚至有用于公共劳动，并按性别划分的特殊场所，如男子在一处劳动，妇女在另一处劳动。直到现在，俄国许多地方还有一起劳动的习尚。例如，农村姑娘习惯于聚集在一处农舍一起纺纱。还在不久前，俄国中部也有手工纺纱女工，大多聚集在所谓敞亮的小房间——公共楼房里劳动。这种楼房是由某些企业主出钱，或者手工业者自行筹款修建起来的，因此，占用者每人均须交付租金。结伴劳动的意义，首先在于通过共同劳动，能够共同使用生产资料，节省取暖、房舍、照明等项费用。另一方面，结伴劳动还能对操作产生纯心理上的影响，由于劳动者相互竞赛，有着较为舒适的外部环境，再不单调乏味，等等，所以劳动就更富有成效。

简单协作的第二种形式——联合劳动，它是当一些劳动者把自己的力量联合起来共同去完成超过每个人体力的工作（如抬重物）时出现的。一般地说，如果经济生活需要修建某种大规模的工程，那么这样的工程只有借助联合劳动才有可能完成。联合劳动常见的例子，是筑路、开渠等。当然，这样一些工程无疑都会超出个人力量，只有借助集体力量，即把许多人的劳动力集中起来才能实现。

临时性联合劳动。多见于一些有所谓紧张季节的生产中，紧张季节要求在短期内完成超出个人力量的劳作，如农业，在大片地里收割庄稼等。

简单协作的第三种形式——合伙劳动，其特点是：劳动者尽管用自己个人的力量能够完成该项工作，然而，如果能做到相互帮助，就会提高共同劳动的生产率。个别劳动者虽然也能完成工作（正是在这一点上，合伙劳动不同于联合劳动），但不怎么顺利。原始人的公共狩猎和捕鱼，是合伙劳动的突出例证。在这种情况下，大群人协作来捕杀野物，数量要比单个人多得多。H. 西贝尔写的《原始经济文化概论》一书，列举了许多有关渔猎的例子。[①] 在另一种场合，采用的办法可以叫做散兵线原则，狩猎者形成一条包围线或圈，使陷入包围线内的动物，一个也逃不脱猎人之手。

合伙劳动的情况，在一些工人建造房屋时，也可以见到。工人协力建造房屋时，工作效率要比工人单干高得多。如果每个工人单独来干，他就得从一处到另一处来回转着干，白白地浪费时间；如果是由一些木工或石匠合伙干，集体工人分别配置在房子的四周，房子就会均衡地盖起来，工人也就不用来回奔跑付出无效劳动了。散兵线原则更加明显地表现在下述场合：工人建造房屋，往上运砖，不是单个人上下搬运，而是排成一行，互相传递，把砖运上去了。

所有这些情况，都是每个个别工人直接帮助别人，从而使大家的劳动联合成一个共同的整体，收到较大的效果。不再是有两只手的工人，而是有几千只、几万只手的集体工人了。在其他场合，

---

① 西贝尔说："澳大利亚河流宽阔，在河水清浅的地方，土著人每每 40—50 人结队下河捕鱼。捕鱼用坚硬木质制作的标枪，尖头，长约六英尺。捕鱼时各自拿着标枪摆成一个很大的半圆圈同时潜入水下，并在水下停留相当长的时间。如果没有捕到足够的鱼，他们再往远游出几码，带着标枪重新潜入水下。只要他们没有捕到所需数量的鱼，就在 1—2 英里内不断地换地方。"(《原始经济文化概论》，第 2 版，第 10 页。)"整个部落或者若干个联合起来的部落参加围捕袋鼠。男人们选好狩猎地点后，彼此拉开不远的距离隐伏在山谷一带的草丛中；而妇女和小孩排成长长的队形登上山丘，拼命地把袋鼠往男人埋伏的山谷里赶。袋鼠本能地选择这个方向，是因为往这儿容易逃跑。当袋鼠成群结队地嘶叫着从猎人身旁奔逃时，猎人依次从埋伏点站起来，对准一个或者两个袋鼠投掷标枪。他们相互支持，直到兽群从最后一个猎人身旁跑过去才开始收集猎物。"(同上，第 12 页。)

合伙劳动也可以使每个工人的工作仍保持其个体的、独立的性质。但是，由于好些工人同时或者连续进行劳动，每个工人就能更加正确地调整其个人的劳动。不妨以手工打谷为例。打谷也可以是一个工人。但如果是好几个人打谷，而且他们一个紧跟着一个举起连枷打谷，那么，劳动就比较紧张，因为连枷挥动要更加准确而有节奏，起落都要有一定的间歇。由协作过程本身从外部进行调节而来的这种节奏，能够使工作具有自动性，这就极大地提高了劳动生产率。劳动的自动性越强，工人为更好地完成工作而付出的注意力，也就是说，耗费的精力就越少。工作的自动性能大大节省人的精力，能使工人迅速而精确地完成工作，而迅速和精确则纯属人体反射过程所固有的特性。

简单协作盛行于经济发展的初期阶段，但是，如果认为只有经济发展的最初阶段才有简单协作，那就是极大的错误。相反，现在要有比过去多得多的工人协同劳动，来完成更加广泛的经济任务。现代工厂，就是简单协作和复杂协作的联合体，要有许多工人共同完成一项工作。现代的庞大企业（如修建铁路），就需要从事同一项工作的成千上万的人的协作。

除了上面提到的工人通过共同劳动提高劳动生产率的情况外，人数多少不等的各种共同劳动，都有着程度大小不等的效益，从纯技术方面看，大生产比起小生产来效益要大得多。建造面积扩大一倍的房屋，其费用不是增加一倍，而是少得多；装置规模大一倍的锅炉，其费用不是贵一倍，而是少得多；面积大一倍房间所需的同样照明器材不是增加一倍，而要少得多；而面积大一倍的房子取暖只需要用少于一倍的燃料；同样，功率大一倍的机器，多做一倍的工作，也只需要用少于一倍的燃料，等等。总之，在一定的限度内，生产规模的任何扩大，都会耗费更少的力量以取得同样的效果。

根据美国的一些计算资料，工业企业在使用5马力蒸汽机的条件下，每马力的年均费用，按俄国货币换算，为354卢布；如果使用50马力发动机，则为105卢布，使用3 000马力机器时，则为36卢布。工厂使用1马力的燃气发动机得花费470卢布；而使用10马力发动机，则花费1 690卢布①。电站涡轮机电力的单位价值越便宜，则涡轮机提供的电力就越多。例如，50马力的涡轮机，每马力价值109.5马克，而4 000马力的涡轮机，每马力只值20马克。远距离输送电能，恰恰也是：电力的单位价值越便宜，则输送的电力就越多。输送200马力时，每1公里马力的价值为50马克，而输送20 000马力时，只值1.25马克。发电机越大，无效耗费的电能就越少；因此，5 000千瓦的发电机电能的无效损失为21.7%，而100千瓦的发电机，电能的损失却高达32.7%②。在彼得格勒的阿·勒斯涅尔机器制造厂，受热面积为100平方米的蒸汽锅炉，售价为4 500—5 000卢布，而受热面积为200平方米的锅炉，售价为7 000—8 000卢布。也在这个厂，100马力的冷凝复涨式蒸汽机售价约12 000卢布，同样的200马力的蒸汽机售价为17 000—18 000卢布。

在一定限度内，机器、设备或某种设施规模越大，提供单位效益的费用就越少。

这种依存关系带有普遍的性质，它来自某些共同的自然规律。而且这种依存关系实际上无非是**体积和表面积比值这一几何定理所导致的必然后果**。球的体积随半径立方增大而增大，而其表面积随半径平方增大而增大。所以，物体越大，其单位体积上的表面积就越小；由此可以得出结论：在物体的有效作用与其体积成比

① 比较伊萨耶夫的《政治经济学原理》，第7版，第132页。

② 《1910年财政通报》，第38期，第489页。

例，而生产的价值与其表面积成比例（这是经济中最常见的现象）的情况下，其他条件相同，生产体的体积越大，就其有用效果的价值就越小。所以，其他条件相同，房屋越大，单位体积就越便宜；体积大一倍和使用燃料多一倍的机器，其表面积所白白损失的热能要少于一倍；同样，机器体积增大一倍，其无效摩擦的增加却少于一倍，因为机器表面积的增大也小于一倍，等等。正是由于这些原因，机器的有效作用将随其体积的增大而增大。要烧暖大一倍的房间，就需要小于一倍的燃料，因为房间增大一倍，按它与其容积之比，表面积就要减小，而任何房间的表面积都要白白地消耗热能。如果拆除两间照明房间的隔墙，则每间房间的亮度就会增大，因为一间房间的光可以照亮另一间房间，等等。

因此，大生产能够利用较大的建筑、机器和一般生产资料，效果高，费用便宜，单位效用的费用比小生产少，这也就是**大生产超过小生产的主要技术优势所在**。①

但是，这种优势并不是绝对的，它在一定的限度内起作用。如建造两层的楼房，造价相对地比一层的要便宜，因为可以节省屋顶和地基的费用——无论盖哪一种，都需要有同样的屋顶和地基。但是，譬如说，建造二十层的楼房比盖一层的普通房屋的费用，不贵20倍，也要贵许多倍。在这种情况下，不得不采用完全不同的

① 耐人寻味的是，本书对大生产比小生产更为有利的一般原因（体积与表面积的比例规律）所作的解释，据我所知（尽管我不是工艺师），不仅现代经济科学，而且现代工艺学也都不知道。不管怎么说，在工艺工程师 H. Г. 谢尔戈夫斯基专论机器价值问题的近著《机器的价值和评论》一书中（1907年），也根本没有类似对上述原则所作的一般表述。只是在某些个别场合，Г. 谢尔戈夫斯基作出我在本教程中所得出的结论。

建筑材料和建造方法，因为，一般的建筑材料用于这样的建筑，不够牢固。可见，超出一定的限度，产品体积增大，必须克服的阻力就增大，生产费用也就势必相对地迅速增加。

因此，大生产和小生产的相对效益原则，可表述如下。其他条件相同，在一定限度内，大生产为取得单位效用所付出的劳动费用，要少于小生产；如果超出这个限度，生产规模的进一步扩大就要引起单位效用费用的增加。换句话说，每一种生产都有其最佳规模(optimum)，即劳动生产率可以达到最佳数值的规模。在未达到这种最佳规模之前，生产规模的任何扩大都能提高劳动生产率；如果达到了最佳规模，再要继续扩大生产规模，势必引起劳动生产率的下降。

如果说，超出限度，继续扩大生产在技术上行不通，不仅不能提高，而且只能降低劳动生产率，那么，这种限度究竟是在哪一点上，不能笼统地确定，要视复杂的技术和经济条件而定。

二、复杂协作　复杂协作的基础是分工，通常分为两种：1. 技术分工；2. 社会分工。所谓技术分工，是指某种劳动作业分为各个不同的组成部分，而每一部分专业工作又由专门工人来完成。社会分工，是指每个工人按专业分别完成整个社会劳动中某一种局部工作。

社会分工不一定要和技术分工同时发生，反之亦同。例如，男子打猎，妇女耕种(如原始部落)，在这种场合，就发生了社会分工。然而，这不是技术分工，因为狩猎和耕作不是同一种劳动作业，随后便分成两个组成部分。于是，我们看到的，是两种完全独立的生产活动，也就是说，社会某些成员要按专业分工各自完成其中一种活动，而这些活动并不是技术分工。另一方面，如果一种劳动作业被分为彼此不同的组成部分（不妨以斯密托夫大头针手工工厂为例。第一个工人拔丝，第二个工人把它拉直，第三个工人切割，第四个工人磨尖，第五个工人做针头，等等），那么，这毫无疑问就是技术分工。但是，某些工人在完成同样作业时没有实行专业化，例如，同一个工人今天拔丝，明天切割，后天拉直，等等，那么所有这些工人，过一段时间完成那些各种不同的劳动工序，也就是说，在他们之间没有实行劳动专业化。因此，在这种场合，尽管有技术分工，但并不存在社会分工。在我们的手工工业中，往往可以看到没有社会分工的过细的技术分工，同一个手工业者能够完成，而且实际上是在依次完成应由各个手工业者同时完成的整个生产作业的各个不同的局部工序。

社会分工，在历史上早于技术分工。它最初主要是在人们按性别和年龄自然区别的基础上建立起来的。

毕歇尔说："古代劳动分工所依据的原则主要是妇女担负加工和采集植物，以及制造为此所需的工具和器具等全部劳动，而男子则分担狩猎、打鱼、饲养牲畜以及制造为此所需的武器和工具等劳动。因此，妇女劳动中包括许多非常繁重而劳累的劳作，例如，打谷和舂米、烤面饼、做食品和酿酒、制作陶器和纺织①。"

复杂协作，比简单协作更能提高劳动生产率。复杂协作既具有简单协作的全部优点，又具有许多极其重要的新优点。亚当·

---

① 毕歇尔：《劳动与节奏》，第3版，第379—380页。

斯密指出分工的下述优点：1. 一种职业实行专业化，就能减小这种职业训练的难度，提高工人在这种劳动中的灵巧和技能；2. 全部时间从事同一种劳动，就使从一种劳动转到另一种劳动所需的工作间歇消失了；3. 生产工序简化，使技术改进和发明的可能性增加，甚至没有受过教育的从事这些简化工序的工人，在实行较好分工的条件下也能做到这一点。①

斯密所指出的分工的第一个优点，是无可非议的，但是，与之对立的不足之点是，如果一个人仅从事一种职业，就会成为一个知识狭窄的专门家，从而招致各种对他不利的后果。不均衡地锻炼我们机体的器官，就会对我们机体的整个状况产生不良的影响；片面地锻炼我们的能力，就会使我们的整个健康状况失调。因此，不论通过某一种劳动专业化达到多么高的灵巧和熟练程度，然而这往往都是以损害健康的昂贵代价换来的。有多少职业病是过分专业化造成的啊！过分专业化，到头来也会影响专业化工作本身的成就，因为只有具有多方面的才能，只有充分发展我们的能力，才能有效地发挥每一项能力。这一点，不论对于体力劳动还是脑力劳动来说，都是对的。诚然，从事许多不同的工作，是不可能有所成就的。但是，只集中全部力量去完成某项工作而有损于自己心身的全面发展，这就意味着毁掉自己的工作能力和降低自己的劳动效率。

斯密所指出的分工的第二个优点，没有什么重要意义，因为从

---

① 亚当·斯密：《国民财富的性质和原因的研究》，第1卷，比比科夫译，1866年，第103页及以下各页。

一种工作转到另一种工作需要不多的时间，或者说，如果工人今天干一种工作，明天干另一种工作，等等，甚至不需要费什么时间，何况工作的多样化会使劳动变得更加愉快，减少疲劳，提高劳动生产率。

斯密所指出的分工的第三个优点，未免夸大其词。在十八世纪，由于生产工序简单，普通工人都能从事技术发明，但是现在，由于科学理论发展的结果，发明却是科学家的事，而且简化生产工序，在这里已经不起多大作用。

斯密所提出的分工的优点，是很不充分的。例如，他没有提到浦鲁东早就指出的一个最重要的优点，也就是分工能够使劳动适应于每个人的天生爱好、才能和能力。因为各种不同人的才能、爱好和能力是各不相同的，所以只有在社会分工的情况下，每个人才能做他所能做得最好的事情。① 只有这样，才有可能利用诸如儿童之类的弱小力量来增加生产，才有可能一般地从每个社会成员所能从事的工作中取得最大的效益。

其次，如托伦斯和詹姆斯·穆勒所指出的，分工还有一个极其重要的优点，它能够最好地利用外界自然力。人类赖以活动的物质环境，差别是极大的。任何区域每一点上的土壤、气候、地质等条件，都各不相同。由于实行区域和国际分工，有可能更好地使每个区域点上的社会劳动适应于人类周围外界环境的自然条件。在

① “我们每个人一生下来，按其天赋就与别人很不一样，但都可以接受委派完成一定的工作……。当一个人处于有利时机，抛开其他一切工作，按照自己的才能，独自从事某项工作，就会很出色地、轻而易举地做出许多个人的事业。”《蒲鲁东论文集》，卡尔波夫译，1866年，第3部分，《政策》，第117页。

矿产丰富的地方，居于主导地位的经济部门是矿业；在土地肥沃的地方，则是农业；在有天然良港的地方，则是海上贸易，等等。正是基于这个原则，我们看到不同国家的经济制度具有这种多样性，而经济制度方面的或大或小的差别，都是由于居民适应其赖以生存的自然条件的差别所造成的结果(除此之外，这些差别当然也是其他社会性原因所造成的后果)。

最后，分工还有一个优点，是斯密所没有提到的，而是由美国人约翰·雷首先提出来的，这就是实行分工，能最大限度地利用生产资料、资本。如果一个工人分别在不同的时间内从事几种不同的工作，那么他有一部分工具就要闲置起来。例如，家庭手工业者在地里干活的时候，劳动工具就闲置不用。可是，在分工的情况下，劳动工具能够经常不停地使用。但是，这个优点是以生产资料私有制的存在为其先决条件，一旦生产资料转变为公有制，这个优点也就随之消失，因为在这种情况下，每个工人都能依次进行不同的工作，而一个工人在一定时间内不用的工具，可能同时被另一个工人使用。

在生产过程中引进代替人的机器，也为生产过程中的分工规定了界限。操纵机器，与其说需要身体灵巧，不如说是需要文化修养和某种心理特性，特别是持续集中精力的能力。工人之间的分工，代之以机器之间的分工；每种机器只适用于某种专门的生产作业，而工人只要看管机器工作就行了。当然，这只在一定限度内是对的。完全代替人的最理想的机器，是不存在的，因为机器的专业化不能排除人的专业化的必要性，不能排除依靠机器工作的人。

综上所述，从各个学者所提出的分工的全部优点来看，其中只有如下优点在任何社会制度下都能保持它的意义:1. 易于进行专业化劳动训练和提高工人的熟巧程度;2. 能够使这种专业化劳动更好地适应于单个人的个人才干和能力;3. 能够使专业化劳动更好地适应于人赖以活动的外部环境的特点。这些优点,无疑是很重要、很关键的,但是,还不能根据这些优点就认为分工程度越来越高是社会进步的规律。相反,社会的理想要求个性的和谐发展,这就为分工设置了一定的障碍。

三、社会分化 随着社会分工的发展,社会出现分化,分化为各个特殊的社会集团。最早分化出来的是祭司、巫师或巫医集团。宗教产生于野蛮人对死亡恐惧的影响和他们对死人灵魂存在于某些物体之中并有权支配活人的迷信。于是,逐渐出现了主管宗教祭祀的集团。起初,巫师和祭司大都是些患有神经病的人,他们的反常现象使周围的人感到惊讶,觉得他们具有一种超自然的力量。在这种宗教恐怖心理的基础上建立了祭司的统治权,影响很广,甚至产生了一批神权君主制国家(墨西哥、秘鲁、埃及)。在现代,宗教代表能够统治一些民族,例如,近代最强大的宗教组织——罗马天主教会,情况就是如此。僧侣通常利用其社会权力来谋求私利,但是,他们的权力之所以能建立起来,是由于他们曾经是精神文化的体现者,手里集中了那个时代的科学和知识。正如圣西门早就指出的那样,僧侣作为知识的代表,在过去执行过非常重要的社会职能,也就是现在脑力劳动者即所谓知识分子所执行的那种社会职能。

在原始社会分化出来的第二个集团,是士兵和军事首领。在他们中间,除僧侣贵族之外,还产生了世俗贵族。随着土地私有制的发展,僧侣和贵族成了最早的大土地占有者。他们的统治地位,在经济基础上巩固起来了,但起先还是在社会分工基础上建立起来的。①

早期社会的第三个统治集团,是商人。在社会发展的初期阶段没有商人,即使有交换的话,也无须经过特殊的中间商人。现在,在非洲还可以看到一些部落,即使举办集市交易,也不需要商人。最早一批的商人,是部落首领。在古罗斯,大公就是公国的最大商人。于是,商人逐渐地分离和分化出来,出现了一批从事商业的民族(马来亚人、腓尼基人、阿拉伯人)。原始部落,一般不大喜欢从事商业,因此,一些国家的商人就成了垄断者。于是,商业在那些早先不从事商业的部落中也逐渐发展起来了。这样一来,社会统治集团分化为:祭司(僧侣)、世俗贵族和商人。②

其他居民群众也在逐渐分化。首先分化出来的是一批家庭手工业者。最古老的家庭手工业是打铁业,在铁匠中间,既有统治阶层的代表,也有奴隶。这是因为懂得这种重要而困难的家庭手工

---

① 例如,看看恩格斯是如何描述社会各阶级的产生的:"在每个这样的公社中,一开始就存在一定的共同利益,维护这种利益的工作,虽然是在全社会的监督之下,却不能不由个别成员来担当:如解决争端;制止个别人越权;监督用水,特别是在炎热的地方;最后,在非常原始的状态下执行宗教职能。这样的职位,在任何时候的原始公社中,例如在最古的德意志的马尔克公社中,甚至在今天的印度,还可以看到。这些职位被赋予了某种全权,这是国家权力的萌芽。生产力逐渐提高;较密的人口在一些场合形成了各个公社之间的共同利益,在另一些场合又形成了各个公社之间的相抵触的利益,而这些公社集合为更大的整体又引起新的分工,建立新的机构来保护共同利益和反对相抵触的利益。……政治统治到处都是以执行某种社会职能为基础,而且政治统治只有在它执行了它的这种社会职能时才能持续下去。"(参见《马克思恩格斯选集》,中文版,第3卷,第218—219页。)

② 参看施穆勒的《国民经济学纲要》,第2册,第四章论分工这一章,在这本实际内容非常丰富的教程中,一般说来,是内容最丰富和最有意义的一章。

业(制造武器)的任何一个自由人,都不难从与他一样的人们中间分离出来,并占据较为显著的地位;而另一方面,首领们极其想得到懂得打铁业的奴隶。早在荷马时代,除铁匠外,还有木匠、陶器匠、制革匠和其他家庭手工业者。在现代,某些行业日益增多。1882 年,据工业调查统计,德国个体行业约有 6 000 种,1895 年竟增到 10 000 多种。

分工遍及非常广阔的社会生活领域,远远超出了经济关系的范围。斯宾塞不仅企图把日趋发展的分工的原则扩大到整个人类社会的发展,而且还把它扩大到整个世界的进化上来。世界(无论是无机的还是有机的自然界,其中也包括人类社会在内)进化的实质,在斯宾塞看来,是原始的互不联系的、单一的组合物分解为更加多样的、各部分更加紧密联系的物质。

雾状物质就经历了这样的发展道路,它转变为行星系,而每一个行星,又随着其冷却的程度,变得越来越不一样了。动物和植物界的发展也是这样,其形态千差万别,都产生于原始的几乎毫无差别的原生质,正如每一个单个有机体,其复杂结构,也是从差别微小的母体细胞中发展而来的。这一规律,在斯宾塞看来,也同样适用于人类社会,人类社会早期只有分工的微弱萌芽,但是,社会越向前发展,差别就越大,社会分工就越深越细,某些工人就越专业化,各干各的工作,从而每个工人从事另一个人的工作的能力也就越小了①。

① "发展乃是伴有消除运动驱使物质形成整体,这时,物质是从一种不连贯的、不固定的单一性向着固定的、连贯的多样性转化;尚未消耗殆尽的运动也会发生类似的转化。"(《斯宾塞》,阿列克谢耶夫译,1886 年,第 278 页。)

斯宾塞对人类社会的发展和整个宇宙的发展所作的比较,有不少人以为是非常吸引人的。事实上,毋庸置疑,直到今天社会的进步总是引起分工的日益发展和社会的日趋分化。因此,就十分当真地认为这也是社会进步的规律了。另一方面,斯宾塞提出的这个规律,仿佛也是与盛行的分工的性质密切相关的现存制度的科学法规。现在,我们可以看到,社会分成从事一定劳动的非常专业化的集团:脑力劳动为领导现代社会的少数人所占有,而其他起着从属作用的社会大多数人,则从事多种多样的体力劳动。这种情况通常表明,某一社会集团越是处于从属地位,它所承担的劳动就越沉重,越不愉快和越无成效。在现代社会,分工无疑是与各个社会集团间政治和经济力量的分配有关。斯宾塞提出的规律,似乎不仅使现存的分工,而且使与分工密切相关的社会财富和权力的分配合法化了。

但是,一谈到后者,首先就产生一个问题:这两个相互关联的现象,哪一个是原因,哪一个是结果呢?社会各集团之间财富和权力的分配是它们分工的结果呢?或者,恰恰相反,现存的分工只不过是社会分解为各种政治和经济力量集团这一基本的和深刻的原因所造成的一个次要后果呢?

这个问题非常重要。如果同意前者,就得承认,深刻的社会不平等现象,是各个不同社会集团执行着对社会远非同等重要的社会职能的自然而然的和无法消除的后果。例如,谁会反对思想家、学者、政治领袖、艺术家所做的事情比干简单粗活的人对社会更重要呢?这些集团占有巨大社会财富,执掌政权又有什么奇怪的呢?脑力劳动者由于他们所从事的社会劳动更为重要，理应居于统治地位。但是，如果是这样的话，经济上的不平等就是不可消除的，因为它的根源照例来自脑力劳动和体力劳动的不同的生产率。

如果这个结论所依据的前提是正确的话，那么，上述这一切就都是对的。但是，这个前提是不正确的。居于统治地位的分工不是原因，而是现存的经济和政治的不平等所造成的众多后果之一。事实上，在社会发展的最初阶段，社会的阶级构成是由社会分工决定的。执行较为重要的社会职能的集团，逐步成为社会的统治阶级，并利用其优越的地位，首先使社会的附属集团在经济上依赖于它。但是，社会越发展，这种情况的变化就越大。人们获得的各种熟巧和知识，是不能世袭的。相反，财产，也和政权一样，却是非常容易世袭的，出身于许多代都主要从事各种脑力劳动的统治阶级和有产阶级的人，正如日常经验所证明的那样，他们从事这种劳动的能力，并不比出身于主要从事体力劳动的阶级的人大多少。相反，只要出身于统治阶级，通常根本不问其个人品质如何，就完全可以担当高级的社会职能。哪怕是个庸庸碌碌的人，只要他得天独厚，父母有财有势，谋求一席显赫的社会地位是多么容易啊！

正是因为执行较为重要的社会职能的卓越才能不可能固定于某一社会集团，正是因为财富和政治影响可以通过继承的办法，很容易地固定于某一社会集团，所以，社会分工原来是社会不平等的原因，现在越来越变成社会不平等的结果。至于谈到现代社会，毫无疑问，在现代社会中起决定性作用的，是不同社会集团间分配的性质，而每个集团执行的社会职能的性质，则首先是由这个集团赖以生存的经济条件决定的。①

可见，缩小社会不平等，就一定会消除造成今天分工如此广泛发展的最大原因。仅仅这一看法，就大大地削弱了斯宾塞关于社会不可避免地越来越分化的论据的说服力。

而且，斯宾塞提出的人类社会发展和有机体发展之间的相似点，也是根本经不起批评的。有机体没有而且也不可能有局部利益和整体利益的冲突，而社会却经常出现社会和个人利益的不协调现象。个体维护着自己的权力和利益，而且也不会为整体而牺牲这些权益；所以个体就是目的本身。正因为如此，社会的分化只是在一定的限度内，当它与个人利益相一致的时候，才能说是一种进步。不容置疑，社会的分化必定会与个人的利益相抵触。

个体的和谐发展，要求其才能得到全面发展。社会的分化则力求把个体变成简单的社会器官，力求发展它的一些能力而不惜

① 毕歇尔和施穆勒在这个问题上展开了非常有趣的论战。施穆勒发表了十分大胆的论点："等级，以僧侣、军事首领和商人为代表的贵族，行会制度，现代整个劳动组织，都不过是由于社会的分工和分化而形成的随时变化的形式……；而社会地位、财产、荣誉和收入中的差别，只是社会分化的次要结果。"毕歇尔对这种论点持相反的看法，认为："财产和收入的差别，不是分工的结果，而是分工的主要原因"，"因为我国的有产阶级，也是社会职业阶级，他们之所以成为这样的阶级，不是由于职业创造了财产，而是由于财产状况决定了职业的选择；而且职业提供的收入，通常也像作为职业基础的财产数额一样，随着增加和减少。"（《国民经济的产生》，第 2 版，第 105—108 页。）施穆勒在自己的教程中减弱了早先论点的尖锐性和明确性。他在这部新近发表的著作中说："尽管毕歇尔反对我关于财产分配的看法值得注意，但我还是认为可以说职业分配常常（特别是在过去）发生在财产差别以前，而财产的差别即便在现在也往往是阶级和个人差别的结果，而不是阶级和个人差别的原因。"《国民经济学纲要》，第 1 卷，第 398 页。对后一论点，毕歇尔当然并不反对。问题不在个别场合，而在于一般原则，所以，毕歇尔的论题仍然是完全正确的。

放弃其他一些能力。如果认为个体是生活的最高价值，那么，对个体的这种歪曲就不能不看做是人类能够而且必须与之斗争的东西。因此，反对过度的分工，是完全可以理解的，而且是理所当然的。许多思想家提出了这种抗议，从而把个体尽可能广泛、全面和和谐地发展的理想同分化的社会的理想对立起来了。

当然，不能期望完全消除社会分工，分工在一定的限度内是提高劳动生产率的必要条件。分工任何时候都是不会消失的，这是因为它有利于个体。人们彼此在能力、爱好和兴趣方面存在着差别，而这些自然差别在任何社会制度下都是不会消失的。个体首先关心的是，能否尽可能充分地、尽可能自由地发展其全部能力和特性。由此可见，人们的自然差别，在个体充分自由发展的条件下，必然导致每个人在某种活动中的相应的差别。由于社会赖以生存的自然环境的差别而产生的社会分工，也很有必要。但是，社会主义社会的分工与现代社会的分工根本不同，因为现在是在社会分工基础上社会分解为一些财产多少不一的集团，而社会主义社会，分工是按照每个人的个人特点，根据自然环境的差别进行的。

分工原则，是科学观点之一。这些观点在一门科学的范围内建立起来，然后获得更为广泛的意义，并且成为一般科学认识的统治思想之一。现代生物学，基于这一观点，把有机体看做是不同器官的复杂综合体，由不同器官形成的每一个总体适合于从事一种严格专业化的工作。如上所述，斯宾塞试图进一步概括这个原则，认为这个原则是世界进化的基本规律。我们对斯宾塞的理论是不能同意的，但是，这种理论能够在学术界产生并广泛流行，就足以说明分工原则在各种知识领域内具有多么普遍的意义。

肯定而明确地确立这一原则，是通常(尽管不确切)被人誉为政治经济学之父的亚当·斯密的科学功绩。斯密认为，分工是提高劳动生产率的最重要的手段，但是，斯密把建立在分工基础上的经济同交换经济混同起来，认为每一个专业化工人都是他所生产的产品的所有者，因而，只要通过工人之间交换他们的产品就能够满足社会的需要。把分工和交换混同起来，从而得出的直接结论，就是亚当·斯密的如下论点，认为社会上可能分工的界限，是由市场的规模决定的，市场越大，销售领域越广，分工就越发展。在没有交换的条件下，每个人在自己的经济中都得生产他所需要的一切产品；而在有广大市场的条件下，商品生产者能够实行专业化，制造个别人需求量很小的产品，因为他得为许许多多人工作。

但是，正如马克思所指出的，亚当·斯密关于交换和分工的联系的学说，其缺点就是混淆了两种不同的分工形式。马克思把其中一种形式叫做“工场手工业内部的分工”；另一种叫做“社会内部的分工”。① 第一种是在资本主义企业(工场)的范围内，一些工人各自完成不同的工序，但他们的劳动产品在任何阶段都不属于生产者，而总是属于企业主即资本家所有。工场手工业内部不发生任何交换。与此相反，在社会分工条件下，产品归直接生产者，也就是小商品生产者所有，他们之间的联系是通过交换建立起来的。

马克思对斯密的批评完全正确。不过，首先他对工场手工业和社会内部的分工的区别，过于狭隘了。工场手工业不过是许多内部实行分工的经济组织形式之一。在罗马贵族的奴隶经济中，分工也很细，而在现代手工业工厂中就更细了。此外，还十分莫名其妙地把企业内部的分工同社会内部分工对立起来，其实，企业中的工人也是社会成员。如果工场手工业中的工人实行专业化，只从事一定的工作，那么，在工场手工业分工的基础上，无疑也会产生社会分工的。因此，本书所作的社会分工和技术分工的划分，是以根本不同的原理为依据的。

然而，在马克思看来，还可以区分出企业内部的分工和互相进行交换的单个企业之间的分工。这种区分固然有它的意义，但它是以不同于区分社会分工和技术分工的逻辑原理为依据的，并根据根本不同的观点对分工现象进

① 参阅《马克思恩格斯全集》，中文版，第23卷，第389—398页。

行分类，所以它与后一区分毫无共同之处。同时，在俄国一些政治经济学教程中，这两种根本无法协调的分类，通常并为一种分类，例如，В. Я. 热列兹诺夫在其饶有趣味和很有价值的政治经济学教程中，谈到技术分工和社会分工，指的就是企业内部和单个企业之间的分工。结果造成逻辑混乱，而要消除这种混乱，只有把上述两种分工现象的所谓分类，严格地区别开来。

斯密认为，劳动分工是只有人类才有的，用以提高劳动生产率的强有力的手段。在这一点上，斯密又完全错了。正如杜林所正确指出的那样①，在这方面，分工比起机器用于生产来，意义要小得多。斯密观点产生的原因，是他生活在机器生产时代尚未到来的时候。

在现代，毕歇尔试图对分工的学说进行革新。

但是，毕歇尔对分工所作的各种分类，我以为是太做作了，从研究目的来看不大适用。根据这个原因，本书也没有采用它。

近来，系统推行资本主义内部的分工的某些尝试，特别是所谓"科学泰罗制度"，甚嚣尘上。这种制度把经济劳动分解为最简单的工序，并交给工人去完成，以提高他们的劳动生产率。泰罗制产生的动机，来自资本主义的性质，即从工人身上榨取尽可能多的有效劳动，因此，理所当然地遭到工人的敌视。就其实质而言，这种制度提高了劳动生产率，因而是进步因素；但是，不用说，工人也有合法的权利采取措施，使资本家在实行这种制度时，不能用它来增加对自己工人的剥削。

参考书目

亚当·斯密：《国富论》。

穆勒：《政治经济学原理》。

马克思：《资本论》，第1卷。

毕歇尔：《国民经济的产生》。

斯宾塞：《基本原则》，阿列克谢耶夫译，1886年；《社会学原理》，译自英文，1898年。

---

① 杜林：《国民经济教程》，第3版，第66页及以下各页。

H. 西贝尔:《原始经济文化概论》,第2版,1899年。

迪克海姆:《社会分工论》,1893年。

《米海洛夫斯基文集》,1897年(特别是"什么是进步"和"为个体而奋斗"两篇论文)。

司徒卢威:《俄国经济发展问题的批评意见》,1894年。

施穆勒:《国民经济学纲要》。

齐美尔:《论社会区别》,1890年。

奥夫钦尼科夫:《论劳动联合》,1912年。关于泰罗制,可参看内容广泛且以各种语言出版的文集《经济领域的新思想》,第3集,题为《经济劳动合理化》,1914年。

第三章　工业形式。家庭生产。手工业

工业形式。自给自足的生产。这种工业形式发展的两个阶段。手工业。手工业者和中间商。俄国的手工业。农村手工业的发展和衰落。

工业和农业是两个主要生产部门。在工业中人对死的自然界、对无机过程施加影响；在农业中人对活的有机体、对有机过程施加影响。工业劳动是在人所创造的人工环境中进行的，农业却是在外部自然界的天然环境中进行的。① 由于工业劳动是在人工环境中进行的，所以工业的进化比农业的进化更单调，更有规律性，更少依赖于外部自然界的天然差别，因而更易于进行概括和得出某些一般的公式。

根据工业劳动产品的销售条件、生产过程本身的技术特点和工人对企业主的依附关系，工业基本形式可分为如下六种：1. 家庭生产；2. 手工业；3. 家庭手工业；4. 工场手工业；5. 工厂；6. 手

---

① 在某些工业部门，人也与有机过程发生关系（例如，在有发酵过程的酿酒业），但是，这些过程极其简单，而且是在人工环境中进行的。

工业合作社或生产行会。①

家庭生产，是指以一家一户为单位，为满足自己需要，通常用自产原料进行的手工产品的生产。这种形式的工业比农业更为古老，甚至从发展水平看处于低级阶段的民族也都能掌握各种手工技艺，如制造弓箭，用树皮树根编织席子和器具，制造陶器和鞣制皮革等。随着农业的产生，这种工业形式也得到了进一步的发展。直到现在，在交换尚不发达的地区，农民家庭的需要大都要靠自己家庭成员的劳动来满足。在俄国偏僻地区，农民家庭迄今还用自己地里种植的亚麻或大麻做衣服穿，用自种的树木亲手盖房子住，用自产的树皮做鞋穿，等等。

自给自足的生产不断发展，经历了两个阶段。在最初阶段，产品不出售，由生产者本人全部消费掉。第二阶段，自己消费不了的部分多余产品，用于出售和交换。第一阶段过渡到第二阶段的原因，主要是农民经济出现了分化。农民要满足自己全部经济需要，就得有一定的最低数量的土地。只要有这一点点土地，就不需要买消费品。但是农民不断分化，出现了占有大量土地、能够生产多余产品的农户和占有少量土地、生产的产品不能满足自己需要的农户。地多的农户便开始出售自己的多余产品，地少的农户不得不购买自己所缺少的产品。于是，农民的劳动产品就进入了当地市场，随后又转入了商业领域。

在我国农村集市上，通常可以看到农民家庭生产的各种产

① 其中第六种形式（手工业合作社），在现代工业结构中不起重要作用，但是，从根本方面来看，还是值得研究的，将在下文合作企业一节加以专门论述。

品，如粗麻布、纱线、呢绒、木制品等。这些产品不是专为出售，而是为自己消费生产的，只是由于自己用不了或者偶尔急需用钱才出售。正因为如此，我们所看到的情况，还不是手工业或家庭手工业，仍然是一种只是偶尔小部分出售产品的家庭生产。

随着交换经济的发展，家庭生产的分化过程也在不断发展。但是，即使在现代城市中，这一过程也不应当认为已经结束。我们还可以看到，生产部门一个个从家庭经济中分离出来，成为独立性的企业。例如，不久前，洗衣服还是家庭经济的一个部门，缝制衣服、织袜、刺绣、烤面包等，情况也是如此。直到今天，在我们俄国，即便城市中的加工食品也是家庭经济的一个牢固的组成部分。然而，在西欧和美国，由于饮食业的发展，家庭经济的这种职能已在逐步消失。

但是，在农村保持这种工业形式，也和其他小农工业形式一样，是具备一定条件的。原因在于每到冬季农业生产过程就要中断。俄国气候严寒，冬闲时间特别长，几乎占大半年的时间。一到冬季，农活就是不全停下来也不多了，时间大都用来饲养牲畜。由于冬闲时间长，农户能够从事各种家庭手工业。① 农民认为，即使劳动代价少得可怜，在冬季加工自己生产的产品也是有利的。例如，自产自用的家庭纺织手工业迄今仍盛行于我国农村。用大麻或亚麻纺线是农村姑娘在冬季的一项最主要的活计。如果用货币来计算纺线劳动，所得寥寥无几，每人每周纺线收入只有 60—70 戈比。但是，家庭纺线却一直坚持下来了，因为不纺线，农村姑娘的劳动力就会闲置起来，而且在农民看来，挣得少总比不挣好。

家庭经济分化的结果，使分离出来的工业劳动部门便带有

---

① H. 卡布卢科夫：《关于俄国农民经济发展的条件》，1908 年，第 2 版，第 31 页及以下各页。

手工业的性质。手工业，就是小生产者不是为自己需要，而是不经过任何中间商人直接为消费者需要而生产的一种工业形式。手工业可分为雇佣手工业和自产自销手工业。在第一种情况下，手工业者按消费者的订货，用消费者提供的原料加工产品。手工业者不是所制产品的所有者，产品在整个生产过程中都属于订货者所有。在第二种情况下，手工业者用自己生产的或自己购买的原料加工产品。产品首先属于手工业者所有，然后转归消费者所有。

第一种手工业形式出现时间较早。手工业者占有非常简陋的工具，走家串户找活干，往往就在订货者家中做手工。这种手工业，可以叫做流动手工业，在俄国农村迄今还很流行。这种流动的雇佣手工业者，有弹毛工、木匠、石匠、磨刀匠、皮袄匠和玻璃匠等。流动手工业的特点是手工业者在雇主家中做手工。从事这种手工业，只有在生产工具非常简单、便于携带的条件下才有可能。但是，也有许多手工业需要使用极笨重的生产工具，因此只能把手工活拿到自己家来做，这就是我们所说的家庭雇佣手工业。在流动手工业中，主要是靠手工业者的劳动而不是靠生产工具；而在家庭雇佣手工业中，起主要作用的是生产工具。例如，织布业、磨粉业、打铁业等均属于家庭雇佣手工业。

流动手工业和家庭雇佣手工业这两种形式在最初阶段，各地都很流行。

在中世纪城市里，最早出现的手工业者，只有一丁点儿资产，因此只能从事雇佣劳动。随着手工业生产的发展，手工业者富裕起来，能够自己购置材料，而且由于手工业者熟悉材料质量，对订货者就有一定好处。于是，手工业者就开始加工自己的材料，从而出现了自产自销的手工业，既生产直接出售的产品，又生产消费者订购的产品。但是，不论哪种情况，产品都不经过中间商人，直接由生产者转入消费者手中。

的确，某些研究家（如桑巴特①）指出，中世纪许多手工业者（如呢绒业）不是为消费者，而是为商人生产。德国中世纪许多城市的呢绒业行会师傅，甚至无权将自己的产品直接出售给消费者，只能卖给垄断呢绒收购的商人。消费者只能从呢绒商手中买到呢绒。但是这些例子尚不足以驳倒有中间商就不可能有手工业的论点。为呢绒商人生产的行会制绒工虽然也是行会成员，但在经济上并不是手工业者，因为这样的呢绒生产不是手工业，而是家庭手工业。只要在手工业者和消费者之间出现商业资本，手工业性质就要发生变化，不再是独立的生产行业而近似资本主义工业了。正是由于商业资本的发展，行会手工业才衰落了。行会工业产品市场愈扩大，商人就愈占上风，行会师傅的作用就愈小。手工业就逐渐转变为从属于大工业的家庭体制。

现代的特点，是独立的手工业急剧衰落。但是，这并不是说，手工业彻底退出历史舞台了。手工业者的人数甚至还有所增长。例如，德国1816年手工业者为50万人，1861年为100万人；而到

---

① 桑巴特：《现代资本主义》，第1卷，第98页。桑巴特引用的许多例子都不能说明为商人劳动的行会师傅是手工业者。由于他不愿意探讨手工业在销售条件下的特征，所以对手工业下了一个不成功的定义。由此可以清楚地看出，上述论点是站不住脚的。桑巴特的定义说："手工业是工业工人力求通过介乎技能和一般手工劳动之间的活动，从事工业消费的生产和加工，以便通过交换自己的产品或等价的有用活动来谋求生存，并由此而发展起来的一种经济形式。"（同上书，第76—77页）这个笨拙的和毫无内容的定义，说明一向聪明机智的桑巴特为推翻公认的手工业定义而陷入多么难堪的境地。

1895年则增至130万人。[1] 然而，手工业者人数的增长，如果同工厂工人的增加相比，显然要缓慢得多。

手工业的衰落，主要表现为手工业者的收入下降，由于这种影响，发生了如下的重大变化：手工业起先在西方属于城市生产，现代却转入农村，或从大城市转入小城市。例如，德国手工业者目前有一多半生活在农村或小城市。在大城市，手工业者日益难以经受住新工业形式的竞争。手工业者，不进工厂当工人，就得在家里当工人，给商店或按工业资本家订货做活。

然而，大城市手工业之所以衰落，其原因与其说是手工业同机器的竞争，不如说是城市商业的发展。城市居民越来越习惯到商店购买各种必需品来满足自己的需要。甚至从前有些东西要找手工业者修理，现在却是在哪个店里买的就在哪个店里修理。正是这种商店，而不是工厂，是手工业的主要敌人，把手工业者变为资本家雇佣的家庭工人。

俄国城市手工业从来没有起过像西方那样的作用。我们俄国的城市不是工业城市，而部分是行政中心，部分是商业中心。诚然，彼得大帝和叶卡捷琳娜二世想在我国创建城市手工业，然而这些意图只不过是纸上谈兵。行会手工业之所以在我国发展不起来，是因为没有与之相适应的经济条件。

但是，这并不意味着，手工业这种生产形式，对于俄国是完全陌生的。恰恰相反，现在俄国的手工业比西方还要发达，只不过不是在城市，而是在农村罢了。如果说在俄国中部盛行的农村工业

① 施穆勒：《国民经济学纲要》，第420页。

是家庭手工业生产，那么，在俄国黑土地带和南部则主要是农村手工业。这是因为，在从事农业的南部地区，农民经济能够生产各种就地加工的原料。起初这种加工仅限于在农民家庭进行，因为居于主导地位的工业形式，是自给自足的家庭生产。然而，渐渐地，在一方面原始大家庭瓦解，另一方面农民经济解体的影响下，自给自足的生产便转变为手工业。

这个过程，我们可以亲眼看到，直到现在还在频频发生。就拿我国南方农业地区广泛流行的家庭织布业来说，起初，它是每个农户的行业。直到今天，在南方还有不少农村，几乎每家每户都有织布机，一到冬季，就开始织各种家用棉布。织布大都用自种大麻纺出来的纱。但是，那些保持古老家庭织布业的农村，通常是多数农民都有土地的农村。在土地较少的农村，则出现一批织布手艺人，开始从事织布业，并把它作为自己的专门行业，收费加工农民自己带的棉纱。织布手艺人通常是(甚至几乎都是)来自不得不靠非农业收入谋生的无地或少地的农民。他们一成为织布行家，就掌握了家庭织布妇女所达不到的某种技能，因此，对那些种植大麻、自家纺线的农户来说，自己不织布，花点钱交给织布手艺人去织，反而有利。这样，就在最初用以满足自家需要的家庭织布业的基础上产生了织布手工业。

织布手工业，在俄家南部最为盛行。几乎每个农村都有一些织布工，而在地少的农村，织布工的人数在全村人口中占相当大的一部分。在这种情况下，织布工不仅收本村、而且收邻村农民的棉纱，不过这种行业，仍然属于手工业，因为它是直接为消费者生产的。

使用粗麻纤维的织布业，是典型的家庭雇佣手工业。这种手工业虽然不会发展，但也不会明显减少。尽管技术极其原始，但手工织布业在农村还能保持下来，其原因：一方面是织布工劳动报酬低，另一方面是农民自家种植大麻无须外买。其他织布手工业，情况都不好，例如，在小俄罗斯农村，毛织品、呢绒、所谓毛布、条布等手工业均濒于衰落。这种毛料价值较高，加上手工织布的技术原始，敌不过工厂制品的竞争，很快就被排挤掉。这种情况也同农民牧羊业的衰落造成农民缺少所需原料有着很大的关系。

弹毛业，可以作为不久前在我国农村还很盛行的流动雇佣手工业的例证。弹毛工走村串户，到订货者家中弹毛，往往要远离本村，走几百里的路。弹毛工有时成群，有时单独外出。这种行业也衰落了，部分原因是敌不过弹毛机器的竞争，但主要的原因却是农民牧羊业的衰落。

裁缝业是部分带有流动性、部分带有家庭性的雇佣手工业。成衣匠有时在家里接活做，有时也走村串户找活做和在订货人家里做活。因为我国农村很少穿制成的衣服，而在家里农民自力缝制衣服的情况又随着大家庭的瓦解和家庭经济的衰落而减少了，所以，裁缝业是属于迅速发展的行业之一。在这方面，也明显看出技术的进步，男女成衣匠通常都用缝纫机做手工。

制鞋业也属于不断发展的行业，而这种行业就其经济结构来说，半是家庭雇佣手工业，半是售卖手工业。因为鞋匠有时用订货人提供的皮革做鞋，但常常是自己买皮革做鞋，卖给同村的人，或者把鞋拿到市场卖给邻村的农民。鞋匠更多的时间是修补破鞋。

属于不断发展的行业，还有分散在许多地方的箍桶业（半家庭雇佣、半售卖手工业）、木工业（流动性雇佣手工业）和打铁业（半家庭雇佣、半售卖手工业）。陶器业部分是手工业（售卖手工业），但主要是家庭手工业。陶器匠有时把自己的产品直接卖给消费者，有时把陶器用车拉到邻村卖给农妇；而在从前却常常用它来交换黑麦和其他粮食，在这种场合，他就是农村手工业者。但是，由于寻求产品销路十分困难，所以陶器匠更经常的是把产品出售给采购商，而在这种场合，这种行业就具有家庭手工业生产的性质。①

总的来看，我国农村的手工业，应该说不仅从业人数不会下降，而且会迅速增长。尽管许多行业衰落了，但是又会兴起一些行业，来取代它们。农户的家庭经济解体的结果，虽然造成农民的贫困化，但也促使对他人劳动产品

---

① 关于我国农村手工业的各种形式问题，可参看我国南方任何一省有关各种行业的统计资料汇编，例如，C. И. 利先科：《波尔塔瓦省家庭行业和手工业论文集》，波尔塔瓦省自治会，第2版，第149、203、374、393、366、382、413、486等页。

的需求增长了。这种日益增长的需求，一部分可以用资本主义工业产品来满足，而这也就给手工业留有发展的余地，特别是在我国农业人口比较富庶的南方地区。

我国农村的特点，是各种流动性行业盛行。在俄国中部的广大地区，居民大都以流动手工业为生。这些地区几乎所有成年男子在夏天都外出找活干，村子里只留下一些妇女、孩子和老年人。近几十年来，农民外出现象急剧增加，由于在家无法维持生活，农民被迫或长期，或短期地离家外出找活干。在科斯特罗马、卡卢加、特维尔和雅罗斯拉夫尔这些省份，外出干手工活的人约占农民人口的五分之一。外出农民从事的手工业，是多种多样的。其中干各种建筑行业的人最多，其次，是在农村干手艺活，在手工工场和工厂以及商店等部门做工，这些行业也对手工业人口的流动起着很大的作用。① 这种流动，给我国农村整个生活制度打上了特殊的烙印。由于农业人口的经常流动，我国农村，过着同城市，甚至一般地说同全国不相上下的生活，这一点与西欧农村不同，那里的农民大都从不离开生他、养他、与之息息相关的那一小块土地。我国农民，部分由于流动，部分由于其他原因，一般地说，是与西欧农民根本不同的另一种社会类型。

参考书目

科尔萨克：《工业形式》，1861 年。

毕歇尔：《国民经济的产生》；《小手工业》，载《国家学说史袖珍词典》（俄译本由沃多沃佐夫《工业》出版），1898 年。

桑巴特：《劳动组织》；《现代资本主义》，俄译本，1903—1905 年。

施穆勒：《斯特拉斯堡的棉纺行业》，1879 年；《国民经济纲要》。

斯蒂达：《手工业的生存能力》，1897 年。

沃龙佐夫：《俄国家庭手工业概况》，1886 年。

С. 利先科：《波尔塔瓦省家庭手工行业和小手工业》，1900 年，第 2 版。

① 参看 Л. 基里洛夫：《流动手工业》（《百科词典》，布罗克豪斯和叶夫龙出版商，半卷本，第 54 卷）。

B. 伊利英:《经济问题探讨和论文》,1899 年(《彼尔姆家庭手工业调查》条款)。

Л. 基里洛夫:《流动手工业》(《百科词典》,布罗克豪斯和叶夫龙出版商,半卷本,第 54 卷)。

第四章 家庭手工业

一、西欧的家庭手工业。自由形式和依附形式。大工业家庭体制。它长期存在的原因。二、俄国的家庭手工业。家庭手工业者对收购商人的从属地位。家庭手工业的起源。家庭手工业的经济状况。收购商。扶助家庭手工业的措施。家庭手工业者劳动保护法。本书对家庭手工业的看法。

一、西欧的家庭手工业 家庭手工工业是面向广大市场的小生产;它根本不同于手工业,因为在这种场合下一向有居于生产者和消费者之间并使二者分开的中间商人。这种工业形式,就其经济性质而言,同手工业截然不同,因为它需要有资本主义中间商人,这就或多或少地排斥了小生产者的自由和独立性。不过,应当把家庭手工业两种主要形式区分开。其中有一种类型,是生产者完全隶属于资本家。这种类型叫做家庭手工业的依附形式。第二种类型可以叫做自由形式。在后一种场合,小生产者不明显地隶属于资本家,因为小商品生产者是相对(但只是相对,而不是完全)自由的。

依附形式(亦称大工业的家庭体制)又有两种形式,如同手工业有两种形式一样,即:售卖的(Kaufsystem)和雇佣的(Lohnsystem)家庭手工业。这两种形式的特点是,小生产者经常为同一种买卖或同一个工业资本家做活,同资本家在经济上的联系非常密切,甚至构成某一资本主义企业的有机组成部分。这两种家庭体制可按下述特征来加以区分。售卖形式表现为小生产者在形式上是自己产品的所有者。从表面上看,资本家与小生产者之间的关系,在这种场合带有自由的性质,但是,由于生产者实际上是被迫把自己的商品出售给他在经济上所依附(例如,他是向资本家购买原料而又无力偿还的债务人)的那个资本家—商人,所以这在实际上是雇佣劳动,是按照资本家的订货做活的。

依附的家庭手工业的第二种形式,是指小生产者不仅在实质上,而且在形式上、法律上是资本家的雇佣工人。在这种家庭手工业的形式下,家庭生产者直接受雇于资本家,从资本家那里领取原料,有时还领取劳动工具。在这种场合,小生产者不同于在资本家作坊从事雇佣劳动的工人,仅仅是在自己家里做活而已。因此,依附的家庭体制的这种形式与第一种形式不同之处,在于它的雇主以手工业资本家的身份出现,而第一种形式雇主却以商业资本家——收购商人的身份出现。

但是,这两种依附的家庭体制并不能包括家庭手工业的所有形式,因为后者也可以表现为更为自由的形式。不妨以十九世纪初英国小呢绒匠为例。呢绒师傅自己买进羊毛,纺织成粗呢绒,但不是把它直接卖给消费者,而是拿到约克郡各主要城市专门开办的呢绒商品交易所卖给呢绒商人。每个呢绒师傅在商品交易所里都占有特殊的地位,并按自由价格出售呢绒。这种呢绒师傅不是手工业者,因为手工业的特点是为消费者,而不是为商人生产。另一方面，这也不是资本主义的家庭体制，因为在这种场合，小生产者有向任何人出卖自己商品的自由。因此，呢绒商人不是小呢绒师傅的主人。当然，不能由此得出结论，说小生产者完全不依赖商人了。因为商人占有资本，操纵着呢绒市场，所以，小生产者不可避免地要沦为多少得从属于商人的地位。小生产者的自由只是相对的，只有在这种相对意义上，才能谈到家庭手工业的自由形式。

总之，我们看到两种家庭手工业。在第一种场合（依附形式），产品是为某个资本家—企业主（雇佣体制）或者商人（售卖体制）生产的。在第二种场合（自由形式），小生产者有选择的自由，他可以随意把自己的产品卖给某一个商人。这两种形式必须严格地加以区别。总的看来，自由形式随着资本主义经济的发展，逐步变为依附形式，资本就越来越支配小生产者。

大工业的家庭体制（或者说，家庭手工业的依附形式）在资本主义发展史上起过很大的作用，只有通过这种体制，资本才逐渐地支配生产。这种体制，恰恰是盛行于十八世纪的资本主义生产类型。这一事实可以说已经牢固地确定下来了，尽管不可能举出确切的统计资料来证明它，因为十八世纪工业统计才刚刚萌芽。

十八世纪英国家庭体制的发展，有许多间接的特征可资证明，例如，英国国会颁布了一系列严惩破坏经济资料等的法令。① 棉布生产最初在英国是以售卖的家庭体制形式出现的，随后很快就转变为雇佣形式。十八世纪

① 黑尔德：《关于英国社会史的两本书》，第550页及以下各页。黑尔德是最早懂得家庭体制在资本主义工业史上的作用的人之一。

初，曼彻斯特附近的织布工向大商人购买棉纱，织成布，又将产品卖给那个商人；后来，大约在十八世纪中期，企业主和生产者的关系变为更加依附的关系，资本家自行把棉纱分拨给工人，而工人为订货资本家织布以挣得一定的工钱。

大工业的家庭体制于十八世纪在西欧所有国家中发展起来了①。这个体制一部分来自行会手工业，具有一系列不易觉察的过渡形式，因此很难划定行会手工业消失和家庭体制兴起的界线；它另一部分来自农民自给自足的家庭生产，农民起初把自己多余的产品拿到市场去卖，现在终于开始专为出售而生产，并把自己的制品出售给固定的商人，这就是说，他们变成了家庭工人了。农村已经成为有利于家庭体制发展的活动场所，从而使农村手工业不受行会的支配，摆脱了强制性的行会章程的约束。因此，商人为逃避行会的控制，常常把原材料分送到各个农村去加工，这样一来，农村又出现了新的行业，这也就是家庭体制的第三个来源。

但是，不应当认为现在家庭体制已经过时了，它再也不能同资本主义工场手工业竞争了。相反，恰恰是现代的资本主义发展条件，才在某些场合使这种资本主义工业形式得以发展。于是它在伦敦、柏林及其他大城市很盛行。在英国这种体制叫做“血汗制”。

在现代经济制度下，家庭体制的力量在于它给资本家提供最大限度剥削工人的机会。家庭体制中的工人是无力对付资本家的。工人各自在家里干活，不能组织起来维护自己的共同利益，因为他们通常都互不了解。工人的这种无组织性，有利于资本家，使

① 库利舍尔：《资本利润的演变》，第1卷，第8章。本书收有大量有关欧洲各国家庭体制发展方面的资料。

资本家能够做到工资付得最少,而劳动日延长到最大限度。其次,在家庭体制条件下,资本家不用支出有关厂房设备和提供生产工具的费用,他的生产费用只有工资和原材料两项。再者,在家庭体制条件下,资本家每当商品需求下降时,都能迅速减少生产,而不顾自己工厂工人失业。同时,工厂主在这种场合,由于工厂设备和机器闲置不用,失去的只是利息。这样,在家庭体制条件下,工业萧条的一切灾难都被转嫁给工人。最后,在家庭体制条件下,资本家能够逃避对他有约束力的工厂法的要求。总之,在资本家看来,家庭体制的优点是能够最大限度地剥削工人,正因为如此,尽管这种体制下的生产必然规模小,设备简陋,但它还是有生命力的。这种体制的缺点,在资本家看来,则是工人能损坏或出卖厂主提供的原材料,以及资本家不能采取先进的生产方式和生产工具来提高劳动生产率。

不管怎么说,家庭体制都是富有生命力的工业形式,特别是它在世界一些国家的首都定居下来了,那里聚集着大批失业的无产阶级,他们也逐渐成为"血汗制"的牺牲品。

工厂劳动卫生条件法要求越来越严,促使英国家庭生产在许多部门中发展起来了。因为工厂主认为关闭工厂,改行家庭体制对自己更为有利。

在德国可以看到,家庭体制一般说是在衰落,尤其是在纺织生产中,因为这个部门的机器劳动要比手工劳动优越得多,手工织布工人是竞争不过蒸汽织布机的。与此相反,在裁缝、纸制品、食品以及其他劳动部门,家庭体制却富有生命力。一般说来,家庭手工业工人人数日趋减少,1882 年(据工厂主提供的资料)德国有 544 980 人,1895 年减为 490 711 人,1907 年又减至

482 436人。

家庭体制尽管设备条件简陋，但却往往胜过工厂，其原因是靠加强对工人的剥削（而不是靠用机器）来提高劳动生产率。因此，在这种情况下，资本主义支持了以手工劳动和小生产为基础的工业形式，从而阻碍了技术进步。

二、俄国的家庭手工业 俄国家庭手工业在农村特别是中部地区，主要是在农业由于某些原因不能满足居民需要的地方得到了广泛的发展，因为土地少是家庭手工业产生的重要条件之一。但是，我国的家庭手工业在大多数情况下总是和农业结合在一起的。

我国也有相当一部分家庭手工业者没有土地，不得不与占有土地的家庭手工业者进行竞争，这样一来，后者与土地的关系势必影响前者的收入条件。但是也不应当夸大这种关系的作用；有些人如 B. Г. 亚罗茨基把家庭手工工业看做是农业的副业，这种看法是根本不对的，因为恰恰相反，农业才是家庭手工业者的副业。

我们的家庭手工业，表现为两种为中间商人劳动的小生产基本形式：自由的和依附的。很难说哪种形式占优势。

可以认为，在没有土地的人中间家庭手工业的依附形式占优势，而在有土地的人中间自由形式占优势。在俄国工业地区，依附形式占相当大的优势；哈里佐梅诺夫还在十九世纪八十年代初就认为莫斯科省有 72%的家庭手工业者属于这种形式，而弗拉基米尔省有一些县的人数甚至还要多些①。相反，在农业省份，家庭手

① 《司法通报》，1883 年第 11 期，第 437—438 页。

工业的自由形式占优势。

只有手工业者自己生产或从外部(不是从收购产品的商人手中)购买原材料,而加工出来的产品又按照自己选择出售给商人的时候,才可以说是家庭手工业的最自由的形式。这里家庭手工业者不是某一个资本家的工人,因为他同任何资本家都没有固定的关系。资本家在这种场合不能调节生产,而只能控制销售领域。

家庭手工业这种比较自由的形式,只是在家庭手工业者容易获得诸如木材、黏土、兽皮等材料的家庭手工业劳动部门才能看到。这些部门包括制作陶器、生产多种木制品、编制篮筐、编织树皮鞋、熟制毛皮等行业。但是,即便在这些行业中,家庭手工业者也往往依附于收购商人。

家庭手工业的另一种形式,受资本的影响较强,所以在这种形式下,家庭手工业者自己花钱外购原材料,而且总是向同一个固定的资本家提供自己的商品(转变为依附形式)。

例如,莫斯科省的制帽业以及制毛刷、玩具等行业,就具有这种性质。但是,应当指出,对资本家的依赖性增大,并不总是使家庭手工业者的境况恶化。例如,莫斯科省的玩具匠,并不依附于企业资本家,能把商品出售给各种商人,但他们的经济状况,反而比那些为固定的订购资本家生产的人要糟糕得多;这说明没有固定主人的家庭手工业者会在销售产品方面遇到很大的困难,所以他们力求与某一商人资本家保持固定的关系①。

家庭手工业依附于资本的第二阶段,就是家庭手工业者购买某一商人的原材料,并向他出售自己的产品(售买的依附形式)。

① 《莫斯科省的行业》,第1卷,第75—78页。

这种家庭手工业者在名义上是自由的，而实际上则由于购买材料，通常无法偿还债务而完全依附于收购商人。这种依赖性越大，原材料的价值就越高。

例如，乌罗姆斯基的制钉匠、布尔马基诺的小炉匠、巴甫洛夫斯克的锁匠、谢美诺夫县的鞋匠，等等，都属于这种形式。

家庭手工业依附于资本的最后一个阶段，就是家庭手工业者从订货资本家获取原材料，并进行收费加工（雇佣的依附形式）。这里，家庭手工业者再也没有一丝一毫的自由，已经成为资本家的雇佣工人，同工厂工人没有任何区别了。

特维尔的制钉匠、基姆雷的鞋匠、巴甫洛夫斯克的制刀匠、马卡里耶夫的角制品工匠，等等，都是这种雇佣工人。

但是，占有原材料的资本家和家庭手工业者之间往往还有许多的中间商人和代理人。每一个中间商人都要赚取从家庭手工业者的收入中提出来的利润。这种复杂的中介活动突出地恶化了家庭手工业者的经济状况。

不妨以棉纺业为例。一个领导企业的大资本家，譬如说是细纹布工厂的厂主。他得跟大代理商经办人打交道。代理经办人从厂主那里提取棉纱，并在自己的作坊里进行棉纱整经。然后，经办人将经过整经的棉纱分送到小织布代理人手里，他们再将棉纱转送到纺织间的业主（小业主）手里，而这些小业主又把棉纱转送到家庭手工织布匠手里。这种复杂的中介活动，在许多家庭手工行业中都可以见到。例如，在莫斯科省制造子弹（子弹壳）的行业中，制造弹壳的工厂主和农村女工之间也有代理人，他们不仅向女工提供原材料，而且提供全套生产工具。在莫斯科省的手套行业中，工厂主和女工之间也有挨村挨户送原材料等等的代办人。

在俄国经济学中长期流行一种意见,认为我们的家庭手工业全是从农民的家庭生产中发展起来的。这种意见假设,农民的家庭生产逐渐变为手工业,而手工业又转变成为家庭手工业,先是较为自由的,继则是更多依附的形式。归根到底,这一全部演变过程,正如所假设的那样,是以发展为工厂而告结束的。诚然,这个工业发展图式,完全适用于许多古老的行业。但是也有许多别的行业,这个图式根本就不适用,甚至出现相反的过程:不是家庭手工业经过长期的演变发展成为工场手工业和工厂,恰恰相反,而是工场手工业产生家庭手工业。

不妨以极其重要和普及的棉纺行业为例。俄国直到十八世纪中叶尚不存在的棉纺工业,就是在大手工工场的基础上产生的。起初生产全部都集中在手工工场内进行,但是,由于是手工生产,所以,农村的小生产者能够成功地同工场手工业生产进行竞争,甚至资本家也懂得把棉纱送到工人家里去纺织,要比把这些工人集中在手工工场的厂房里劳动有利得多。这样就从工场手工业中产生了采取资本主义家庭手工业雇佣体制的家庭手工纺织业,其后,由于十九世纪初家庭手工业的条件比较有利,某一地区的家庭织布工往往几乎成为这个劳动领域的垄断者,他们所得的工钱相当高,便渐渐地变成独立的织布工。这些独立的织布工把自己织的布拿到市场上出售给商人。因此,从为中间商人生产的依附形式中,产生了自由形式。在十九世纪第二个二十五年间,我国工场手工业发生了迅速分散的过程,手工工场变成了分发家庭加工材料的机构。

产业资本(手工工场)是我们的工业技艺学校,资本主义摧毁了西欧的行会文化,但却给我们俄国带来了工业文化,让居民了解了工业技术方式。

从十九世纪后半期开始，随着农业经济的衰落和工厂竞争的加剧，我国家庭手工业的状况日趋恶化。家庭手工业者无法与机器竞争，机器生产在哪里站住了脚，哪里的家庭手工业产品就要跌价，家庭手工业者的收入就要减少。家庭手工业者经济状况日趋恶化，一个普遍的原因是农民经济的衰落和农村出现充斥劳动力市场的人口过剩。家庭手工业者不得不按仅够维持最低限度生活资料的价格出售自己的制品，因为家庭行业每个人都能够干，所以，农村大量多余的人口都集中到家庭手工工业中来了。

家庭手工业的特征，是它对资本的依附性。当家庭手工业者为出售进行生产时，它依附于商业资本，当家庭手工业者成为工业资本家的雇佣工人，按资本家订货并用他的材料进行生产时；它依附于工业资本。虽然收购商人剥削家庭手工业者，但他同时也是组织销售家庭手工产品的必要一环。

我国经济文献中提供的有关家庭手工业者人数的说法，不久前还大都是极不可信的。官方和私人出版的文献，通常认为我国家庭手工业者至少是1千万—1.5千万人。1913年，雷布尼科夫先生第一次认真地进行了家庭手工业者人数的统计，结果表明，在农业省份家庭手工业者约有170万人，其中约150万人为自由市场或收购商人劳动，20万人为资本家从事雇佣劳动（雇佣依附形式）①。

通常认为，独立的家庭手工业者的状况，要比依附于资本家的家庭手工业者好，但实际上情况并非总是如此。恰恰是独立的家庭手工业者的状况往往要坏得多。不直接依附于某一个资本家，

① 雷布尼科夫：《家庭手工业》，1913年，第20页。

销售就没有保证，就没有经常的顾主。至于谈到家庭手工业者和工厂工人两者状况的比较，则毫无疑问，工厂工人比起家庭手工业者来，所得工资要高得多，工作的时间也少得多；但是，即便承认家庭手工业者愿意到工厂当工人，但也不能忽略我国的工厂工业只能为不太多的人口提供就业机会，只有家庭手工业才是我国相当一部分农民所需要的。我们应当记住，家庭手工业仍将在长时期内是我国经济生活的特征。也就是说，社会当局的任务应当是改进家庭手工业者的收入条件。为此目的，还必须采取一系列措施。

首先，在提高家庭手工业生产技术方面有许多事可做。其次，非常重要的，是组织销售家庭手工产品，为他们提供廉价原料，安排低息信贷。在所有这些方面都能取得重大成绩。

莫斯科地方自治会采取了一套复杂的措施来扶助家庭手工业，如建立机构来提高家庭手工劳动的技术，为家庭手工业者提供原材料，销售家庭手工业产品。在这一方面已经取得了一些成绩。成立了“家庭手工业展销会”，它在某些家庭手工业劳动部门排挤了收购商人。在其他省份也有类似的机构出现。在维亚特省的家具行业中，大多数家庭手工业者出售家具已经无须经过收购商人，而是通过地方自治会的货栈。通过地方自治会货栈出售家具，价格大大地下降了。在信贷方面，也能够对家庭手工业生产给予卓有成效的帮助。在这一方面，农业信贷协作社应当而且已经在发挥很大的作用。

1910 年，地方自治会的家庭手工业作坊和手工业作坊有 260 多个。此外，还有 13 个地方自治会的家庭手工业货栈，但周转额不大，总共不到 200 万卢布。

一般地说，考虑到工厂最终要吞并掉家庭手工业，因而对家庭手工业者不采取任何扶植措施，则是非常不合理的。只要没有出现这种情况，就应当积极地帮助家庭手工业者维持他们勉强过得去的生存条件。对家庭手工业依附形式进行扶植的有效措施之一，就是在家庭手工业中推行劳动保护法和调整劳动日的时间等。鉴于家庭手工业工人非常软弱无力，不能同剥削他们的企业主进行斗争来维护自己的利益，英国于 1909 年采取了第一个坚决步骤，在某些家庭手工行业中工资由政府进行调节。事实上，也只有政府来调节工资，才能实际提高那些由于某些原因收购商人或原材料占有者对手工业者的剥削采取特别苛刻形式的家庭手工行业的工钱。

除国家为保护家庭手工业工人利益而采取的上述措施外，地方自治会对于改善家庭手工业条件也有许多事可做。但是，扶助家庭手工业者的一切措施，都必须立足于家庭手工业者的独立性，才能收到实际效果。这也就是为什么说在家庭手工业者中间发展各种合作组织是提高家庭手工业的有力措施的原因①。

在德国的文献中，家庭手工业（Hausindustrie）通常被看做是一种资

---

①　近来，由于合作组织在俄国普遍发展，合作社在家庭手工业者中间也取得了一些成绩。其中特别重要的是信用互助会，它不仅为家庭手工业者提供贷款，而且为家庭手工业者办理原料采购和代销产品的中间业务。还有一些专门的家庭手工业合作社：原料合作社、货栈（销售）合作社和生产合作社。莫斯科省地方自治会对家庭手工业合作社给予经常的协助。其他扶助家庭手工业的社会机构，近来也开始采取这种做法。

本主义工业。与此相反，我们俄国不久前还对家庭手工业大都持一种截然不同的观点，认为这种家庭手工业是必定会把俄国农民从“资本主义瘟疫”中解救出来的“人民的”手工业。为反对这种毫无根据地美化我国经济生活的观点而作出的自然反应，就是把德国关于家庭手工业的观点搬到我国来。这一点，П. Б. 司徒卢威在其《俄国经济发展问题的批评意见》一书中做到了。但是，如果说民粹派对家庭手工业的观点无论怎样也找不到事实根据，那么，毕歇尔以及其他德国经济学家的对立观点（我在《俄国工厂的过去与现在》一书中，曾对这种观点表示赞同）也不能认为是完全正确的了。本书把家庭手工业分为两种形式，其中一种（依附形式）完全可以说是资本主义工业，而另一种（自由形式）就不能认为是资本主义工业，而且在自然进化的影响下，第二种形式力求向第一种形式转化。总之，我得出了如下结论：在某些情况下，家庭手工业是不能与资本主义工业相提并论的。为了说明这一点是无可争辩的，不妨以家庭手工业者为地方自治会货栈生产的情况为例。在这种场合，家庭手工业并不改变它的实质，仍然是为中间商人进行生产，因而它不是手工业，但显然也不是资本主义工业，因为在这种场合不存在任何资本主义的中间商人。一般说来，即使家庭手工业者把自己制品也卖给商人，但不是固定卖给一个商人，而是随意卖给不同的商人，那么，他就不能与资本主义企业的雇佣工人相比，因为不管他经济状况怎样恶化，他都没有固定的雇主。

当然，由于经济上的脆弱性，家庭手工业者很容易陷入依附商业资本或工业资本的境地。而为了保持家庭手工业者在经济上的独立性，就需要具有足以抵制家庭手工业生产这种自然发展趋势的特殊条件。在这方面，特别重要的是销售组织。十九世纪初，约克郡的呢绒匠之所以有某种独立性，是因为他们具有这种销售组织。不过，只有社会机构在这方面有计划地进行工作，才能保证家庭手工业者的独立性，但是分散的自食其力的家庭手工业者过于软弱，无力卫护自己的自由，这对他们往往不是有利的，因为家庭手工业者与资本家保持比较紧密的联系，能使他们不必操心为自己产品寻找市场，因而他们也只有经常幻想能找到一个固定的雇主。

如果认为任何为中间商人进行的生产都是资本主义的，那么，这不论对于工业还是农业来说，都应当是对的。因此，把农民从事的农业看做是资本主义生产难道说是不应当吗？要知道，农民把自己的粮食卖给商人，因而，他也和家庭手工业者一样，理应属于资本主义生产者。B. Э. 杰恩恰恰得出这样的结论，说："正因为我国农民(即农耕。——作者)经济是为收购商人生产的，同时又在经济上依赖于后者(这大概在多数情况下都是如此)，所以，它也和家庭手工业一样是资本主义企业。"①

这样一来，小农业生产者就是粮食商人的雇佣工人了。但是，农业生产者必须为同一个粮食商人生产，我们并不知道有这种情况。农民可以随便向任何人出售自己的粮食，道理是很清楚的，就是因为他们从粮食商人那儿得不到原料或加工工具，因此，在 B. Э. 杰恩看来，农民是经常变换的资本家的雇佣工人，而资本家则可以由农民按照心愿自由地加以选择。如果同哪一个资本家发生关系取决于农民的话，那么，农民同某一个资本主义企业的固定联系究竟表现在什么地方呢？

这个例子是很耐人寻味的，因为它表明，硬把任何为中间商人而从事的生产塞进资本主义生产框框里的企图陷入了怎样无法解决的困境。我国或德国的许多经济学家都犯过这种错误。B. Э. 杰恩把农民生产归入资本主义生产，是尤其荒唐的，因为他自己也承认存在面向广大市场的非资本主义生产的可能性。

参考书目

西欧为中间商服务的生产和大工业的家庭体制：

A. 图恩:《下莱茵地区的工业》，第 2 卷，1879 年。
A. 黑尔德:《关于英国社会史的两本书》，1881 年。
E. 扎克斯:《图林根的家庭工业》，第 2 卷，1882—1884 年。
L. 贝恩:《萨克森法兰地区的工业》，第 2 卷，1884 年。
山茨:《佛朗克尼亚殖民和工业史》，1884 年。

① B. Э. 杰恩:《经济地理概论》，1908 年，第 1 部分，第 91 页。

齐默尔曼:《西里西亚纺织工业的兴起和衰落》,1885年。

斯蒂达:《参考文献,德国家庭手工业的现状与形成》,1885年。

斯菲特兰:《奥地利的小工业和家庭工业》,第2卷,1894年。

桑巴特:《家庭工业》(国家学说手册)。

毕歇尔:《国民经济的产生》;"工业"(国家学说手册)、《德国和奥地利的家庭工业和家庭手工业》,载《社会政策协会论文集》(第84—88页)。

斯菲特兰:《家庭手工业法的广泛途径》,1903年。

《关于南斯塔福特郡和南伍斯特郡铁轨制造者和铁链制造者情况的报告》,1886年。《上议院选举委员会关于血汗制的报告》,1889年。《英国皇家劳工委员会第二个报告》,1892年。

库利舍尔:《资本的利润演变》,第1部,1906年。

俄国家庭手工业:

科尔萨克:《论工业形式》,1861年。

梅谢尔斯基和莫扎列夫斯基:《俄国家庭手工业资料汇编》,1874年。

《地方自治统计资料集》,特别是莫斯科省的统计资料集。俄国家庭手工业调查委员会的资料汇编(1879—1890年,第17版)。

《地方自治会在家庭手工业方面的活动概况》(莫斯科省地产和国家财产机构出版,第5卷,1897年,1899年)。《俄国家庭手工业的总结和研究》(莫斯科省地产和国家财产机构出版,五卷本,1892—1898年)。

《政府对利用家庭手工业的活动概况》(莫斯科省地产和国家财产机构出版,1902年)。

A. 伊萨耶夫:《莫斯科省手工行业》,第3版,1876—1877年。

哈里佐梅诺夫:《弗拉基米尔省手工行业》,1882—1884年。

普鲁加温:《尤利耶维茨县的农村公社和家庭手工业》,1884年。

克拉斯诺佩罗夫:《佩尔姆省家庭手工业》,1888—1889年。

普里列扎耶夫:《什么是家庭手工生产?》,1882年。

沃龙佐夫:《俄国家庭手工业概况》,1886年。

H. 叶泽尔斯基:《家庭手工业》,1894年。

普洛特尼科夫:《尼日戈罗德省家庭手工行业》,1894年;《佩尔姆省家庭手工业状况概要》,1896 年。

П. Б. 司徒卢威:《俄国经济发展问题的批评意见》,1894 年;《俄国家庭手工业具有持续的历史性地位》(载于《杂谈》集,1902 年)。

М. 杜冈-巴拉诺夫斯基:《俄国工厂的过去和现在》,第 3 版,1907 年。

В. 伊利英:《经济考察和经济论文》,1899 年;《资本主义在俄国的发展》,1899 年。

波格鲁佐夫:《俄国的家庭手工业》,1901 年;《家庭手工业活动家代表大会文选资料》,第 2 卷,1902 年;《1910 年彼得堡家庭手工业活动家代表大会文选资料》,第 2 卷,1910 年。

雷布尼科夫:《家庭手工业及其产品的销售》,1913 年。

第五章　工场手工业和工厂

一、西欧的工场手工业和工厂。工场手工业形成的三种方式。西欧工场手工业发展的经济和社会障碍。工厂的产生。生产的集中化。从德国来看资本主义工业发展的趋势。二、俄国的工场手工业和工厂。彼得大帝的措施。租佃工场手工业。农奴制改革后的工厂。俄国工厂生产的集中化。民粹派对工厂的看法。

一、西欧的工场手工业和工厂　大工业的家庭体制，是资本主义生产，因为家庭手工业工人是资本家的雇佣工人，但生产过程不受资本家监督，工人在他自己家里劳动，而不是在他的雇主的作坊里做工。但是，资本主义生产的最高形式，则是指资本家对全部生产过程实行监督的生产，为此，生产需要在资本家的作坊里进行。在家庭体制下，生产只能是小生产（尽管在这种场合资本主义企业是很大的企业，资本家可以雇佣成百成千的人），如果把工人集中在企业主的作坊里做工，生产势必是大生产。资本主义工业大生产有两种形式：工场手工业和工厂。

工场手工业生产是指其绝大部分生产过程均由手工操作完成的资本主义工业大生产。资本主义工场手工业于十四世纪和十五世纪在意大利兴起，随后逐渐地，很缓慢地扩展到西欧各国。十六、十七和十八世纪，资本主义生产虽然在西欧有了相当快的发展，但都不是工场手工业，而是大工业家庭体制。

甚至在十八世纪，工场手工业尽管在西欧先进国家可以见到，但仍然是非常罕见的工业形式。1764 年，在现今比利时境内进行过关于工场手工业的专门调查。从调查的情况看，这个工业国家当时也不超过 12 家从事纤维加工的手工工场，而且，就是这些手工工场也把大部分加工活交给家庭手工业去做。其中最大的一家手工工场(图奈麻纺工场)，也只有工人 277 人。还有一家手工工场有工人 175 人，其余手工工场工人均不足 100 人。在其他劳动行业中，手工工场要多一些，但规模都很小，工人人数为 15—30 人不等。在比利时，除两家较大的纺织手工工场外，总共还有 3 家手工工场工人人数在 100 人以上，即：制陶手工工场，有 200 名工人，制烟工场有 151 人，锯木工场有 102 人。

遗憾的是，我们没有掌握有关西欧各国工场手工业发展情况的详细资料。不过，不得不承认工场手工业在各地都是非常罕见的工业形式。显而易见，在西欧有一些条件阻碍资本主义大生产的发展。这些条件，是不难猜想的。中世纪西欧的一个特点，是行会手工业形式的小生产得到了迅猛的发展。手工业行会章程，在西欧一直保持到十九世纪。正是这种在行会制度基础上生长起来的独特的文化阻碍了西欧这种与行会手工业根本不同的手工业形式——工场手工业的发展。允许工人在家里做活的大工业的家庭体制，与手工业非常近似，因此，西欧资本主义生产大都以这种形式出现。

西欧出现工场手工业，有三条途径。中欧存在强有力的政府，所以在这方面，政府的政策起着重要的作用。政府有步骤地竭力把工业从行会统治下解脱出来。在法国，以及奥地利、普鲁士、荷兰和其他中欧国家,工场手工业是在政府直接支持下招聘到国内来的外国手工业者中间产生的。

例如,法国罗浮手工工场的起源就是如此。十七世纪初法国国王聘请制造各种奢侈品的各行各业的外国手工业者到法国来,而且为了使他们不受法国行会的统治,还从罗浮宫属于王室的一些建筑中特别拨出房舍给他们使用。外国手工业者,居住在罗浮宫,不受行会的支配,在敌对的居民中间的共同生活和共同利益,自然而然地使他们相互支持。于是,比较贫苦的手工业者渐渐地沦为依附于比较富有的手工业者的地位。最后,某些手工业者的作坊合并为一个由出身于手工业者资本家领导的大企业。在法国,制作织花壁毯的大手工工场以及许多其他手工工场的出现,情况也都完全如此。

工场手工业赖以产生的第二种方式,是使用强制劳动。社会当局总是拥有大批关在监狱,收容在孤儿院、教养院等机构里的失去自由的居民。十七和十八世纪,当权者开始在这些机构中建立手工工场,并准许私人企业主有偿使用失去人身自由的居民的劳动。因此,私人企业主就有可能摆脱行会的统治而得到他们所需要的廉价劳动力。

例如,显赫的大公于 1686 年颁布了一项关于创办"感化院纺织手工工场"的特别敕令,规定那里应收容(必要时强制收容)失业者及其子女。正如德国一些研究者所说,当时德国工场手工业的工人大都来自各种失去自由的人:乞丐、流浪者、罪犯、孤儿等。

这种情况说明,有人身自由的人是不进手工工场的。家庭资本主义工业,不费力气就能找到所需要的工人,因为在这种场合,工人是在自己家习惯了的环境里劳动。工人只有在万不得已的情况下才被迫到手工工场去做工,这就是说,政府只有准许企业主有权支配失去自由的劳动，才能把工人赶进手工工场里去。

最后，第三种形式的工场手工业，是从大工业的家庭体制中有机地发展起来的。手工业不可能直接转为工场手工业，因为手工业者没有雇主。家庭手工业的工人则是另一种情况。他们已经失去独立性，习惯于依赖企业主，而企业主当其本身利益真正需要这样做的时候，就能把工人赶进手工工场。克服行会的反抗虽然比较困难，但这种阻力也不是不可战胜的。一般说来，除了在外国手工业者中间和在强制劳动基础上产生的工场手工业之外，毋庸置疑，还有从家庭手工业中有机地发展起来的第三种工场手工业。①

但是，十分明显，西欧资本主义大生产的兴起不得不克服巨大的阻力，这一点从后一类手工工场在中欧任何时候都为数不多的事实中可以得到证明。在英国只有某些地方，这种手工工场才比较多一些。一般地说，即便在英国，手工工场也为数甚少，而且已有的手工工场规模也都不大。

这样，资本主义大生产，尽管有大生产的技术优点，可是直到十八世纪末叶在西欧也未能得到较快的发展，因为工业行会组织所形成的社会阻力，使它的发展受到了阻碍。这些阻力只有在资本掌握了最强大的现代技术工具——机器的时候才被资本主义战胜了。

工厂，是指生产过程绝大部分均由机器来完成的资本主义工业大生产。工厂的厂史，是随着英国十八世纪后半期一系列纺纱机的发明而开始的。这些机器在棉纺部门引起劳动生产率的巨大

---

① 本文有关工场手工业发展的资料引自 И. М. 库利舍尔：《西欧工业形式史论文集》，第四篇。

增长，以致手工劳动无法与之竞争。虽然资本家的作坊和以往一样招收工人很困难，甚至在英格兰和苏格兰出现的第一批工厂，也像以前的手工工场一样，工人大都来自失去自由的居民（如贫民子女），或者来自罪犯、流浪者等等，然而，由于机器劳动在技术上的优越，棉纺工厂异常迅速地取得了完全统治的地位。到十九世纪初手工纺纱在英国就已经绝迹了。在其他一些生产部门中，工厂还远没有取得决定性的胜利。例如，甚至在英国，手工织布和机器织布的斗争还整整持续几十年，至于在其他国家，这场斗争迄今尚未结束，这是因为机械织布机的劳动生产率远不如纺纱机提高得快。

由于有了机器，大生产超过了小生产，便迅速地发展起来了。当然，即便在现在，任何一个国家的工厂也都排挤不掉其他的工业形式。我们处处可以看到工场手工业、家庭手工业和手工业与工厂并存的现象，而只是在为数不多的劳动部门，大机器生产完全占有优势。但是，随着技术的进步，一批批新的劳动部门逐渐进入机器生产的领域。

在工业部门，大生产比起小生产来有巨大的优越性。最重要的和最主要的优越性，就是可以拥有大型的生产资料、设施、厂房、工具，首先是大机器。从“协作”一章所指出的原因来看，大生产主要是能够使用机器，而小机器比起大机器来生产率要低得多。但是，工厂生产，除了这个基本优点之外，还有其他许多优点。规模较大的工业企业大都更多地发挥分工的优点，也都能把比较有用的劳动力（有文化的技术专家）用于指挥生产过程。这些对于小生产来说是办不到的。大批购买企业所需要的一切，要比小批购买便宜得多。大企业不需要中间商人，能直接与生产者联系，并能在最廉价的，即使是遥远的市场上购买到所需要的一切。就是在出售产品方面大企业也有极大的优点，它能在最有利的甚至是遥远的市场上出售产品。总起来说，大企业在其交易中很少利用中间商人的劳务（例如，购买可以不经过零售商，销售不经过批发商），从而节省了这笔劳务费用。此外，它还拥有巨额资本，较之小企业，容易吸收外来资本，并有较大的信贷能力。

完成大工程需要有大企业，这是由事物的本质决定的。战斗舰只有大企业才能建造，同样，大型建筑也要有一个企业的相当数量的工人来建造。诚然，在后一种情况下，可以设想，大工程也可能由几个为此目的而把各自力量联合起来的小企业来完成。不过，几个企业联合起来共同解决某项专门任务，是一个难以实现的过程；而在大企业中的这种劳动力的联合，是已经实现了的既成事实。

扩大生产规模的经济限度决定于市场的规模。有限需求和地方性需求的商品，不能大规模生产。因此，大生产是制造大量需要的商品或劳动耗费大的产品（大型机器、船舶、大型建筑等）的。

当然，扩大生产规模不能无限度地进行，它会受到前面（论协作一章）所提到的自然限度的制约。但是，不应当忘记，扩大工业企业的规模不一定就得同时扩大生产的规模。当一些工厂合并为一个属于某资本主义公司的企业时，每一个工厂的生产规模都没有变，但是企业却变成了大企业。

归根结底，由于工厂增多，大生产到处迅速地发展起来，并在工业中日益占居统治地位。这种生产的集中是资本主义工业发展的主要趋势。

最近德国工业的调查统计资料可以说明这些工业发展过程。根据这些资料，德国工商企业中的工人总数在1882年、1895年和1907年的变化情况如下表所示：

单　位	1882年	1895年	1907年
小生产单位（五人以下的生产单位）的工人数	4 336 000	4 771 000	5 383 000
中等生产单位（6到50人以下的生产单位）的工人数	1 392 000	2 454 000	3 689 000
大生产单位（50人以上的生产单位）的工人数	1 613 000	3 044 000	5 364 000

这些数字包括加工工业和开采工业、商业、运输（铁路、邮电除外）、果木业和渔业。这些数字表明，资本主义工业现代演变的特点，不是小生产消失了，而是小生产比大生产发展得缓慢些罢了。小生产单位的工人数，在1882—1895年期间不仅没有减少，反而增加了10%，1895—1907年又增加了13%。中等生产单位的工人数，在1882—1895年期间增加了76%，而在1895—1907年期间增加了51%；大企业单位的工人数，在1882—1895年期间增加89%；而1895—1897年增加了76%。只有在没有雇佣劳动和使用机械力的小生产劳动领域，德国才有工人人数绝对缩减的现象发生；1907年，在工商业的这种生产单位中还有1 464 000人，1895年为1 714 000人，而1882年为878 000人。

工业的就业人口，按其社会构成在德国可分为下列阶级①：

社会构成	1895年 绝对数	1907年 绝对数	1895年 （%）	1907年 （%）
企业主	1 774 000	1 729 000	22	16
高级职员	264 000	686 000	3	6
工　人	5 900 000	8 460 000	75	78

① 从黑塞的统计来看，官方统计资料所提供的企业主和工人的数字有某些出入，参看阿伯特·黑塞：《德意志帝国的行业与社会结构》，载《国民经济年鉴》，Ⅲ. 40 Band. 6 Heft.。

工业中独立企业主人数减少了，工人人数增加了。新的中间阶级——高级职员的人数增加得更多。这些高级职员是迅速增长的新的中间阶级，取代了以前的中间阶级——小企业主。但是，新的中间阶级与以前的中间阶级不同，他们是脑力劳动的代表，知识分子也和真正的无产阶级一样，靠出卖自己的劳动力为生，因此，这一新的中间阶级的社会面貌，与以前的小资本家迥然不同。

二、俄国的工场手工业和工厂　现在再来看看俄国。首先应当指出，我国的大生产是与西欧迥然不同的特殊条件下发展起来的。我国大工业的历史始于彼得大帝，他采取各种鼓励和强制的措施在我国成功地办起了工场手工业。到彼得大帝末年，俄国已有 233 家手工工场。

彼得大帝时代的许多手工工场规模很大，例如，叶夫列伊诺夫丝纺织手工工场约有 1 500 名工人；莫斯科官办帆船工场手工业有 1 162 名工人，塔美斯麻纺手工工场，有 841 名工人，喀山的米克利亚耶夫呢绒手工工场有 742 名工人，等等。这样一些大手工工场，大概在西欧甚至相当晚的时期都还是没有的。一般说来，不管这和通常的观点多么不一致，恰恰只有俄国，才称得上是大工业生产在十八世纪得到极大发展的国家。

彼得大帝采取种种措施在我国兴办大工业。这些措施包括：规定外国商品高额进口税，免税进口工场手工业所需原料和工具，国家拨款为工场手工业从国外招聘熟练工人，免除工场主的各种徭役，等等。但是，所有这些措施在西方也都或多或少实行过。不过，那里的大生产却没达到俄国这样广泛的发展，尽管俄国在工业发展上远远落后于西方。

这一事实,乍一看来,令人不解,但可用下述理由来解释。不论在俄国还是在西欧,只有万不得已,有人身自由的工人才能进手工工场做工。在西欧,这种情况一直延续到机器时代,阻碍了大生产的发展;而在我国,情况则完全不同。彼得大帝开始把成千上万的工人随便编入手工工场和工厂,于是,我国办起了建立在强制劳动的基础上的工场手工业。用这种方式为工场手工业提供了劳动力。至于谈到彼得时代手工工场主,他们大都是莫斯科公国以商业起家的资本家。外国人和贵族是彼得时代为数极少的大企业主。

我国大商业资本家阶级,其交易额折成现代货币可达几百万卢布之多,它已成为俄国工业赖以建立的社会基础。如果认为彼得时代的工业全部建立在国家补助的基础上,那就大错特错了。政府本身很需要钱,不可能通过贷款来大力扶助企业主,这种贷款顶多有十万卢布左右,而许多手工工场却需要大量资本。可见,我国的工场手工业是在俄国过去发展所奠定的基础上产生的。

这些手工工场的劳动力,部分来自强制编入手工工场的原属国家占有的农民,部分来自实行商人有权为自己工场购买的原属地主占有的农民。被强行编入工场的工人,以及被无权占有农奴的人买进工场的工人,构成一个特殊的后来称之为**租佃工人**的阶级。拥有租佃工人的工场手工业是十八世纪我国大工业生产的主要类型。租佃工人同工场手工业是不可分割的整体,并且不完全受企业主的支配,因为企业主不经政府许可无权改变生产性质,而且必须给所属工人提供工作,在对待工人方面受政府的监督。

十九世纪,租佃工场手工业渐渐地(起先缓慢地、后来迅速地)

解体了。1825—1850年期间，租佃手工工场主本人，开始请求政府解除他们的“租佃制的沉重负担”，因为技术条件发生变化，使用租佃工人不如使用自由雇佣工人有利。十八世纪实行的强制劳动使用权对手工业主来说，曾经是最有吸引力的特权，现在却成了沉重负担和包袱。政府在租佃工人反抗和企业主请求废除租佃制的影响下，于1840年颁布了准许租佃工人获得自由的法律。于是，工场手工业中有一半以上的租佃工人得到了自由。1825—1850年期间，工场手工业中的强制劳动制便自行消失了。

农民解放运动在我国大工业中之所以没有引起很大震动，是因为当时在大工业中雇佣劳动已居于统治地位。总的说来，我国工业在上一世纪九十年代以前发展得相当缓慢，以后，主要在生产生产资料的工业部门中有了较大的发展。这种发展在某种程度上是由八十年代提高关税引起的，但主要的是由于另一个原因，即由于修建全国新铁路网引起的。随后，相继出现了工业危机和萧条，整整持续了十年之久。从1909年末开始，我国才出现了新的工业高涨。

俄国幅员辽阔，自然资源丰富，拥有目前在很大程度上生活于自然经济条件下的广大人口，这些都为发展资本主义创造了有利的基础。正因为存在着自然经济，资本主义大生产就可以通过排挤资本主义小生产而得到发展，例如，资本主义产品取代家庭产品(印花布排挤大麻布)。因此，似乎可以说，工厂在俄国应当发展得特别快。其实不然，根本不是这么回事。那究竟是什么因素阻碍了我国工业资本主义的顺利发展呢?

总的说来，主要是我国社会制度一般结构，首先是束缚一切进取精神和自由的我国政治生活形式。正是由于我国社会生活的条件，我国工人的劳动生产率低得可怜，尽管劳动报酬很低，但资本主义工业的产品却昂贵得很。

例如，据称在英国棉布工业中，1 000 纱锭需要 3 个工人，而在我国则需要 16 个工人①。不妨对俄国和美国工厂工业的条件作如下比较，从中可以看出工业资本主义发展薄弱的原因。

1900 年俄国和美国工厂工业的比较数字：②

	产品价格（百万卢布）	工人人数（千人）	每个工人的平均工资（卢布）	每个工人的产值（卢布）
俄　国	3 005	2 373	200	1 266
美　国	25 296	5 321	850	4 754

美国工厂的工人人数比俄国超过 1 倍，而创造的产值却超过 7 倍；美国每个工人的劳动生产率，如按产品的价值计算，平均几乎比俄国高 3 倍。如从工人生产的产品数量看，显然美国要比俄国更多些。究竟为什么我国工人生产得这么少呢？这是因为我国工厂的技术装备太差，因为我国工人（以及资本家）比起美国同行知识缺乏，文化修养差，因为我国工人工资极低，劳动时间过长，以至于工作能力不强，总之一句话，是因为我们的文化水平远远落后于西方。我们的文化落后，是与我们政治和社会生活一般条件有着直接的联系。

我国资本主义工业的特点，是生产的高度集中。如上所述，十八世纪的俄国是大工业生产比西欧各国更加发达的国家。目前，大企业在我国资本主义工业中的作用，也比西欧各国大得多；俄国当前仍然是一个大工业资本占居优势的国家。诚然，资本主义工厂在我国一般经济制度下所起的作用，不如先进资本主义国家（如

① 舒尔采-格弗尼茨：《俄国社会经济和经济政策纲要》，1901 年，第 97 页。同时作者宣称："所有的行家都认为，俄国劳动质量不高，是我国得天独厚的自然财富开发缓慢的主要原因。"（《俄国的大生产》，第 93 页。）

② 谢尔戈夫斯基：《机器的价值和价格》，第 9 页。

德国)大,然而,在我国工厂工业中生产的集中程度却比德国高得多。

1895年,德国在大、中型商业和工业企业中,从业人数约有550万人,其中千人以上的大企业就拥有56.3万人。1907年,大、中型商业和工业企业中的人数达905.3万人,仅大企业的从业人数就有95.5万人。1902年,俄国各类大、中型工厂工人总数为180万人,其中千人以上的工厂人数为71万人。俄国从工厂的无产阶级总人数上看,远远落后于德国,但据1902年统计,从大工厂的工人总数上看,却走在德国前面。仅在目前,德国大企业的工人的绝对数字才刚刚赶过俄国。而这些企业在其他许多方面的相对数字,即便是现在,俄国也远远超过了德国,例如,德国1907年大企业工人人数大约只占大、中企业的总人数的11%,而俄国在1902年却已几乎达到40%,从此我国工厂生产的集中化又大大地向前发展了。①

这一事实的巨大经济意义和社会意义,是显而易见的。俄国工厂虽然比其他更先进的国家要少,然而大多是相当大的工厂。这种乍看来令人奇怪而难以理解的情况之所以出现,原因是西欧除资本主义工业文明外,还存在其他工业文明。在西欧过去和现在都存在着稳定而富有生命力的中、小工业,它们具有光荣的历史,只是在逐步地让位于大资本。在西欧有许多中间阶级——小企业主、手工业主和商人,他们精力充沛,事业心强,生活优裕,善于在同大资本家的竞争中卫护自己的利益。我国除资本主义工业文明之外,没有其他任何工业文明,也没有生活优裕的和为数众多的小企业主阶级,资本主义却违反常理,在我国比在西欧起着更大的积极作用而无须破坏其他类型的高度经济文明。正因为这样,

① 关于俄国的数字,参看波戈热夫:《俄国工人人数及其成分的统计》,1906年。

我国的资本主义没有遭到任何反抗，轻而易举地形成了在经济发展方面远远走在我国前面的那些国家尚未达到的形式。俄国是充满社会对立——家庭小生产和工厂大生产，过着半行乞生活的人民大众和极少数有钱有势的资本家、地主的国家。

关于我国资本主义工业的命运问题，长期以来，在我国经济文献中是争论最激烈的问题。八十年代初，B. 沃龙佐夫试图在其著名的《俄国资本主义的命运》一书中证明，资本主义生产在俄国不能发展的原因，是资本主义需要国外市场，而俄国工业产品又不能打入国外市场，俄国工业由于技术落后，无法在自由市场上与西欧比较先进的资本主义工业进行竞争。只是在实行保护关税的条件下，俄国的工厂才能勉强地生存下去。但是，保护关税并不能为我国资本主义工业提供进一步发展的必要条件——国外市场。

在 B. Π. 沃龙佐夫看来，俄国资本主义与西欧资本主义相比，其特点是我国资本主义主要涉及产品销售而不是产品生产领域。生产仍然是小生产，而资本的力量仅仅表现在小生产者完全依附于资本家和商人方面。因此我国资本主义还没有完成西欧资本主义在某种程度上已经完成了的历史使命：教育工人群众，训练工人养成集体劳动习惯，培养工人的阶级自觉。俄国资本主义没有西欧资本主义的优点，却具有它的许许多多缺点，它没有建立新的生产形式，从而造成大批仍然在自己农舍里做工的小生产者的贫困化。

《资本主义的命运》的作者对自己提出的原理从两方面进行了论证。一方面，他引用各种统计数字证明俄国资本主义生产就其工人人数来说几乎没有增长。另一方面他发展了资本主义经济中独特的市场理论，认为资本主义的发展需要有国外市场。至于谈到前一种论证，则正如我在《俄国工厂的过去与现在》一书中所着重指出的那样，由于不能正确地运用统计资料，它根本不能令人信服。B. Π. 沃龙佐夫的全部论点的理论根据（他的市场理论），也是绝对错误的，这一点本书将在下文加以阐述。可见，所有这些敏锐的和深思熟虑的论据，无疑是我国经济思想的杰作，都力求证明资本主义生产在俄国不可能得到进一步发展。所有这些论据到头来全都站不住脚。

现代俄国工业发展的事实，也迫使《资本主义的命运》的作者改变了早先的观点，可以从他的《资本主义俄国的命运》(1907 年)一书中清楚地看出这一点。沃龙佐夫先生在这本书中承认，在俄国已建立起一种“名为资本主义的经济生活形式”①。可见，我国知识界过去关于我国工业资本主义命运的争论，终于被现实生活彻底地解决了。

参考书目

西欧的工场手工业和工厂：

马克思：《资本论》，第 1 卷。

舒尔采-格弗尼茨：《大生产》，П. Б. 司徒卢威编译，1897 年。

洛施：《国民生产与国家职业构成》，1892 年。

辛兹海默尔：《关于进一步发展批量生产的德国大企业的限度》。

劳赫贝尔格：《德国的工业与行业的统计资料》，1901 年。

伯恩斯：《大英帝国棉制品发展史》，1885 年。

拜比吉：《论机器和制造品的经济措施》，1832 年。

尤尔：《产品哲学》，第 3 版，1861 年。

艾利森：《大英帝国的棉纱贸易》，1886 年。

库克·泰罗：《现代工厂体制》，俄译本，1891 年。

霍布森：《现代资本主义的演变》，译自英文，1898 年。

桑巴特：《劳动组织和劳动人民》。

库利舍尔：《西欧工业形式史论文集》，1907 年。

俄国的工厂：

B. 沃龙佐夫：《俄国资本主义的命运》，1882 年；《资本主义俄国的命运》，1907 年。

尼古拉-逊：《我国社会经济改革概论》，1893 年。

杰缅季耶夫：《工厂，它给予居民什么和索取什么》，第 2 版，1897 年。

① B. 沃龙佐夫：《俄国资本主义的命运》，1882 年，第 73 页。

M. 杜冈-巴拉诺夫斯基:《俄国工厂的过去与现在》,第3版,1908年。

B. 伊利英:《资本主义在俄国的发展》,1899年。

舒尔采-格弗尼茨:《俄国社会经济和经济政策纲要》,阿维洛夫和鲁缅采夫编译,1901年。

波戈热夫:《俄国工人人数及其构成统计》,1906年。

C. 扎克:《俄国工业资本主义》,1907年。

B. П. 利特维洛夫-法林斯基:《我国经济状况和未来的任务》,1908年。

M. 巴拉巴诺夫:《二十世纪初期俄国的工业》(载《二十世纪初期俄国的社会运动》,第1卷,1909年)。

第六章　村社

一、西欧和东方的村社。原始占地。家庭公社。东方的村社。二、俄国的村社。西伯利亚村社及其形式。俄国其他地区均分村社的发展。现代的俄国村社。重新分配的标准。农民解放后的村社。三、从经济观点评价村社。插花条地。强制轮种。占有的暂时性。占有规模的变化。从农艺学和一般种植学观点看田庄。四、俄国的村社立法。农民解放时期的立法。九十年代的立法。现代的村社立法及其对村社运动的影响。俄国的社会舆论对村社的态度。村社起源问题上的分歧。

一、西欧和东方的村社　土地私有制只有在农业出现之后才能产生;没有农业,就不可能有把土地攫为己有的动机。尽管如此,但还不能由此得出结论,说在农业出现之前,某一社会集团对其所属地域根本不存在任何关系。恰恰相反,我们知道,早在历史发展的初期,某一地域就受某一部落的上层统治,而且每一个部落都不允许其他部落侵犯其所属地域。

随着农业的发展,人和土地间的联系更加密切了。历史上先有土地私有制还是先有土地公有制的问题,在今天,不同的研究家仍有不同的解答。起初,人们认为,土地关系发展的起点是土地私有制，但是后来，由于受到研究俄国土地关系的很大影响，我国和西欧开始形成一种相反的观点。人们开始认为，最早是土地集体占有制居于统治地位。这一观点不仅在俄国广泛流行，而且在德国由于受到毛勒和汉森著作的影响也广泛流传开来。它认为，西欧土地占有的原始形式，就是俄国迄今仍然保存的那种形式，即村社。村社的土地不属于个别家庭，而属于构成一个村子的、偶尔实行均分土地的整个家族集团。

主张古代日耳曼人实行均分土地的观点，主要是援引恺撒和塔西佗的若干说法。但是，这种对土地关系演变性质的看法，从未占上风，例如，法国的弗尔斯特尔·德·库兰日及其学派，坚决否定西欧曾经有过均分村社。近来，德国也对上述观点作出了反应，例如，理查德·希尔德布兰德不久前发表一种论点，说古日耳曼人根本不存在这样一种均分村社，并说反对的观点是建立在错误理解恺撒和塔西佗论述的基础之上的①。

我们不能不同意理查德·希尔德布兰德的观点。这个观点认为，部落在某一领域内享有的地域统治权，远远不同于部落成员对这一领域的集体所有制。确切地说，原始人不懂得对未占土地的任何所有制——是集体的还是私人的。部落在某一地域内最高统治权，并不是所有制，因为不具有私有权的性质。土地不是集体财产，不属于任何人，这种情况迄今在西伯利亚还可以看到，那里每个人

① 理查德·希尔德布兰德：《不同经济文化阶段的法律与道德》，1896 年，第 3 卷，《最古老的农业》和《恺撒和塔西佗时期的日耳曼民族》。精通古罗马社会经济关系的学者之一佩尔曼也认为，希腊人甚至在早期就有过均分耕地的情况，是不大可能的。参看佩尔曼：《古代社会主义和共产主义史》，1901 年，第 8 页及以下各页。

都可以按需要自由地占用土地。所有农耕民族的原始土地关系，可归结为所谓空地“占用制”，即一家占有一块土地，并且可以自由使用。

至于说是否曾经存在过集体耕种土地这一普遍现象，那么对这个问题的答案也只能是否定的。诚然，我们知道有过全村共同耕种土地的情况[①]，然而这都是在使用牲畜之前，锄耕时代出现的罕见的情况，绝不可能是普遍的现象。实际上，原始农业需要大量的劳力，但是由于原始家庭拥有众多成员，能够承担全部农活，所以，不需要规模较大的社会协作。

原始的农业形式是大家庭经济，可以称为家庭公社。家庭公社是建立在血缘关系的基础上的，应当把它同现代俄国均分村社严格地区别开来。毫无疑问，家庭公社是普遍存在的，在古代印度人、卡比耳人中间，在高加索、中非、欧洲各地处处都有。

在某些个别情况下，原始大家庭还以极其复杂的形式保存到今天。这种家庭的例子，就是拥有几代人的南方斯拉夫的大家族。在这个大家族（其人数多达一百或一百人以上）中，可以看到无论动产或不动产完全公有。大家族的组织带有民主的性质，因为大家族的家长是推选出来的，男家长负责管理男人劳动，女家长管理妇女劳动。一般来说，大家族是建立在血缘亲属的基础上的，但是，不是本族人，经过一些人同意，也可以加入大家族。在俄国北部也往往可以看到有时是三世同堂的大家庭。

这样的大家庭，即占有所属地块的家庭公社，无疑是我国和西欧土地关系继续发展的出发点。西欧在这种家庭公社的基础上，

---

① “在新几内亚东北部沿岸一带，耕地是用削尖的木橛和木铲，男人在烧毁树林后清理出来的土地上排成横排前头走，用木橛翻打大土块，妇女紧随其后把土块打碎，一群孩子又跟在妇女后面松散土块。耕地按户分成地块。”（西贝尔：《原始经济文明文集》，第 85 页。）

逐渐形成了一种新的土地占有形式。家庭公社发展了，某些家庭分离出来，开始从事独立经营；于是，一种与 A. Я. 叶菲缅科在俄国北方发现并命名的份额村社相类似的土地占有形式建立起来了[①]。这种土地占有形式的实质，在于承认凡是属于该社会集团的成员都有权占有一定的（并且是极不平均的）份额的土地，但也只能是理想上的一份土地，因为实际上土地没有在某些个别经济单位之间进行分配，并归它们所有。然而，例如，某些家庭，有的有三份土地，有的有两份，而有的甚至只有一份的一部分，等等。每个家庭只可要求得到自己应得的份额，而且，不管该份额多么少，都不得超过这一份额。这种份额村社（往往与实行重新均分的村社混淆）与土地私有制有许多共同点，但又有根本的区别。在份额村社内土地可以实行（并在实行）重新分配，互相交换，但不是为了拉平每一家庭占有土地的数量（数量是不平均的），而是为了拉平个别一些家庭耕种地块的质量[②]。

看起来，这种份额村社是西欧村社发展的最高限度了。往后，西欧村社的发展没有超过这个限度，没有达到俄国村社的水平，俄国村社内地块按数量均分，每个成员有权得到同等数量的土地[③]。

---

① A. Я. 叶菲缅科：《人民生活调查》，第 1 卷，第 223 页及以下各页。

② 根据 M. M. 科瓦列夫斯基的说法，盎格鲁—撒克逊的土地占有制与叶菲缅科所描述的俄国北部的份额村社制如出一辙。他说："两者的相似性（土地占有形式）达到了同一性。"（《欧洲经济的发展》，1898 年，第 1 卷，第 363 页。）确实，汉森早就论述过莱茵省的份额村社，但却不正确地认为在份额村社中仍留有原始均分村社的残迹（参看乔治·汉森：《土地史论文集》，1880 年，第 108 页）。

③ И. 格拉纳特先生指出："我们知道，人们没有提到中世纪英国出现过的重新平均分配制，而重新分配，据现有资料看，并不带有平均的性质。"（《英国剥夺农民土地问题》，1908 年，第 41 页。）

份额村社,既有私有制又有公有制的因素,因而可能产生土地私有制,也可能产生均分公社所有制。在西欧,我们可以看到,起先享有的那种理想的土地份额权转变为一定地块的私有权。

所谓日耳曼人的边疆军管区——典型的中世纪日耳曼的土地公社组织,不妨说是复杂的份额村社的例子。有许多研究家错误地把这种边疆军管区看做是重新均分村社,它既有地主,也有农民。地主按照私有权占有一定地块,除此之外,边疆军管区有相当一部分土地,包括草地、荒地和森林,都归边疆军管区全体成员共同使用;耕地按份额归边疆军管区成员农民占有。由此可见,日耳曼的边疆军管区是私人占有、份额占有和公共占有三者结合,其中,荒地、草场和森林归公共使用。归村社使用的草场、森林和草地,直到今天在瑞士和德国南部还保留着,并组成所谓的阿里明达。

为了使份额占有制转变为重新均分占有制,必须具备完全特殊的条件。在份额占有制的条件下,不存在财产平等,富人比穷人占有更多的土地,自然就要力图保持自己的土地,于是便发生斗争,而在斗争中,当然总是富人占上风。因此,份额村社容易产生土地私有制;要使份额村社转变为重新均分村社,就得借助于某种外力。这种外力在西欧看来是没有的。在西欧的份额村社内产生了土地私有制。首先,是闲置的、未被占用的土地被统治者据为私人所有,而国王、大公就是最早的土地占有者。后来,一方面是贵族,另一方面是僧侣,也都成为土地占有者。这些社会集团不仅把闲置的土地,而且也把早先归自由农民占用的土地都一步步地攫为私人所有,从而把这些农民变为他们的农奴了。然而,农民尽管失去了人身自由,仍继续耕种以前那块土地;他们仍然保留着份额村社,只是在晚些时候,在农民力求避免完全失去土地的情况下,份额村社随着农民的解放而逐渐瓦解，土地分成归个别农民私人占有的地块。

只是在东方——主要是在印度，能看到完全与我国重新均分村社相类似的土地关系。为什么印度也出现了重新分配的村社呢？

在这方面起决定作用的是专制的国家政权，它对如何把份额村社改为重新分配村社的问题有直接利害关系。在份额占有的情况下，不可避免地会出现各农户之间财产不均的现象，从而难以如期缴纳赋税。在国家机构很不完备的条件下，对国家来说，保证如期缴纳赋税的最好办法，是实行纳税人连环保，因为通过连环保，纳税人可以相互集体地对国家承担责任。在这种情况下，赋税通常是按人头摊派。既然全村集体承担如期纳税的责任，那么，全村自然就会考虑如何使每一个纳税人都能够缴纳自己的税额，而为了做到这一点，就必须使每个人根据他所分摊的税额得到相等数量的土地。这也就是促使份额村社改为重新分配村社的动力①。这种专制国家只是东方才有，这也就是为什么在西欧我们看到的完全是另一种土地关系的原因。在西欧，国家没有足够的力量使居民做到均分财产。

在西欧，农民的土地占有深受贵族的土地私有制之害。英国大部分村社的土地都被贵族恣意侵占，而且这种占地活动在十六世纪和十八世纪末到十九世纪初这两个时期内尤为激烈。在第一个时期，大规模养羊业的发展，引起羊毛涨价，刺激并推动了这些占地活动。贵族为了扩大牧场，侵占农民的

---

① 参看希尔德布兰德：《权力与道德》，第185—186页。

土地，于是，村社便失去了大部分土地。其后，这一过程中止了两百年之久，及至十八世纪末，当粮价上涨，再次猛烈地引起占地活动的时候，又重新开始了。农民的土地所有权是很不稳固的，掠夺农民土地可以依据法律进行。可见，英国村社的瓦解，与其说是由于村社成员瓜分土地，不如说是由于贵族直接掠夺村社土地造成的①。

在英国，不仅村社的土地，而且农民的土地所有制也都最彻底地消失了，与此同时，大土地私有制却得到更大的发展。在其他国家，这一过程之所以没走得这样远，是因为只有英国贵族阶级在国家的政治制度中才具有这样的优势。西欧几乎到处保存着农民的土地所有制，并且迄今仍与大土地所有制并存。而归村社所有的土地（即属于作为公法联社的某些村社的土地）也或多或少地保留着。然而，这些村社的土地（所谓阿里明达——牧场和森林除外）不归村社成员使用，而由公社采取出租土地这种通常的资本主义方式经营。

二、俄国的村社　在欧洲国家中，我们只有在俄国才看到村社土地公用制的广泛发展，所谓村社土地公用制，是指属于某一劳动联合组织全体的土地归这一组织的某些成员使用。

这种制度是俄国农业制度的特点。关于俄国村社的起源问题，争论很多。奇切林提出一个观点，认为俄国村社的起源，时间不久，是莫斯科国家缴纳赋税组织的产物。奇切林的文章遭到许多人反对，如别利亚耶夫认为，村社是由来已久的斯拉夫人生活组织。社会舆论认为奇切林的论点已被驳倒了，同时在车尔尼雪夫

---

①　И. 格拉纳特在《关于英国剥夺农民土地问题》（1908 年）这部有价值的著作中证实，十六世纪使英国农民失去土地，不是用暴力剥夺的，而是农民把土地出卖给大土地所有者。富裕的农民认为，租种地主土地有利，便把自己的土地卖掉了，于是，他们有些人成了农场主—资本家，小农由于受工业高额工资的吸引也离开了自己的土地。如果真是这样的话，无疑也同时发生过贵族用暴力侵占村社土地的情况，特别是在十八世纪末和十九世纪初。

斯基的影响下，我们确认了一种意见，认为村社是俄国以及其他国家农业发展的起点。这里需要指出的是，车尔尼雪夫斯基在谈到村社的时候，也和其他人一样，恰恰是指重新均分村社说的，并认为它早在各民族的发展初期就已经有了。

现在我们知道，事实并非如此。如果说份额村社确实从前在各个民族中间早已得到广泛发展，那么，绝不能由此得出结论，说重新分配村社也是这样的。毫无疑问，重新分配村社出现的时间要晚得多。

有关西伯利亚村社史的一些最新著作，就重新分配村社的起源问题作了许多阐述。西伯利亚村社之所以饶有趣味，特别是因为，用从事这方面研究的 A. A. 考夫曼的话来说，它似乎是停滞的村社史，也就是说，我们在西伯利亚可以看到具备全部连续的发展阶段的村社。

西伯利亚村社可分为三种形式：土地的私人占用制、村社公有私用制和村社公有重新均分制。第一种形式，私人占用的土地制度，在土地辽阔的、未耕土地毫无价值或几乎毫无价值的地方可以看到。每一个人都能随心所欲地占用一块土地，这样占有的地块就是私占地。例如，只要被占的地块在树皮或石头上做上标记，就承认占有成立。这种私人占用形式，从表面看来与土地私有制相似，因为占用者可以随意处置占有的土地，可以出卖，可以作为遗产转让，等等。然而，私人占用毕竟不是所有权；它与其说是权力，不如说是事实，因为它没有形成法律条文。在这个农业发展阶段上，还没有什么成文的土地法可言。村社成员只能在本村所属地域内占用土地，而在这一点上反映了村社对该地域的所有权。诚然，只要村社还没有行使自己的权力，一些占用者就会代村社而行之，但这只不过是由于土地辽阔，占用者之间彼此没有利害冲突而已。

在各个村庄之间划分村界，对土地制度的进一步进化起着决定性的作用。每个村庄就是一个团结一致的、竭力防卫自己村庄所属地域不受外人侵犯的集团。随着各个村庄之间村界的出现，逐渐形成一个观念，土地归该集团、该村庄全体成员所有。除了你的土地和我的土地之外，又产生了我们的土地这一观念。

然而，为什么要在村和村之间划界，而不在占用者和占用者之间划界呢？因为原始农业带有流动性。个别占用者常常变换自己的地块，常常易地而居，一个占用者从不固定于某一地块。而固定不变的只是私人占用土地的地域，因此，可以在某些或大或小的地区之间，在村社之间划界。于是，在人民的法律意识中便逐渐形成集体占有的观念。

村社发展的第二阶段——村社公有私用的土地制度，是由于土地密集度增大而出现的。由于出现经济上的利害冲突，占用者彼此相扰。而这些冲突有待于村社转入下一发展阶段——村社公有私用阶段来解决；因为村社使占有权受到了限制。在原先私人占用制度下，可以毫不费力地享有所占有地块的使用权。现在则有较复杂的土地劳动权，也就是说，占用者只要向土地投入劳动，就被承认有权支配占用地，一旦不再使用土地（例如，不再耕种占用地），占用的地块则应视为空闲地，每个人都可以占用它，并投入自己的劳动。像用树皮等等做标记这样一些占用形式，已被认为是无效的了。为了使占有权得到尊重，占有者就得向土地投入劳动：伐木，耕地。村社则采取各种措施，使每一个占用者不侵犯其他占用者的劳动权利。

然而，在村社公有私用形式下，在土地使用方面仍充分保留着相当大的不平等的现象，例如，谁比较富裕，谁牲畜多，谁劳力强，谁以前占用土地较多，那么，谁就占有大量土地。村社开始逐步趋向于承认每个人的生存权利，承认无地者只要愿意向土地投入劳动，就有权得到土地。在这一阶段，村社一般不动个别成员使用的土地，但是，开始掌管某些地块，例如，无人继承或属于欠税人的地块，并将其转让给无地的人。于是便首次出现了局部的、不普遍的而且也不是平均的重新分配制。

随着重新均分制——村社成员均分土地制的出现，村社已发展到了第三个阶段，即重新平均分配阶段。在西伯利亚出现重新分配制的过程中起决定性作用的，有两种因素：一方面，由于人口增加土地减少；另一方面，政府实行通过连环保征收人头税的国库政策①。在实行连环保和部分村社社员缺少土地的情况下，农民面临着抉择：要么按土地多少摊派税款，要么全部土地按人口平均分配。第一种摊派方法，由于税款负担重，对土地多的农民不利。因此，唯一实际可行的办法，是按人口分配土地，即土地也像人头税那样，在纳税人之间平均分配。

于是便出现了我们在西伯利亚看到的那种重新均分村社。这种村社是随着土地密集度的增大而出现在我们眼前的。在俄国其他地方，如阿尔汉格尔斯克、沃洛格达、赫尔松、哈尔科夫和叶卡捷琳

① 参照 A. A. 考夫曼：《西伯利亚农民公社》，1897 年，第 47—48 页。这本书是研究西伯利亚各种公社形式的最好史料。

诺斯拉夫等省份，重新分配村社出现于十八世纪末和十九世纪初①。

十八世纪，小俄罗斯根本没有重新分配村社，至于说 И. В. 卢奇茨基所持的反对意见，据 А. Я. 叶菲缅科令人信服地证实，是建立在纯属误解的基础上的。卢奇茨基教授，也和其他许多研究村社的历史学家一样，没有弄清楚村社的土地公用制这一特殊的耕地使用方式与空闲的未占有土地的公有制之间的差别。但是，须知公有制同村社土地公用制远不是一回事。村社的土地(即属于公法联社的村社的土地)在今天西欧也普遍存在，但是绝不能由此得出结论，说西欧普遍存在村社土地公用制。这种土地公用制，在十八世纪的乌克兰就根本没有存在过②。

---

① 我们来看看 А. А. 考夫曼是怎样评述西伯利亚公社均分土地的原因的。“每一个没有田产或经济力量薄弱的公社社员都清楚地懂得，他们也像富裕的占地者一样，有参与使用土地的权利。这种意识表现得特别突出，是因为公社社员除享受权利外，还要承担义务，也就是说，要担负公社的税款和徭役；在合理组成的公社中，权利与义务是相适应的。在侵占土地的情况下，这种相适应的现象便没有了。虽然土地分配适合于某些农户的福利和实际劳动能力，而缴纳税款通常按成年劳力人口摊派，有时，不考虑每户的真正负担能力，而按纳税人头摊派。”(《西伯利亚农民公社》，第 64 页)在土地面积受人口增长的影响而日趋减少的情况下，有相当大一部分村社社员感到亟需土地，于是，均分土地便势在必行了。А. А. 考夫曼进一步指出：“在某些地方，行政当局，特别是 1888 年西西伯利亚建立的农民管理机构的直接作用产生了极大影响。施加行政压力的情况以往也有过，但很少见，仅仅视为例外情况。相反，八十年代在管理农民事务的官吏直接命令下，最终过渡到份额使用制的一系列情况便出现了。1884 年和 1885 年颁布的这些命令，主要是指：促进税制调整，规定税款分摊符合于耕地分配的办法，借以消除拖欠缴纳税款的重要原因，其结果，1885 年到 1888 年期间在伊希姆州八个县实行按占用土地时为止的人口划分耕地。”(同上，第 68 页。)

② А. Я. 叶菲缅科谈道：“甚至在著名政论家的文章中也可以看到这样的话：‘现在科学已经证实，村社土地所有制形式也是小俄罗斯人民固有的’，我国知识界在日常谈话中，也以同样肯定的语气来表述这些思想。通常引用卢奇茨基先生的名字及其著作。上述情况表明，这种论点或类似论点，论据是多么不足。”(А. Я. 叶菲缅科：《南罗斯农户土地占用制》，载《南罗斯》，1905 年，第 409 页。)卢奇茨基先生收集的实际资料不仅不能证实十八世纪乌克兰村社是否存在；而且“即使他们证实了什么，也只是鲁缅采夫所描述的小俄罗斯时期的情况，甚至误以为在小俄罗斯草原上，不仅村社所有制，而且一般所有制都几乎没有存在过，只是牢固地建立了农户私有制和家庭私有制形式。”(同上书，第 410 页。)

在中部俄罗斯重新均分村社的形成要早得多。十七世纪和十八世纪，重新均分制就在这片辽阔的地区广泛地发展起来了。关于重新分配制的起源最早甚至可以上溯到1500年，据巴甫洛夫-西尔万斯基说，这个制度应当说早在十五世纪莫斯科公国就有了[①]。

重新均分村社，是村社的高级形式。村社的土地重新分配制有两种：按数量和按质量的重新分配。按数量的重新分配，是指按数量均分每一个村社成员的用地，平衡村社成员用地在村社土地中所占的比重。按质量的重新分配，就是每个人的用地在村社土地中所占的比重不变，只是根据质量好坏调配地块，以达到土地质量相等。不论是哪一种重新分配，都不应当相互混淆。对重新均分村社来说，典型的方式恰恰是按数量的重新分配。

通常所说的"重新分配"指的就是按数量的重新分配。按质量的重新分配，农民通常称之为重新搭配或"占阄"制。按数量定期进行重新分配的原因，是村社某些成员家庭人数增减情况不同，先前重新分配时定下来的土地的平衡被打破了，因此，有必要对土地进行重新分配。

按数量进行重新分配的标准，即均分土地所应采用的单位，各不相同。最简单的分配单位是单个的农户，土地可以按照所有农户进行平均分配。按农户重新分配耕地，这种情况很少见；而按农户重新分配庄园地（一般都这样分配）却是一种常规，这是因为个别家庭对庄园地的需求几乎与家庭成员的人数多少无关，而按户

---

① Н. П. 巴甫洛夫-西尔万斯基：《份地罗斯的封建主义》，1910年，第125页。

平均分配庄园地是最平等的。

重新分配的另一个标准,是每户劳动力,通常指成年男劳动力的人数。在这种场合,土地是根据每户成年男劳力人数按比例进行分配。然而,在按劳动力进行重新分配时,往往不仅要计算劳动的人数,而且还要计算该户的经济力量(牲畜头数和房舍)。农户在经济上力量越强,分配给它土地也就越多。

重新分配的第三个高级形式,是按消费标准(按“人口”)进行分配。在这种场合,村社力求尽可能确切地计算家庭的消费需要,并据此向农户分配土地。给未成年的子女分配的土地一般要少于成年人,而且有时还根据年龄和被分土地的份额规定出详细的等级。

土地分配的后两种形式(按劳力和按消费标准分配)是最普遍的形式。按劳力标准分配常见于下述场合:或者土地没多大价值(土地多),或者土地税额很高,农民感到份地“不养活人,而毁坏人”。前一种情况,在西伯利亚村社可以看到。由于土地过剩,实行最平均的土地分配:每个人能耕种多少,就能得到多少。至于说按劳力标准分配土地,情况则完全不同。不妨以俄国中部地区旧时领地农民的村社为例。农民摆脱农奴制后的头几十年,旧时领地的农民所负担的赋税很重,而土地(在非黑土地带)收入又不敷缴付赋税。份地,对农民来说,是沉重的负担,而且因为推行连环保,所以,另一种按每户劳力进行土地分配的形式就不可能实行;而如果不这样做,农民也就无法应付他所负担的赋税。

与此相反,按消费标准的重新分配制,在土地少而价值高,土地收入远远不敷支出的地方却得到了很大的发展。

所谓普遍(基本的)重新分配,是指村社全部土地的重新分配;

部分重新分配，是指村社部分土地（如无人继承的土地，欠缴税款人的土地等）的重新分配。

部分重新分配制，在农奴制改革后的头几十年，在那些份地支付费用大于土地纯收入的农民中间，尤为盛行。在推行连环保的条件下，村社关心的是如何立即把闲置的份地转让给能缴纳赋税的农民。于是，在莫斯科省以及其他中部一些省份出现了经常性的部分重新分配，即所谓"按人头摊分"，这曾经是中部地区旧时领地农民村社典型的做法。

按质量重新分配制的起因是，所有的村社土地质量都不一样。同时需要指出的是，不仅土壤的自然肥力有差别，而且还有一系列影响土地有效利用的情况，如地块离居住地较远，地形不同，地表有别（坡度），等等。所有这些情况对农民非常重要，村社也力求使每个人所得土地尽可能做到质量相等。为此，农民把土地划分成质量相同的一些地段，在每一地段内每户可各得一份土地，因此，每户分得的土地并不是农民独家的地块，而是在村社所属全部土地上许许多多分散的地块。

基本的重新分配必须与按质量的重新分配同时进行。但是，按质量重新分配，不仅要和基本的重新分配同时进行，而且由于下述原因还要在上一次和下一次基本的重新分配之间进行。在进行基本的重新分配时，如上所述，农民在各种不同的地段中分得许多块土地，即形成所谓插花条地。这些条地块往往数量很大（有好几十块）。随着时间的推移，插花条地越来越多，因为土地在某些农民中间可以世袭分配，而同时也会出现无人继承的地块。这种插花条地对农民来说很不方便，而减少这种条地的办法是按质量进行重新分配，即重新进行尽可能使每个人都能得到毗连条地的土地分配。

按数量的重新分配是俄国均分村社的特点，而按质量的重新分配却是其他类型村社（如过去西欧和俄国北方各省存在过的份额村社）固有的特点①。

农民的庄园地和宅旁园地，通常从不进行重新分配，或除有特殊情况很少进行重新分配。耕地在发挥职能作用的村社中定期进行重新分配，但一般都要经过相当长的时间（如 12—15 年）举行一次；森林和草地的重新分配比较频繁（草地一般是每年分一次），而牧场则归村社全体成员共同固定使用。

村社制度的整个性质，既同农民占有土地的数量及其价值有密切联系，也同土地的沉重赋税有着密切联系。在这方面，旧时隶属于国家的农民的村

① 十八世纪末，俄国北方各省农民根本不了解均分土地这种情况。但是，就在 1785 年，阿尔汉格尔斯克省主管经济的长官向其管辖地区的各乡的农民下令："要使农民彼此间均分全部赋役土地不受亏损"，他于次年又解释说："要农民缴纳同样的赋税，就应同样占有可耕的土地，实行征收同样的赋税，这是公正的要求。"然而，农民占有的土地仍然不平均，而富裕的、土地多的农民利用自己在农村协会中的影响，把侵占的土地牢固地控制在自己的手里。政府却继续坚持要农民均分土地。例如，阿尔汉格尔斯克省税务局在 1830 年 3 月 6 日的通告中证实：在它管辖的地区，"农民占有的土地几乎普遍地都不平均，也就是说，同一个村，有些人占地多，有些人占地少"，要求立即重新均分土地。省税务局的这项命令，得到国务会议的支持，国务会议于 1831 年根据陛下批示意见，责成"阿尔汉格尔斯克省在农民中间实行均分土地"。在行政当局的压力下，俄国南方也开展了分地活动。1829 和 1830 年，枢密官戈尔戈利对哈尔科夫省进行了视察，发现"隶属于国家的农民占有的土地极不平均，其结果有些人占地过多，有些人没有一寸土地"，并且认为，"这种情况对于拖延欠缴税款有极大的影响"，于是他严厉地命令省税务局在春天到来时，立即给各乡管理局下达命令，要它们进行均分土地。省税务局在执行枢密官的命令时，分发通告："各村、市应将其所占有的土地按调查人口数和每人应得数量进行分配。"（这些资料引自 H. 布热斯基：《农村协会的欠缴税款和连环保》，1897 年，第 104—109 页。）

社与旧时隶属于地主的农民的村社截然不同。前者得到的份地多，而缴付赋税少，后者得到的份地少，而承担的赋税多。毫不奇怪，旧时隶属于国家的农民的村社生命力较强。诚然，农奴制改革后的头几十年内，在这种村社中，几乎看不到普遍的重新分配，这是因为农民还不懂得不论是否进行人口调查（对缴纳人头税的男性人口的定期调查，在农奴制改革以前，隶属于国家的农民通常在人口调查时进行重新分配）都有权分配土地，而在等待进行人口调查。由于人口调查没有举行，农民就自己进行土地重新分配。八十年代后半期，旧时隶属于国家的农民在全俄国掀起了普遍重新分配的浪潮。

与此相反，中部地区的隶属于地主的农民的村社，在农民解放后的初期，迫于过重的赋税而实行频繁的重新分配，即所谓"按人头摊分"。而在南部和中部黑土地带，隶属于地主的农民过去和现在都几乎没有按数量进行重新分配，这是因为这里土地很贵重，以致每个农民都死抱着土地不放，何况农民还要为土地付出高额赎金。可见，几乎不实行按数量的重新分配的中部和南部地区的旧时隶属于地主的农民的村社，才仅仅是法律上的均分村社。由于要支付高额赎金，这里的农民才开始把自己的份地看做是赎回来的私有财产。这一类型的村社大都与份额村社类型相近。大家知道，在这些村社内，不实行按数量的重新分配，只实行按质量的重新分配。①

在俄国欧洲部分，约有五分之四的农民份地，不久前还属于有村社权的农民②。但是，村社是否具有生命力，或者说它会不会逐渐瓦解并变为农户占有制呢？关于这个问题，我们在卡乔罗夫斯基先生的著作中可以看到许多重要资料，他收集了有关现代俄国村社状况的大量实际资料。他研究的范围涉及了 87 000 个村社，约 2 500 万人。

按照他提供的本世纪初的资料，近 30 年以来根本没有按数量

① 论述村社土地使用制最好的综合性著作，无可争辩地要算 K. 卡乔罗夫斯基所写的《俄国村社》一书（1900 年）了，它是一部最有价值的研究著作。本书有关俄国村社现代状况的资料，主要引自这本书。

② 参阅卡乔罗夫斯基的《俄国村社》一书。

进行基本的重新分配的村社，在他调查过的村社总数中占 44%（其中，旧时隶属于地主的农民的村社有 54%），而在这些没有发挥职能的村社中农户（旧时隶属于地主的农民为 48%）仅占 29%，土地仅为所调查村社全部土地的 26%①（在旧时隶属于地主的农民的村社中为 47%）。由此可见，没有发挥职能的农民村社，就其数量来说几乎占一半，而旧时隶属于地主的农民的村社，却占所有村社一半以上。然而，村社的人口数和所占土地面积都大大地下降了，这说明没有发挥职能的村社都是人少、地少的村社。从上述数字可以看出，只有在旧时隶属于地主的农民中间，村社的分化才大大地加快了。

三、从经济观点评价村社　村社的土地占有制，同土地使用制的某些特点有联系，并且应当解决这些特点是阻碍还是推动了经济发展的问题。村社土地使用制的特点通常为：1. 插花条地，2. 强制轮种，3. 临时占有，4. 改变占有规模。

强制轮种既是插花条地，又是休耕地和收割期放牧造成的必然结果。在这些条件下，同一个村社的农民都必须遵守共同制定的种植制度，倘若有人想改用新的种植制度，那就会妨碍放牧。插花条地和强制轮种不仅是村社的特点，而且是大部分农户土地占有的特点。例如，在小俄罗斯一些省份，在农户占有制的情况下，农民可以在不同的田地里有若干块条地，由此而产生（亦与休耕地和收割期放牧有关）必须共同遵守的大田种植制度。在西欧许多

---

① 韦尼阿米诺夫：《农民公社》（根据 K. 卡乔罗夫斯基的资料写成）。本书引用的数字资料是依据韦尼阿米诺夫先生的统计表中的 1、2、3、4 类的村社综合计算出来的。

农民经济中也可以看到类似的关系。

毫无疑义，插花条地在农业上有许多极大的不便之处：每块条地都很狭长（小块条地），不能横向耕种，界标之间杂草丛生，田地荒芜，播种要白白丢掉大部分种子，修路要白白占掉土地，而且不得不把许多多余劳动花费在走路上，等等。然而，不应忽视，插花条地并不只是村社独具的特点，在农户占有制的条件下，也有这种现象。

强制轮种是插花条地造成的后果。强制轮种阻碍个别农户改用更加完善的大田种植制度。从另一方面看，如果说实行强制轮种使个别农民不能独自改用新的大田种植制度，那么，如由村社决定改用这种制度，就会迅速实行，而且马上会把所有农户包括进来。

正因为如此，上一世纪九十年代，牧草种植活动才在莫斯科省得到如此迅速地发展。到 1905 年底，这个省已有 1 170 个村社改种牧草。

至于谈到临时占有（来自重新分配），它也有很严重的缺陷。农民失去了自己多年耕种的那块土地，而得到的是另外一块土地，其劳动成果为他人占有，从而不能不影响农民精心莳弄土地。但是，抱怨按质量重新分配的声音，在从不施肥的地区听不到，同样，在施肥的全部地区也听不到。按质量重新分配看来只是在刚开始施肥的那些地区严重地阻碍了农民经济在农业上的进步。这就非常清楚地表明：在不施肥的地区，农民交出去的是不施肥的地块，得到的也是不施肥的地块，这就是说，毫无损失。同样，如果全部是施肥的地块，那么交换也是没有什么困难的。但是，在那些一部分农民土地施了肥，而另一部分农民土地没有施肥的地方，按质量进行重新分配就困难了。

改变占有规模(在实行按数量分配的情况下)的缺点是:农民在重新分配时如果地块面积大大增加了,就可能没有足够的农具来耕种这块土地;相反,如果面积大大减少,就可能剩有多余的农具。但是,实际上,克服这个缺点的办法通常是:在前一种情况下,农民可以减少租地面积(农民多用租地形式);在后一种情况下,农民可以增加租地面积。此外,农民的农具不仅用于农耕,亦可用于副业(运输)。

村社土地使用制与农户土地使用制相比,虽然有它的缺点,但也有一定的优点,主要表现在村社在经济上把广大农民联合起来,使他们能够同心协力达到单个农民所无法达到的某些经济目的。例如,村社经常完成一些大的工程:耕地和草地的排涝,堤坝和小水库的修建等。有时,例如,在萨马拉和萨拉托夫省,村社修筑很复杂的灌溉工程,来与干旱气候作斗争①。总之,村社促进了农民互助,对整个村社农民群众有着巨大的教育意义。

在研究我国村社时,常犯的错误是不把现实的俄国村社同现实的农户占有制进行比较,而把它同独家地块内的理想的农户占有制进行比较,其结果势必对村社作出武断的责难②。实际上,不论在农户的土地占有制下,还是在村社的土地占有制下,农民都一样贫困。这是因为不论在实行村社占有制,还是实行农户占有制

① 韦尼阿米诺夫著作,第208—210页。在B. 沃龙佐夫的著名著作《农民经济的进步趋势》(1897年,第3章)中引用了许多有关村社著作中的例子。

② 在俄国的文献中,第一次从经济上对村社的优缺点作科学分析的是A. C. 波斯尼科夫的名著《村社土地占有制》,1875—1878年。

的地方，农民的农业技术条件都是简陋的。

近来，我国政府的农业政策，是在农村居民中发展“田庄经济”，即在一个田界内包括迁入的农民庄园地在内的一些独家田庄的经济。其先决条件是把农民的插花条地划分成一些独家田庄地块，这是极其困难和复杂的任务。从纯农业观点来看，田庄经济比许多分散的小块地的经济无疑有极大的优越性。但是，要使田庄经济能够存在下去，首先就得向田庄提供一切农业必需品，并使之达到足够的规模。正规的田庄经济，需要有最低限度的能够从事经营的耕种面积，而且田庄如果没有足够的水，田庄经济也同样不能维持下去。然而，在我国南部农业区非常缺水，这就严重地阻碍了这个地区田庄经济的发展。

此外，还需要注意到消灭农村而代之以田庄的一般文化的后果。由于农村人口分散，特别是在我国现有的道路条件下，或确切地说在没有道路的条件下，上学、上教堂、求医以及各种互助都极感困难。因此，单凭一些农业主张，在解决诸如改变人民自古以来已经习惯了的分散居住条件一类重大问题上是起不了决定作用的。

正因为如此，德国曾多次试图在农民中间发展田庄经济而没有收到显著的成果，特别是在德国的南方，农民经济发达的地方。德国的农民宁愿过农村的社会生活，也不愿意在田庄过孤独生活而在经济上得到好处。只是有些国家，如瑞典、丹麦、芬兰、德国北部某些地方，以及我国波罗的海沿岸一些省份，田庄才成为农民经济的主导形式。总之，经验表明，只是居民从前不住在广大农村的那些地方，向田庄分散迁移才获得成功。然而，要破坏一个农村是非常困难的，这只是因为把庄园迁移到新地方去需要付出巨大的耗费。

至于谈到俄国，不管我国农民向田庄迁移的进程如何，但有一点是十分清楚的，即：田庄经济只是对部分有地的农民行得通。对土地少的农民来说，把土地划归田庄，就等于中止独立经营，因为农民在小小的一块土地上无法从事合理的耕作，而且由于农民迁入田庄，很难得到辅助收入（如从事雇佣劳动或租种地主土地）。归根到底，农民向田庄迁移势必要使力量单薄的农民失去土地，土地转入经济力量较强的农民集团手中。

农业和土地规划总管理局所提出的土地规划工程，由于我国兴办起田庄，现在已具有宏大的规模。到 1913 年，这项工程大约包括 1 000 万俄亩土地，其中把村庄完全划分为独家田庄的，约占 450 万俄亩，而分给个别农户的，为 180 万俄亩。

有利于向田庄迁移的活动，无疑有它的生活基础，早在我国农业政策发生现代的急剧变化以前，在俄国许多地区就已经开始了。根据柯霍德先生统计，①近几年来西部各省有许多地方（在新的土地规划时期开始之前），农民自动组织起来的田庄不下 2 万个，总面积达 20 多万俄亩。这个运动来自农民的实际需要，是农民经济中的进步现象。我国土地规划政策的最新趋势的特点，是完全无视农民大众的意见和愿望。新的村社法确认个别农民在村社土地中占有一些零星分散的小块土地，这就给改变插花条地的斗争造成了极大的困难。同时，强制农民迁入田庄（当时农民并没有感到有这种需要），而毫不考虑具体情况的特点，这也只能使农民经济发生新的混乱。总之，我国现代的土地规划政策的主要过错，是简单从事和官僚主义。不考虑大多数农

① 参看他所著的《俄国与国外消灭插花条地的斗争》一书，1907 年，第 2 版。

民愿意与否，就极其坚决地来打破已形成的农民经济形式，这种简单从事的做法不能不遭到责难。即便承认我国农民土地使用制的现存形式完全站不住脚，需要加以根本改进，这种做法也不能不遭到责难。我国土地规划的特点，是完全漠视少地和无地的农民的利益，甚至不惜牺牲这些农民的利益来维护部分较富裕农民的利益，并且根本不去设法减轻力量单薄的转入新的经济形式的那部分农民的负担。

四、俄国的村社立法 我国有关村社的法令，是在非常复杂的、往往是对立的势力影响下确定的。在农奴解放时期，对村社持不信任的态度在我国统治阶层中占统治地位。不用说，知识界对村社抱有极大的同情。但是，政府却倾向于认为，村社在新的生活形式下将会解体。正是为了促进村社的解体，才准许三分之二的大多数人口由村社土地占有制转向农户占有制，允许赎回份地的村社成员有权请求把份地归为私人所有。

尽管政府自己对村社持不信任态度，却不敢贸然采取果断措施来废除村社。在政府看来，村社与连环保（农民相互承担纳税责任）密切相关；而连环保是政府为保证农民如期缴付税款和偿还国库垫付的赎金（即国库向农民提供的按照1906年2月19日法令农民领得土地向地主缴纳赎金的贷款）而采取的唯一手段。因此，政府为了推行连环保，也会容忍村社的存在。

近几十年来，我国统治阶层对村社的态度有相当大的变化。上一世纪八十年代，连环保显然已经过时，不再是消灭欠缴税款的有效手段了。尽管实行连环保，农民欠缴的税款，甚至在八十年代农民应付税款大大减少了的时候，也仍然有增无减。

这种情况使政府不得不承认我国赋税制度是不完善的。进行专门调查的结果表明，欠缴税款有相当大一部分属于富裕农民，因为富裕农民无视连环保，或者确切地说，恰恰利用连环保来逃避他们应缴纳的税款。这是由于在农奴制改革后的村社中，占优势的是比较富裕的农民，他们使农民依附于自己，并把农民作为挡箭牌来逃避缴纳税款。因此，归根到底，连环保已成为非常不利于现行赋税制度的形式，况且，在上一世纪八十年代政府成立了一个由税务检查员组成的机构，能够妥善处理对居民的征税事宜。由此可见，连环保是非废除不可的了①。

但是，废除连环保并不等于废除村社。在六十年代，政府非常不信任村社。七十年代著名的瓦卢耶夫委员会对村社进行了尖锐的批评，并且认为，农民自由退出村社，是最好的解决办法。八十年代，我国政府对村社的态度有了显著的变化。出现了一股强大的同情村社的思潮，这个思潮的代表人物都是我国保守主义的中坚分子，如波别多诺斯采夫、托尔斯泰、杜尔诺夫。他们认为，我国的村社是一种保守的机构，因为它阻碍了农民无产阶级化，阻碍了西欧的社会和经济关系向我国的渗入。与此相反，另一些政府成员，就其政治见解而言，是反对村社的，他们把村社看做是某种共产主义的因素，担心村社精神会影响我国农民的社会观念。这两种倾向的斗争，也决定了我国政府此后对村社所采取的全部政策。

1893 年颁布了两项有关村社的重要法令。第一项法令(关于农民的份地不应收归国有和提前赎回的份地不得再分)，对份地的出卖权严加限制，并取消某些村社成员要求把份地划归私人所有的权利，即使是在完全偿清赎金借款前自己出钱赎回份地时也不

① 参看 H. 布热斯基著作，该书描述了我国征税机构引进和废除连环保这一有趣的过程。

例外;同年颁布的另一项法令,旨在反对村社的自由,限制了私有的界限,规定基本的重新分配不得少于 12 年举行一次,有关重新分配的裁决由行政机构(县代表会议)批准。

可见,两个法令一个对村社有利,一个对村社极为不利。

在现代,由于近年来农民运动的兴起,敌视村社的思潮在我国统治阶层中占决定性的优势。这表现在 1906 年 11 月 9 日的指令中,这个指令的目的就是为了推动农民分掉村社土地归私人所有。1910 年,这个指令稍作修改后颁布,具有常规法律的效力。

1906 年指令规定,农村联社成员有权向联社申请分得当时属联社占有的那一部分村社土地归私人所有。被确认属于某个村社社员的土地,无须向协会缴纳任何费用,或在某些场合,只需向协会交付一点酬金。协会成员可以要求把分给他的土地尽可能是在一个单独田庄的地段内。在普遍重新分配的条件下,这种要求必须由协会来满足;在即将进行重新分配之前,如果协会认为分得土地的成员提出的要求不宜实现,则应按照成员的要求,用相互议定的价格赎回他的土地;如达不成协议,亦可由乡法院裁决。有关这方面的一切事宜,如协会无法满足分得土地的成员提出的要求时,均可以交由地方长官解决。根据 1810 年 6 月 14 日的法令,从协会土地分配结束时起,不再进行普遍重新分配的农村协会已被确认为转入农户占有制的协会。这个法令禁止土地集中于私人手中,规定购买和赠与上等份地不得超过六块。

上述这些法令将在我国村社史上起着巨大的作用,而且不妨说,它也必将促使村社走向瓦解。这些法令,使下述集团对退出村社有直接的利害关系:第一,“人口多的人”,他们是一些占有多于重新分配时应得土地的农民,为维护他们的利益,法令剥夺其余的农民群众,并少收费或免费向他们提供其在法律上从来无权占有的土地;第二,贫苦农民,他们不从事或几乎不从事农业生产,并有可能分得一份私有的土地，将它卖出以换取哪怕是少得可怜的一点钱；第三，富裕农民，他们能够买入同村人的份地，力求在有利的条件下扩大占有的土地。

从另一方面看，由于村社土地分割成小块土地，中等阶层的农民，必然会蒙受重大损失，尤其是在法令规定的形式下，每一个村社成员都有权随意占有一份暂归本人使用并与其他成员土地交错的土地，而不问其他成员方便与否。

可见，在村社内部，在新法令的影响下，必然会爆发一场异常激烈的斗争，从而对村社起着瓦解的作用。在这场斗争中，村社机构难以发挥正常的职能作用，甚至中等阶层的农民也倾向于退出村社。

这些新法令试图彻底确立土地私有制原则，但又践踏这一原则，无视村社维护某一块份地暂时占有者的权利。当时占有超过平均定额份地的人，可以把这块份地据为己有，并以此侵犯同一村社成员的权利。为了少数人的利益，大多数人的不容争辩的合法权利被践踏了。

其次，这些法令的目的，是为了通过消灭插花条地来提高农民经济的技术水平。但是，法令既然确认某些人的插花地块为他们自己所有，也就难以消灭插花条地。诚然，法令预见到了会出现田庄，然而田庄仅仅是少数农民的份地，而大多数农民只能依据新法令得到归私人所有的插花地块。

现在，法令已实施 7 年多了，根据现有资料来看，法令已经起到了应起的作用。只是在俄国北方各省，土地辽阔，不太贵重，所以法令直到现在没有发挥更大的实际效用。但是，土地对于农民价值越大，实施法令的机会就越多，而且，在实施法令的基础上，往往在农民之间发生剧烈的冲突。截至 1913 年 5 月 1 日，根据 1906 年 11 月 9 日的指令得到份地的农业户主已达 1 787 328 人，而申请份地归私人所有的人数达 2 506 001 人。这个数字还应加上 350 万起先是村社成员，后来由于他们村社在分配份地后再没有进行重新分配，按 1910 年法令被划为土地私有者的农业户主。总的说来，村社社员的人数由于推行 1906 年和 1910 年的法令大约减少了二分之一。1906 年前，农民约有 75%占有归村社所有的土地，而现在占有归私人所有的土地的农民人数却大大地超过了占有村社土地的人数。

显而易见，11 月 9 日法令，好比尖利的楔子揳入人民的生活，使人民生活发生了深刻的变化。其结果，可能导致俄国那些土地价值高的地区的村社彻底瓦解，并使我国大部分农民失去土地。但是。这里需要指出的是，实行土地归私人所有，通常绝不会同时消灭插花条地和转变到田庄占有制。

村社是俄国农业制度的一个非常突出的特点，多年来俄国经济学家一直予以特别的重视。最早在十八世纪末就有人论述过，及至十九世纪二十年代已有不少论述俄国村社的专著。然而对村社作出比较正确的科学论述的，还是在这以后(1847 年)，不是俄国的研究家，而是德国人哈克斯陶森。他对我国社会思想的发展起过非常特殊的作用。哈克斯陶森在颇大程度上可以说是一些原理的科学之父，后来我国所谓民粹派接受的那些原理，有许多就是他提出来的。

哈克斯陶森就其政治观点而言，是一个保守分子，但同时也受到傅立叶和圣西门社会主义学说的影响。他认为，他自己在俄国找到了在西欧徒劳无益地寻求过的东西，即牢固的君主制政权与保障劳动群众利益的经济制度的非常独特的结合。同时，哈克斯陶森对俄国的情况大加渲染。例如，他认为，我们的家庭手工业组成劳动组合，是一系列的生产联合组织，其产品在全体生产参加者之间进行分配。至于农业，他认为，他自己所描述的我国村社，一般可以正规地、很容易地转变成农业生产联合组织。在哈克斯陶森看来，俄国要比欧洲任何国家更接近于社会主义的最终目的，因为村社保障所有的人对土地都享有平等的权利，并保证俄国不会出现无地的无产阶级。他认为，沙皇政府，在俄国带有民主性，而沙皇是人民之父①。

哈克斯陶森的观点，对我国社会思想的各个流派产生了极其深远的影响。他更符合斯拉夫主义者的世界观，但西欧主义者也从哈克斯陶森那里借用了许多观点。哈克斯陶森第一次指出村社对我国的社会制度具有巨大的意义。诚然，斯拉夫主义者早在哈克斯陶森之前曾多次谈到过俄国生活的村社原则，但是，他们认为所谓村社原则是某种极不确定的东西——似乎是社会性原则，如市民会议和缙绅会议一类的组织。对于俄国的村社，他们几乎是一无所知，只有哈克斯陶森才使俄国社会注意到俄国这种独特的经济制度。斯拉夫主义者一旦了解了俄国的村社，便成了村社的热情的卫护者。

至于谈到西欧主义者，他们对村社的态度是相当暧昧的。他们有许多人对村社和劳动组合，对一般所谓俄国的社会主义持极不信任的态度，认为我国村社不是我国社会制度的优越性，而只是证明它的落后性，所以也将像西欧一样走向消亡。然而，像赫尔岑这样著名的西欧主义者，对村社也作出和哈克斯陶森几乎相同的评价。

俄国社会主义奠基人车尔尼雪夫斯基，是俄国最大的经济学家之一。他也和哈克斯陶森一样对村社怀有热切的同情，但是，论点不同，他认为，村社不是专政制度的支柱，相反，却是推翻专政制度的杠杆，是俄国未来的自由社会主义制度的核心。车尔尼雪夫斯基不否认我们的村社属于原始共产主义，但也不认为这一点有什么不好。车尔尼雪夫斯基根据黑格尔的辩证法，把土地占有制发展的全部历史划分为三个阶段。第一阶段，村社的土地归全部族共同使用，不归个别人所有。第二阶段，土地归社会个别成员所有，因为土地耕种依靠个人劳动；于是，产生了私有制，它是这个时期技术进步的必要条件。随后逐渐地出现了大农业。土地集中到少数大占有者手中，他们把土地

---

① 参看哈克斯陶森：《俄国内部情况研究》，1847年。

租给农场主。这时土地私有制则成为技术进步的阻碍,因为农场主是在别人的土地上经营农业。由此而必然出现第三阶段,它在某种程度上又回到了第一阶段,土地又转归在公有土地上经营大规模农业的社会集团所有。这样一来,我们的村社并不像斯拉夫主义者所想的那样是斯拉夫部族特殊本性所导致的结果,而只能是我国文化落后的产物;但是,这种落后性比起西欧来,同时又是我们的巨大的优越性,正因为如此,我们才能从第一阶段一举转变为第三阶段,①越过了土地私有制阶段,因此,我们比西欧更接近社会主义。

车尔尼雪夫斯基造就了一大批追随他的政论家和经济学家。于是所谓的民粹派出现了其最杰出的代表米海洛夫斯基。民粹派思潮的发展在七十年代达到了高峰。七十年代是在共同的旗帜下争取实现共同的社会主义理想的俄国社会主义知识分子思想统一的时期。在八十年代出现了新的思潮——或多或少敌视村社的马克思主义。从马克思主义的观点看,社会主义制度是资本主义经济体制发展的结果,资本主义经济体制必将使没有任何价值而又阻碍技术进步的村社趋于瓦解。

评价村社的社会意义和经济意义的意见分歧一直延续到今天。甚至关于村社的起源问题仍在继续争论着,尽管在这方面似乎已有了达成妥协的基础。谢尔盖耶维奇和 П. Н. 米柳科夫②在这个问题上与奇切林的观点完全趋于一致。谢尔盖耶维奇在其一本近著中指出,俄国村社的出现与彼得大帝时期实行征收人头税③有着直接的关系。相反,А. А. 考夫曼不论在论述西伯利亚村社的名著中,还是在论述村社起源的新著中,都主张村社是"自然形成的",而不是由"国家形成的"。

我认为,"自然起源"论者和"国家起源"论者(А. А. 考夫曼用的术语)的分歧,实际上不那么大,并不像他同其追随者所想的那样。不妨以卡乔罗夫

---

① 在车尔尼雪夫斯基专门论述村社的许多论文中,特别值得参考的是《对村社土地占有制一些哲学观点的批判》,见《车尔尼雪夫斯基全集》,第 4 卷。

② П. Н. 米柳科夫说:"俄国村社实际上是一种强制性组织,它一方面通过连环保束缚住村社成员使之履行纳税和服役的义务;另一方面又力求使每个成员负担的徭役和赋税做到合理均摊。"(《俄国文化史论文集》,第 1 卷,1896 年,第 188 页。)

③ В. 谢尔盖耶维奇:《阿尔汉格尔斯克省农民的权利和村社土地占有制》(《司法部记事录》,1907 年 2 月)。

斯基先生为例。他比别人更加倾向于认为，村社是农民经济历史发展的自然和必然的产物。然而，当他谈到重新分配制的起因时，他怎么也不能回避国家因素即农民担负的苛重赋税在这一过程中的突出作用。他不止一次地指出，农民阶层承认每一个村社成员享有土地权的观点，由于农民必须对国家承担义务，比起与之相反的只承认投入劳动权的观点来，占了上风。"加在农民身上的赋税义务和个人义务，如不占用一定数量的土地，则根本无法完成"，他把它们称之为"劳动权赖以产生的极其具体而深刻的根源"。他在其他地方又说："土地少的人坚持自古以来的普遍的农民观点，即：第一，土地一般地说是'上帝的'，'不属任何人的'，是'大伙的'，也就是说，每个人都有权享有它；第二，对国家履行义务（主要是纳税和服兵役），理应赋予每一个农民以不可剥夺的土地权，在这种场合，不对侵占加以限制就无法实现。"①

从卡乔罗夫斯基先生的观点来看，重新分配制之所以产生，是由于在连环保条件下，向国家缴纳赋税的农民人口中间土地密集度不断增长。换句话说，土地密集度和赋税关系，是实行土地面积重新分配的两个独立的和必要的原因。他断言："我完全承认国库—政治制度是重新分配制发展的条件之一。"但是，他在下文不几页的地方又说："土地密集度的增大，不仅是重新分配制产生的必要原因，而且也是它产生的充分原因。"②两个原因只剩下一个原因，自己说过的话，似乎又忘掉了。

至于说 A. A. 考夫曼，情况也是如此。他在详细分析重新分配制的产生条件时，从未否认过赋税关系的突出作用。对土地权的认识，由于赋税关系，用他的话说，具有"特别尖锐的性质"。但是，A. A. 考夫曼在其最后结论中却只谈了土地密集度这一点。

A. A. 考夫曼在论述村社的新著中，详细地谈到了从事游牧和半游牧的异族人的村社关系的发展，并力图用这个例子来证明在没有行政当局和国库任何影响的条件下，有可能产生重新均分制。但是，第一，即便我国行政当局对异族人土地使用制度不直接施加相当大的影响，他们也仍然要向国家缴纳一定的税款，而这些税款要由各个农户分摊。因此，对赋税性质的认识也

① 卡乔罗夫斯基：《俄罗斯村社》，第 169、217 页。

② 同上书，第 239、247 页。

能影响他们平均使用耕地的愿望。第二，邻近的俄国农民实行重新分配的土地制度，不能不影响异族人的土地制度。第三，游牧民或不久前还是游牧民的使用耕地的条件，未必能成为历史上俄国农民曾经有过的定居的农业人口制定使用土地条件的依据。如果说甚至在游牧居民中也能产生重新均分的机制而完全不问国家制度的因素如何，那么，这并不是说更多依赖土地的定居的农业人口也能做到这一点。

A. A. 考夫曼把村社起源的两种观点截然对立起来了。一种观点认为，我们村社的产生是土地密集度增长的自然结果（“村社的自然起源论”）。另一种观点则认为，村社是按照政府的命令和在地主—农奴主的强迫下建立起来的（村社的“国家—国库起源论”）。他本人是坚定地站在第一种观点上的。但是，难道就不可能有调和这两种观点和克服两者片面性的第三种观点了吗？难道就不能认为我国的均分村社是下述两方面因素造成的结果吗？一方面，是土地面积缩小，这在俄国中部地区就感觉到了，而在西伯利亚许多地区迄今尚未感觉到这一点；另一方面，是我国的国库—政治制度及其固有的无视人权的特点。其中单凭哪一个因素，当然都不足以建立起重新均分村社的。这是因为重新平均分配制只是在十七至十八世纪才在俄国中部得到了广泛的发展，尽管俄国中部地区在此以前就明显感觉到人多地少，但是，我国的国库—政治制度尚未得到充分的发展。从另一方面看，在西伯利亚许多地方迄今尚没有重新均分制，这说明只有土地密集达到一定程度，才能产生重新均分制。①

① A. A. 考夫曼在其有关论村社近著中最后说：“我个人认为，在完全相同的条件下，邻近欧洲的俄国农民的土地占有制和土地使用制，总的来说，应当经历我国土地多的地区现在还在走的那种发展道路。但是，我不能不意识到，根据类比作出的结论。只有对于那些一向坚持村社土地占有和使用形式的自发产生和发展理论的人，才具有说服力。”（《俄国村社的产生和发展过程》，1908 年，第 440 页。）后者完全是真实的，然而，可敬的作者是否证实了在我国一些大区村社正在“自发地”发展呢？对这一点，他的近著无论如何不能令我信服。如果是这样的话，那来自类比的结论就加倍地不能令人信服了。顺便说说，我发现，巴甫洛夫—西尔万斯基认为 A. A. 考夫曼关于行政当局对村社出现均分制的影响无关紧要的论点，是不能令人信服的，（参看巴甫洛夫—西尔万斯基：《俄罗斯公国的封建主义》，第 128 页等）其中还包括了很多有价值的资料以及有关俄国重新分配村社起源的看法。

虽然 A. A. 考夫曼是村社"自然起源论"的热情拥护者,但恰恰是他(以及其他西伯利亚统计学家)的著作成为反对论者的最好的支柱,因为这些著作证明了重新均分制产生于农业关系发展的相当晚的阶段,农业的原始形式的特征不是农业共产主义,并不像俄国和西欧某些村社"自然起源论"创始人所想的那样,恰恰相反,而是非常近似私有制的"侵占"式土地占有制居于统治地位。可见,西伯利亚统计学家粉碎了原始的完整的全世界共通的农业进化论,从而有助于加强反对派的观点;反对派的观点认为,重新均分村社不是世界各国和各民族土地关系普遍必经的发展阶段,而是在东方各国特殊的社会发展条件下出现的局部现象。

参考书目

西欧的村社:

毛勒:《村社、庄园和国家法令历史概论》,1854 年;《村社法历史》,1865—1866 年。

汉森:《农业史论文集》,1880—1884 年。

拉弗勒—毕歇尔:《原始所有制》,1879 年。

西博姆:《英国的村社》,1883 年。

弗尔斯特尔·德·库兰日:《土地占有制的起源问题》(载《历史问题评论》,1889 年)。

M. 科瓦列夫斯基:《资本主义经济产生前欧洲经济的发展》,第 1 卷,1898 年。

R. 希尔德布兰德:《不同经济和文化时期的法律和道德》,1896 年。

东方村社:

梅因:《东方和西方的村社》,1876 年。

M. 科瓦列夫斯基:《村社土地占有制》,1878 年。

巴登·鲍威尔:《英国的土地制度》,1892 年。

俄国村社：

哈克斯陶森：《俄国内部情况研究》，1847 年。

Б. 奇切林：《俄国村社历史发展评论》（载《俄国通讯》，1856 年）。

Н. 车尔尼雪夫斯基：《"同时代人"有关村社的条款》（载《车尔尼雪夫斯基文集》，第 3 卷和第 4 卷）。

奥尔洛夫：《莫斯科农民土地占有制形式》，1879 年。

А. 波斯尼科夫：《村社土地占有制》，第 2 卷，1875—1878 年。

А. 叶菲缅科：《人民生活调查》，1884 年；《南罗斯》，第 1 卷，1905 年。

科伊斯勒：《俄国村政府土地占用史和评论》，1882—1887 年。

В. 沃龙佐夫：《村社》，1892 年；《农民经济的进步趋势》，1892 年；《论俄国村社史》（载《百年来份地存在的历史》，1902 年）。

А. А. 考夫曼：《西伯利亚的村社》，1897 年；《关于俄国村社的起源问题》，1908 年；《村社产生和发展过程中的俄国村社》，1908 年。

Н. 布热斯基：《农村村社的必要性和连环保》，1897 年。

К. 卡乔罗夫斯基：《俄国村社》，1900 年；《人民的权利》，1906 年。

А. 丘普罗夫：《田庄制》，1902 年；《村社土地占有制》（载《农村的贫困》，第 2 卷，1904 年）。

韦尼阿米诺夫：《农民公社》，1907 年。

Н. П. 巴甫洛夫—西尔万斯基：《份地罗斯的封建主义》，1910 年。

П. 利亚先科：《农民的案件》，1913 年。

洛西茨基：《村社的瓦解》，1912 年。

田庄经济：

А. А. 科福德：《俄国和国外与插花条地的斗争》，第 2 版，1907 年。

А. И. 丘普罗夫：《关于 1906 年 11 月 9 日的指令》，1908 年。

布鲁茨库斯：《土地规划和迁来俄国的外来户》，1909 年。

第七章　农业的大生产和小生产

农业生产的特点。机器在农业中的应用。经济集约化。农业中的劳动力问题。不同国家的大农业和小农业的状况。农民经济的稳定性。马克思及其学派对农业问题的态度。

在农业中，人受自然环境中发生的生物过程的影响。因此，在农业中，人直接同外部自然界对立，外部自然界按它自己的规律行事，人无法改变这些规律。例如，在农业中没有不间断的劳动，一到冬天就必然要停止劳动。劳动的时间、节奏、速度、环境，都服从于外界条件。农业劳动的结果，在很大程度上取决于人类完全无力控制的自然条件，其中包括变化无常的自然力（天气），其作用人们无法预见。农业条件要求人们要按照不同季节改变劳动的性质：春天耕地、播种，夏天收割。正因为这种不同劳动的交替进行，是为了适应植物发展的生物过程，所以是不可改变，不能加速或者改在另一季节进行的。诚然，在工业中存在着在时间上依次进行交替的生产过程，但是，这种时间上依次交替的连续性，从不妨碍所有这些过程的同时进行。几个人可以又纺纱，又织布，又染布，三者同时进行。农业则不然，各种不同的劳动要按照不同的季节依次交替地进行。

在工业中，人们能无止境地完善和改进生产资料，而在农业中，人们仅仅能在极其有限的范围内对最重要的生产资料——土地及其自然环境施加影响。在工业中，投入劳动量的增加，绝不会引起劳动生产率的下降。与此相反，在农业中起作用的，是降低农业劳动生产率的特殊的自然规律。这个规律是：用于土地耕作的劳动消耗的增加，如超出一定的限度就会引起劳动生产率的下降，因为提高土地精耕细作的程度并不能相应地增加所得产品的数量。

由于农业具有上述这些特点，农业和工业不同，资本主义大生产并不比小生产绝对有利。毫无疑义，在农业中大生产具有许多重大的优点。例如，农业企业需要有设施，如果是大企业（它的设施可能是大规模的），那么设施所需的费用（以单位面积计算）要比小企业少得多。总的说来，大生产本身的优点在农业中当然也不会失去它的作用。例如，农业大生产在生产资料方面就占上风。

根据德国某些统计资料，一张犁最大有效耕地面积不少于30公顷，一台播种机和收割机最大有效使用面积不少于70公顷，蒸汽脱谷机不少于250公顷，蒸汽犁不少于1 000公顷。而且，农业大企业也能更有效地利用牲畜等等。

然而，农业大生产除上述优点外，也有其不足之处：资本主义大生产（其他大生产我们暂且几乎一无所知）需要有雇佣劳动，而雇佣工人并不像有切身利益的小农业主那样爱惜和精心管理机器和牲畜；而且在修建设施时，小农业主能亲自参加劳动，力求降低设施造价。诚然，在工业中，雇佣工人也不关心和爱惜生产资料，但是，在农业中，这种情况比工业尤为严重，因为农业的劳动过程是在辽阔的土地上进行的，企业主难以监视，此外，活的工具——

牲畜还需要进行精心照料。

工业大生产有一个最重要的优点，曾经使工厂战胜了家庭手工业者，这就是机器代替手工劳动使劳动生产率大大提高，但是这个优点在农业中却没有起到这种作用，因为任何机器的实质在于用它代替人类劳动，可是农业的生产成果在很大的程度上取决于机器无法代替的自然界。最好的犁不能把不毛之地变成沃土。其次，在农业领域内，机器是在自然环境中工作的，由于自然环境的复杂性、多样性和易变性（地表的不规则性、天气变化的偶然性等），机器要想完全适应于这种环境，也是不可能的。因此，在农业领域内，机器远远起不到在工业领域内的那种革命化的作用。譬如说，蒸汽犁，马克思和李卜克内西都期待它能在农业中引起织布机在工业所引起的那种变革，可是它在农业领域内并没有起到很大的作用。

使用蒸汽犁，通常需要有一定的自然条件，而这种条件是不常有的。蒸汽犁不能在沙地和不平坦的、岗峦起伏的地方使用。

其次，机器在工厂里可以固定在一个地方，而在农业中却要视需要而随地转移。因此，农业上用的机器必须是小型的，也就是说，功率小的。同时，在农业中（由于使用机器有时间性）易于组织联合使用机器，几个小农户可以合伙购置和使用机器。

总而言之，在农业中依靠机器来节省劳动，比起工业来，还是收效甚少的。

据 Г. 菲舍尔统计，德国用机器收割比人力收割每公顷土地便宜 8 马克。用机器耕地和收割小麦每公顷土地只减少费用 17 马克，可以说是微不足道的。

工业提高劳动生产率的最重要的方式之一，是实行劳动专业化；可是在农业中推行劳动专业化的范围很窄，因为随着季节的交替，劳动的性质也要改变。农业工人不可能实行专业化，如收割，一年才能干几个星期。因此，农业劳动专业化的程度很差，也就是说，占用大量工人劳动的大农业经济不能依靠专业化工人的劳动来增加劳动生产率。

大农业经济有一个明显的优点，是道路和田界占用土地较少，圈划土地的费用较小。但是，这些好处毕竟不是太大的。至于谈到大农业经济的其他一些优点，如可以进行大宗购销、享受信贷等等，那么，小农业经济通过合作社也可以做到这一点。

工业大生产的一个重要的优越性，是在能够保守生产秘密的条件下，可以吸收科学力量参加企业领导。在农业中，大生产的这种优越性没有多大意义，因为大地对所有的人来说，都是公开的，无秘密可保，农业生产，就其实质而言，具有演示的性质，每个有知识的农民都可以向其邻居大土地占有者学习。至于说科学指导，只能是求助于社会农业学了①。

总之，农业大生产和小生产的优缺点的对照远不如工业那样显而易见。小农经济有一种无可争辩的优越性：生产者极其关心劳动过程。这种优越性之所以具有特殊的意义，是因为农业同活的有机体打交道，要求特别精心地劳动。因此，小农经济能培育优

① 参看 A. 丘普罗夫的“社会农业学组织纲要”，载《小农业及其基本需要》，第 4 章，1907 年。

良种畜，如瑞士、拜恩（巴伐利亚）、荷兰和泽西等种畜①，是毫不奇怪的。

一般说来，农业生产集约化程度越高，对同样土地面积投入的劳动越多，那么，小农经济比大农业经济优越之处也就越多。每一项农事活动都要安排一定的土地面积。在农业生产过程中，一些重的东西（肥料、农业机器、收获的产品）总要从一个地方运到另一个地方去，因而庄园离耕地的远近就很重要。距离越远，运送所耗费的劳动就越多。

德国经济学家杜能试图求出耕地离经济中心区，即庄园的远近影响地租高低（指抵补所有费用和扣除所耗费资本之后的某块耕地的纯收入）的关系。根据他的计算（按现代标准换算），如距离为零，收获 2 500 公升黑麦时，则地租每公顷为 23 马克。如耕地距离庄园 1 000 米，则地租为 17 马克；如距离 2 000米，则为 14 马克；距离 3 000 米，为 10 马克；距离 4 000 米，为 5 马克；如距离 5 000 米，则地租等于零。可见，耕地距离庄园愈远，则土地占有者的地租就越少；因为距离远，全部地租都被运输费用所抵消了。②

然而，经济集约化程度越高，同样土地面积需要运送的重物就

---

① 大卫的名著《社会主义与农业》(1903 年)对农业生产的特点以及对大农业经济和小农业经济的优缺点作了精辟的分析（有俄译本）。此外，还可以参看：C. 布尔加科夫：《资本主义和农业》，1900 年；赫茨：《农业问题》，1899 年；贝霍夫斯基：《农业的资本主义的范围》（载《为土地而斗争》文集，1908 年）；苏哈诺夫：《论农业进化问题》，1909 年。苏哈诺夫这本书特别有价值的地方，是它和作者的其他一些著作一样，对不同形式的农业企业的经济和技术评价作了详细的区分，这两种评价在许多论述农业问题的著作中是混淆不清的。

② 参看考茨基：《农业问题》，1899 年（有几种俄译本），第 7 章。这一章对农业中发展资本主义大经济遇到的自然障碍和社会阻碍作了非常翔实的分析，尽管作者由于平素的一般观点喜好削弱这些障碍的作用。

越多，也就是说，运送的费用或距离就越大。

事实证明，资本主义大生产多见于农业粗放制经营。例如，从事砍伐野生林木的粗放式林业经济，可以拥有最大的企业。事实上，在殖民地和人口稀少的国家，从事砍伐林木的企业往往达到庞大的规模。

粗放式畜牧业情况也是如此。在澳大利亚，有一些大畜牧业主都各拥有几十万头羊。

至于说农业，相形之下，企业的规模都较小。美国有一些小麦农场，使用最先进的机器在广袤的土地上滥事粗放经营，达到了最大的规模。其中有些农场拥有土地达一万公顷之多，甚至大多是真正的小麦工厂。

然而，在集约式农业的条件下，这种大农场逐渐行不通了。例如，在英国，面积超过 500 公顷的农场已属罕见的例外，大多是面积为几十公顷的小农场。

除自然方面的障碍外，资本主义农业大生产的发展还会遇到一些来自社会方面的障碍。这就是说，资本主义农业经常碰到寻求劳动力的最大难题，这就是所谓农业方面的工人问题。因为经常养活大批的雇佣工人，对农业企业主来说是不利的（他们仅临时需要雇佣工人）。从另一方面说，他们不可能雇佣城市工人，而且资本主义农业所关心的是除它之外还要有能向农业资本家提供农业工人的农民经济。同时，资本主义各国的农业工人人数也在减少（流入城市），况且离开农村的都是有知识、有进取心的工人。在农村留下来的，大多是老人和小孩。

然而，小农经济稳定性的主要基础，不在于它比农业大经济优越，而在于大经济是为了追求利润和地租以资本主义企业形式进行的，而小农经济是为维持生产者生存而进行的。农民即使在农业只能提供平均工资的情况下，仍继续从事农业，而资本主义经济，如果收入只能抵补工资，就必然会中止生产。因此，小农经济在总收入和纯收入比资本主义大农业显著减少的情况下，也能够存在和发展下去。属于这种情况的还有，为农民的消费需要生产的小农经济对农产品市场价格波动的依赖程度要比只为销售而生产的大资本主义经济小得多。农产品价格下降，可以使大农业破产，而小农生产却能经受得住，因为小农生产者要把相当大（往往是很大）一部分自产的产品自己消费掉。

这样，如果把资本主义大农业和小农经济在其相互斗争中的相对力量和稳定性加以衡量，则不能不承认这种衡量在现代非常有利于小农经济。许多国家资本主义农业有广泛的发展，甚至某些国家的农业几乎是唯一的形式（如英国），这一事实与上述情况也毫无矛盾。问题在于资本主义农业的发展不是它的经济力量大于农民的、劳动的农业的结果，而是在政治暴力基础上产生的大农业的自然后果。土地之所以转入人数不多的统治阶级集团手中，根本不是因为农业大生产在经济上比农业小生产强大。土地，连同沦为奴隶和农奴的农民，都是统治阶级用暴力掠夺去的。后来农民虽然获得了人身自由，但是相当大一部分土地仍然在地主手里。于是在欧洲各国出现了大土地占有制及其自然产物资本主义大农业。

大土地占有制出现得很早，是由于统治阶级在粗放式经济盛行时掠夺土地所致。在现代，当集约式经济排挤粗放式经济时，发展大农业的条件便越来越不利了。然而，一种农业企业形式之所以不能迅速地为另一种形式所取代，是因为农业关系通常具有很大的保守主义。为了扩大农业企业，一般地说，需要扩大企业所占有土地的面积，为此，它又得租用或购买必要的土地。但不是处处都能够租到土地，而买卖土地又有相当大的困难。大土地占有者占有的土地，往往由于长子继承制及其他法律限制而根本不能出卖(如英国，约有四分之三的私人占有的土地就被确认为属于某些占有者)；同时，小农占有的土地也往往被确认为属于占有者。对出卖土地，国家都普遍课以重税。所有这些因素(及其他许多因素)加在一起，使变化一向相当缓慢的农业关系达到相当大的稳定性。

试以下述德国农业生产(按生产规模)分配的统计资料为例：

生产单位规模	占有面积(千公顷)			增减情况 1907年与1882年相比	
	1882年	1895年	1907年	千公顷	%
2公顷以下	1 826	1 808	1 731	－95	－5.2
2—5公顷	3 190	3 286	3 305	＋115	＋3.6
5—20公顷	9 158	9 722	10 422	＋1 263	＋13.8
20—100公顷	9 908	9 870	9 322	－586	－5.9
100公顷以上	7 786	7 832	7 055	－731	－9.4

小经济和大经济的土地面积缩小了，相反，中等农民经济也和大农民经济一样却增长了。关于美国农业进展可参看下面的数字：

农场规模	农场数(%)	
	1980年	1910年
10公顷以下	0.1	0.6
10—60公顷	33.6	35.5
60—175公顷	48.6	46.4
175—500公顷	15.1	15.3
500公顷以上	2.6	2.8

总之，应当承认，不存在各国家普遍适用的农业企业的发展规律。在工业中大企业发展比小企业快；相反，在农业中，我们发现小农业企业的发展比大农业企业快。一般说，农业关系和农业的发展绝不能纳入某种单一的类型，而是个个具有最大的个性和特色。在不同的国家有极其多样的可能采取的农业形式的结合。无论如何，不能否认下述事实：农民经济通常不会在资本主义经济面前退却，相反，在许多情况下还会出现排斥资本主义经济的趋势。

这明显地表现在如下事实上：与工业发展过程相反，在农业中雇佣工人在农业总人口中所占的比重一般不但没有增长，反而下降了，而独立的企业主的比重却在增长。请参看下述德国的统计资料：①

农业人口的分配				比　重(%)		
年 度	企 业 主	高级职员	雇佣工人	企业主	高级职员	雇佣工人
1895	2 568 725	96 173	3 724 145	40.3	1.5	58.2
1907	2 500 974	98 815	3 400 437	41.7	1.6	56.7

在其他国家，如美国，情况也是如此，其职员和工人在农业人口总数中所占的比重变化如下：

1870 年	1880 年	1890 年	1900 年
52%	43.3%	41.4%	34.6%

早在 1870 年，美国农业无产者的人数就已经超过了独立的企业主。

① 德国官方的统计资料却提供了完全不同的农业工人数字。但是，需要指出的是，德国统计资料把工人和农户户主全部家庭成员（如果他们在经济劳动中帮助户主）的人数均包括在内。为了弄清雇佣工人人数，必须从工人总数中扣除这些家庭辅助成员数。参看阿尔贝特·黑塞：《德国职业和社会结构》，载《国民经济和统计年鉴》，第 40 卷，第 6 分册。

1900年,独立的企业主人数,约为美国农业总人口的三分之二。

在农业生产基础上形成的社会关系,具有最大的独特性,不能像工业那样加以概括。这是因为在农业中人们更加依赖于外部自然界,在整个农业经济领域内,超出物质环境之外的农业本身独具的规律性要比工业少得多。因此,毫不奇怪,经济科学主要研究的恰恰是工业,而不是农业。经济学家在工业方面,比起农业方面来,更加感到像在自己家里从事研究一样,因为农业方面不属于经济学家探讨的外部自然界的规律性占统治地位。

这种情况所造成的结果,是经济学家乐于把从研究工业关系中得出的规律推广到农业关系上来,以取代对农业关系的独立研究。而最乐于这样做的,恰恰是那些想把政治经济学变为精确科学的经济学家,因为只有在研究工业关系的基础上才能产生这样的科学。尤其是马克思从来没有稍微仔细地研究过农业关系。他接触过并非常熟悉英国的工业,主要是棉纺工业。桑巴特非常公正地指出,马克思一般所说的工厂,实际上通常是指某一种特定的工厂,也就是棉纺工厂。然而,他对农业关系很少感兴趣,他在农业方面的实际知识面是很有限的,正如农业问题所占篇幅最大的《资本论》第3卷所表明的那样。

然而,农业关系在现代社会生活中起着十分重要的作用,这是不能轻易忽视的。这里,我们看到,马克思把自己关于工业方面的结论应用到农业方面来了。如同在工业领域出现生产集中化和资本主义工厂代替手工业一样,农业中也出现了农民经济衰落而被资本主义大农业所取代的现象①。

---

① 参看《共产党宣言》,它指出,"现存的中小阶层、小工业主、商人、食利者、手工业者和农民——所有这些阶级都归并到无产阶级队伍"。(1891年,第5版,第15页)在《资本论》第3卷中,马克思也表述了同样的看法:"这种土地所有权灭亡的原因表明了它的限度。这些原因就是:它的正常的补充物即农村家庭工业,由于大工业的发展而被破坏;处在这种耕作下的土地已经逐渐贫瘠和枯竭;公有地(这在一切地方都是小块土地所有制的第二个补充物,并且只是因为有了公有地,小块土地所有制才有可能饲养牲畜)已经为大土地所有者所霸占;种植园经济或资本主义经营的大农业参加了竞争。"(参阅《马克思恩格斯全集》,中文版,第25卷,第909—910页。)

这就是马克思的基本观点，对这一点不能有丝毫怀疑①，近来也有某些追随者持反对态度②。马克思主义者迄今仍追随自己的导师恪守同样的信念。埃卡留斯在其《一个工人对 J. S. 穆勒的国民经济学说的驳斥》(1869年)一书(付印前马克思读过，大体上是他编辑的)中，李卜克内西在其《土地和土地问题》(1870年)一书中，考茨基在其对《爱尔福特纲领》的著名评论中，都表达了资本主义农业必然战胜小农经济的共同信念。这个信念在1891年爱尔福特会议通过的迄今仍作为正式党纲的德国社会民主党纲领中也反映出来了③。

然而，事实表明，农业的发展与工业根本不同。这一点，马克思主义者也都或多或少地承认过，而考茨基关于这个问题的著名著作反映了马克思主义

---

① 康斯坦特在其《农业问题和社会民主党》一书(该书所作的历史论述，考茨基承认"从总的方面来看是无可指责的")中指出：在马克思看来，"农民所有制和农民经济是过去遗留下来的残余……。不仅仅未来的农业，即使现在的，即十九世纪中叶的农业，其主要部分也都属于资本主义大生产。"(《农业问题和社会民主党》，译自德文，1906年，第60页。)

② 例如，Г. В. 普列汉诺夫说：有人把"在资本主义社会中土地所有制的集中化，就资本主义发展的本质而言，是不可避免的"这一思想强加给《资本论》的作者；但是，马克思在任何地方都没有表述过这种思想。(参看普列汉诺夫为恩格斯《法国和德国的农民问题》一书俄译本所写的前言，1905年，第4页。)为了证实这一点，Г. В. 普列汉诺夫引用了马克思1850年的一篇评论。马克思在这篇评论中认为，土地所有制有可能集中化，也可能出现分化。然而，由此绝不能得出结论：认为马克思任何地方都没有说过相反的观点：相反，从所引用的文章中清楚地看出，马克思断言，在资本主义社会中，资本主义农业必然要排挤农民经济，因此，农民所有制必然被资本主义所有制所排挤(换言之，必然发生土地所有制的集中化)。由此只能得出一个结论：马克思对待这个问题，也和对待其他许多问题一样，是自相矛盾的。在本书以及马克思许多著作中所表述并发挥的论点，是他的基本观点；但是，他在一些不重要的短文中有时又背离了这个观点。

③ 为了不增加引文，我们只限于引用爱尔福特纲领。纲领一开头就说："资产阶级社会经济的发展必然按照自然规律导致小生产的灭亡……。它使工人与其生产资料分离，并把工人变成无产者，同时，生产资料却被为数不多的资本家和**大土地占有者**所垄断。这种变革对无产阶级和濒于灭亡的社会中等阶层——小资产阶级和**农民**来说，意味着他们的生活日趋困苦、贫穷，他们不断受到压迫、奴役、欺凌和剥削。"(着重点是我加的。——作者)引自康斯坦特的著作，第136页。

对农业问题的新观点。考茨基在其著作中放弃了早先的看法，并完全承认在现代条件下小农业经济的稳定性，但是，他却解释说，这种稳定性是由于农民的屈辱地位以及他宁肯在一小块土地上忍受极其穷苦的生活也不愿失去这一小块土地的情况造成的。同时，考茨基在其著作中，还表示不相信农民经济能够达到资本主义农业的技术水平。

考茨基这本书引起了一场大论战，但在论战中，取得胜利的绝不是马克思主义者。德国社会民主党在形式上坚持它在1895年的布勒斯劳代表大会上所采取的不可调和的立场，否决了对提高农民经济表示同情的农业纲领草案。但是，实际上德国南方诸邦的社会民主党人仍继续积极支持旨在改善农民经济的一切措施，于是布勒斯劳代表大会决议不过是一纸空文而已。

其他国家的社会民主党不得不更加重视农民的呼声，对农民表示更大的同情。农业合作社这一提高农民经济的手段都写进法国、意大利、丹麦、比利时、澳大利亚、瑞士、芬兰等许多国家的社会民主党的纲领中去了。

参考书目

一般土地问题：

霍茨基:《土地和土地占有》，第2卷，1895年。

布亨别尔格尔:《农业经济和农业政策的主要问题》，古里耶夫译，1901年。

冯·杰尔-伊奥列茨:《土地问题》，弗莱克索尔译，1902年。

A. 斯克沃尔佐夫:《蒸汽运输对农业的影响》，1891年;《农业经济原理》，第2卷，1900—1905年。

索博列夫:《德国运用土地私有制和土地政策的新流派》，1899年。

列维茨基:《法国农业危机》，1899年。

考茨基:《土地问题》，(多种俄译本)。

Ф. 赫茨:《土地问题》，译自德文，1900年。

C. 布尔加科夫:《资本主义和农业》，第2卷，1900年。

H. 卡布卢科夫:《论农业中的工人问题》，1884年;《论俄国农民经济发展的条件》，第2版，1908年。

大卫:《社会主义和农业》,译自德文,第 2 版,1908 年。

凡杰尔维利德:《社会主义和农业》,译自法文,1907 年。

克日维茨基:《土地问题》,1906 年。

科辛斯基:《论土地问题》,1906 年。

加蒂:《社会主义和土地问题》,译自意大利文,1906 年。

A. 丘普罗夫:《小农业及其基本需要》,1907 年。

B. 伊利英:《土地问题》,1908 年;《为土地而斗争》论文集,1908 年。

苏哈诺夫:《论农业的演变问题》,1909 年。

土地问题和马克思主义:

康斯坦特:《德国社会民主党的土地问题》,译自德文,1907 年。

切尔诺夫:《马克思主义和土地问题》,1906 年。

希什科:《德国的工人运动和土地纲要》,1906 年;《西欧和俄国社会主义政党的土地纲要》,1906 年。

第八章　俄国的农民经济和土地问题

一、农民经济的广泛发展。二、农民的分化。农民分为财产多少不等的集团。各时期农民分化的过程。三、农民的缺地现象。农民解放的条件。农民经济危机的实质何在。四、移民。我国政府的移民政策。现时期移民法。五、农民银行。银行的历史和现代银行的活动。我国社会主义政党的农业纲领。

一、农民经济的广泛发展　所谓农民经济不同于资本主义经济，是指经营者亲自参加生产劳动的农业。我们所说的小农经济，是指农民靠自己的经济不能维持自己的生存，而必须从事雇佣劳动来作为自己经济活动的补充；中农经济，是指农民不从事雇佣劳动，但自己也不雇用工人；至于说大农经济，是指农民从事自己的经济活动，同时还使用雇佣劳动。小农在一定程度上是无产者；而大农则在一定程度上是资本家。

1905 年俄国欧洲部分 50 个省中土地占有情况如下：

农民份地……………………………139 000 000 俄亩

私有土地……………………………102 000 000 俄亩

国家、教堂和机关占有的土地……155 000 000 俄亩为了对这些数字的意义作出评价，首先要注意，这不是所有土地都同等地用于农业的目的。例如，大片的国有土地面积与适于种粮食和归官方所有的土地面积的真实数字根本不符；因为这种土地有相当大一部分全是树林，根本不适于耕种。大部分国有土地集中在北方三省，就其性质来说，与西伯利亚原始森林无异。可耕地、官有地和皇室领地加起来约有六百万俄亩。此外，一小部分官有和皇室林地可以直接地转用于农业需要，但是，这些土地全部加起来大概有几百万俄亩。

至于私有地，有相当大的部分归农民协会和互助会所有，这种土地约有 1 150 万俄亩。所有这些土地通过赎买都转归农民所有。此外，尚有 400 多万俄亩不属于农民（主要为工商业）互助会。这样，私人占有的土地总计约为 8 600 万俄亩。这 8 600 万俄亩土地在各类土地占有者之间分配的情况如下：

土地占有规模	占有人数（万人）	总面积（万俄亩）	与总面积之比（%）
50 俄亩以下	61.9	650	7.6
50—500 俄亩	10.6	1 730	20.2
500—1 000 俄亩	1.4	980	11.4
1 000 俄亩以上	1.4	5 210	60.8
总　　计	75.3	8 580	100

上述资料表明我国私人占有的土地非常集中，其中有三分之二略少一点的土地都属于拥有 1 000 俄亩以上的大私有者。为数无几的私有者（不到 14 000 人）占有的土地却高达 5 200 万俄亩以上。

这样，各种农民经济在 1905 年大约占有土地 15 700 万俄亩

(其中份地 13 900 万俄亩;大的农民协会和互助会购置的土地 1 150万俄亩,不超过 50 俄亩的小占有者的土地 650 万俄亩,后者大多从事农民经济,即亲自参加生产劳动)。

这些都是 1905 年的统计资料。从那时起,农民土地占有情况有了较大的发展。从 1906 年到 1913 年年中为止,农民银行从私有者手中收买了 4 294 617 俄亩土地转卖给农民。约有 450 万俄亩土地是农民在银行帮助下直接从私有者手中购买的。上述 850 多万俄亩土地相应地扩大了农民经济所占的土地总量。

随后,根据 1906 年 8 月 12 日和 27 日的法令,凡用于农业经营的官有土地和皇室领地,应在现行租约期满(仅有少数情况例外)后,转让给农民。此外,目前尚属官有而又适于农业种植的林地亦应转让给农民。

但是,所有这些还远远不能充分地说明俄国属于农民经济的农业的真正意义。农民不仅在自己的土地上,而且还在从私有者手中租种的土地上从事农业活动。农民租种私有土地的确切数字不详,但一般认为,不少于 2 000 万—2 500 万俄亩。官有土地和皇室领地也大都由农民租种。

这样一来,属农民经济使用的土地至少也有 19 000 万俄亩。至于资本主义农业,为了确定其在俄国可能扩展的程度,首先应当注意到这样一种重要情况,即私有土地有很大一部分(据 1887 年统计达 41%以上)属于林地,而耕地仅占 37%(用作农民份地的耕地占全部土地的 60.5%)。

据奥加诺夫斯基先生统计,私有土地的播种面积约为 1 800 万俄亩,其中 1 100 万俄亩出租给农民,仅有 700 万俄亩用于经济耕作①。可见,俄国的资本主义农业所占土地面积的比重,比起农民经济来是微不足道的。

这里还需要指出的是,当地主自力进行经营时,也往往要依靠农民的农具种地(工役制、对分制等)。从上述情况看,农业生产在相当大的程度上都还带有农民的性质,仍然是没有充分发达的资本主义农业,因为劳动工具仍然属于劳动者自己的。

由此可见,在俄国农业中占绝对统治地位的,是农民经济。大土地占有者虽然还拥有大量的土地,但面积不仅不再增加,反而在农民经济的压力下在正常地趋于缩小。农民解放后,整个土地使用制度的历史,是大土地占有制衰退的历史。

在 1861 年农民解放时,据 A. A. 里希特统计,44 个省的贵族共有土地 7,910 万俄亩。② 1905 年,这些省贵族占有的土地只剩下 4 780 万俄亩,失去了 3 130 万俄亩,其中约有 1 500 万俄亩转归劳动农民经营,其余的 1 600 万俄亩转入商人、小市民和农民资本家手中。

这里,十分明显,转入资本家手中的土地,不具有牢固的私有制性质,很容易回到市场上去,它对其占有者来说,不过是进行投机的对象。反之,土地如转归小土地占有者所有,他们除非万不得已,是不会与土地分离的。

我国农民的农业,按其特性来说,费用非常低,甚至低于资本

① 《为土地而斗争》,第 143 页。

② 参看 A. A. 里希特:《关于土地私有制的数字资料》,1897 年,第 18 页。里希特提供的资料,毫无疑问是把贵族占有的土地面积缩小了,因为贵族土地减少的实际数字要大得多,至于大多少,由于缺乏资料难以说出较确切的数字。

主义农业，尽管后者又远远落后于西欧的农业。

二、农民的分化 我国从事农业的约占全国人口五分之四的广大农民群众究竟是指什么而言呢？

尽管我国大部分地区不久前还盛行村社土地占有制，但如果认为均分土地使用制能导致全部农民土地的平均分配，那就错了。村社无力阻止农民的分化，无力阻止农村分化为富裕的和贫穷的，富裕的农民和无地的无产者。第一，村社进行平均分配的仅仅是土地，而不是全部生产资料。对于没有牲畜的农民来说，独自从事农业经济是非常困难的；第二，重新平均分配不是经常进行的，在两次重新分配的间隔期间，土地可能集中到某些农民手中；第三，仅仅是部分村社实行了真正的重新平均分配；第四，进行重新分配的只是份地，农民还得买地以至租地种；第五，某些个别的村社占有的份地质量好坏不一，而且还有地多地少的村社，等等。

总之，我国的农民阶级远不是同类的经济集团。它分化为富裕程度不等、社会性质不同的集团。遗憾的是，我们掌握这个问题的资料非常有限。我们只知道某些农民协会之间农民份地的分配情况。但是，这些数字不够典型，因为农民的分化是在农民协会内部进行的，而要确切了解这种分化，就得深入到村社内部的相互关系中去。有关这个问题的详细资料，仅仅涉及某些省和县，散见于地方统计文献。

农民分化表现得尤为剧烈的，是那些经济条件较好，从而能够区分出富裕以至巨富的农民集团的地方，如诺沃罗斯和俄国东部地区。与此相反，在中部地区，土地密集程度较高，较富裕的农民集团几乎全部消亡，所以，农民的分化现象较少。

能够确定农民经济状况的一个最好的特征，是农民播种土地的规模大小。相反，农户拥有的马匹头数多少，倒是一个不太精确的特征。有关农民种地面积分配的资料，为农村人口分化提供了最精确的观念。这些资料载于某些地方统计资料汇编，并由奥加诺夫斯基先生按10个省33个县的情况加以分类。①

农　户　类　别	所占百分比
农村的无产者（未种地者）	12.6
小农户，种地 2.5—5 俄亩以下者	24.5
中农户，种地 12—15 俄亩以下者	59.2
大农户，种地 12—15 俄亩以上者	3.7

为了正确地评价这些数字，必须考虑到生活状况不同的农民家庭的规模远不是一样的，未种地的家庭规模要比中等户大约小二分之一，而种地多的家庭规模又要比中等户大一倍。因此，应当承认，农村无产阶级约占农村人口的6%—7%，经营半资本主义经济的大农户集团，占农村人口的7%—8%。

遗憾的是，这些资料涉及的县太少了。但是，从这些县的构成来看，俄国各地区的县都有，因此，可以说这些资料具有较普遍的意义。

我国农民阶级朝什么方向发展，即农民的分化是扩大还是缩小，是一个饶有兴趣的问题。尽管现有的实际资料还不足以解决这个问题，但总归多少还是有一些。例如，与俄国欧洲部分31个

① H. 奥加诺夫斯基：《农业演变的规律性》，第1部，1907年，第22页。对农民分类我作了某些改动。

省农村人口中的马匹分配变动情况的有关资料(据12年间有关军马的调查资料①)。

无马和有马的农民人数增减情况

1899—1901年与1888年相比 (以1888年为100)						
没有马的	有1匹马的	有2匹马的	有3匹马的	有4匹马的	有5匹马的	有6匹马的
125	122	96	65	77	45	41

这些资料表明,没有马和有1匹马的农民人数增多,而且有大量马匹的农民人数显著减少,而且减少得越多,这类农民集团占有的马匹就越多。由此可见,我国农民阶级不是日趋分化,而是在日益贫困化的影响下相互拉平了,因为较富裕农民集团的消亡,导致贫困的普遍平均化。

然而,得出这个结论尚为时过早。绝不能认为农民经济拥有马匹多少是衡量农民经济状况好坏的正确尺度。马匹不仅仅用于农业目的,而且也是农民用来运输获得补充收入的源泉。一般说来,我国农民经济需要有更多的超出纯农业用途的马匹。此外,马匹头数的减少可以用马匹质量的改进来弥补,看来,实际上也是这样做了。最后,经济集约化程度的提高和使用机器,在一定的程度上减少了农业对马匹的需要。

因此,较富裕的农民集团在马匹减少的同时提高自己的经济福利,也不是不能办到的。

农民的分化,在俄国不同的地区,情况很可能是不一样的。在

① 奥加诺夫斯基:《土地征用的意义》,载《劳动之路》,1907年,第3期。

农民经济条件较好的地区,农民的分化在加剧,即较为富裕的农民集团在发展,而农村无产阶级也可能同时在发展。在农民经济不发达的地区,农民阶级在普遍贫困的基础上生活状况日趋平均化。①

这里,需要指出的是,统计资料由于根本不注意与农民分化问题有关的大量文献这样一个很重要的原因,而不可避免地会缩小农民分化的实际数字。这里要引用的统计资料都是以农户为单位的。但是,农民家庭有大有小,福利水平并不取决于家庭所占有的马匹、土地等的绝对数,而取决于每个家庭成员占有的马匹、土地面积等的数量。假设家庭规模缩小,每户的马匹和播种土地面积也随之减少,则一个家庭成员的马匹和播种面积也有可能增加。例如有一农户先前家庭成员 12 人,有马 5 匹,后来分做两户,每户家庭成员 6 人,各有马 3 匹。每户财产增加了,先前家庭每个成员平均有$\frac{5}{12}$匹马,而现在平均每个成员有$\frac{1}{2}$匹马。然而,根据以户为经济单位的统计资料,每户财产减少了,马匹数也大大下降了,从 5 匹减至 3 匹。

地方自治会的统计资料明确规定,我国农民大家庭也是马多的家庭(也是种地多的家庭)。但是,我国农民阶级现代的发展特点之一,就是较富裕的一部分农民大家庭的解体。根据这种情况,马多的农户就要减少,尽管这些农户家庭每人占有的马匹增加了。

① 这个观点被 П. П. 马斯洛夫在其著名的《俄国的农业问题》一书中发展了。虽说有这种可能性,但也不能不承认,作者提供的实际证据是很不充分的。奥加诺夫斯基先生对 П. П. 马斯洛夫汇编的 1891、1894 和 1896 年战马统计的实际资料所作的批评,是完全正确的。这些资料只涉及一个不太长的时期,况且由于连年歉收而带有例外的性质。

富有农户的财产可能增长，然而，一些农户由于家庭分化而瓦解，因此，这种财产的增长，可能在以农户为单位的统计资料中完全没有反映出来，甚至还可能得出财产下降的假象。

我们在指出这一点的同时，还应当得出如下结论：即使在以农户为单位的统计资料中证明部分较富裕农民走向衰落的情况下，农民也会发生分化。如果这些统计资料指出生活好的农户在增加，则他们的财产实际上增加得还要多。

为了说明农民阶级在有利于农民经济的条件下的分化情况，不妨以波尔塔瓦省为例。该省进行过三次地方自治会农户全面调查：第一次是1882—1889年；第二次是1900年，而第三次是1910年。关于头两次调查期间农民人口分化的变动性质，参看下述该省9县调查表[①]：

主要粮食的种户(农村的阶层)数

(以千为单位)

调查时间＼播种亩数	未种地的	1俄亩以下	1至2俄亩	2至3俄亩	3至6俄亩	6至9俄亩	9至15俄亩	15至50俄亩	50俄亩以上
1882—1889年	56.7	6.8	19.4	25.5	66.1	33.5	19.0	6.9	0.3
1990年	48.2	15.2	30.6	32.0	71.7	30.6	18.5	8.9	0.65
增减百分比(%)	－15	＋124	＋60	＋25	＋8	－9	－3	＋29	＋117

① 参看《波尔塔瓦省农户调查材料》，1907年，波尔塔瓦省地方自治会统计局出版，以及波尔塔瓦省地方自治会出版的：《1908年波尔塔瓦地方自治会简报》。

从上表中可以明显看出变动的普遍意义。表中两边的各项数字(不种地户数减少除外)大大增加了,而且,离中等户二项越远,增加得越多。与此相反,种 6—15 俄亩的中等农户减少了①。如以有关波尔塔瓦省农民土地占有规模的三次调查资料为例,则可得出如下情况②。

享有地方自治会土地所有权的 100 个农户的调查情况

年　　度	3 俄亩以下	3—9 俄亩	9—50 俄亩	50 俄亩以上
1882—1886 年	44.6	42.3	12.7	0.4
1900 年	51.5	35.9	12.0	0.6
1910 年	51.7	34.0	13.7	0.6

通常,在农民经济处于不断发展的情况下,我国正向资本主义经济转变的大农经济,应当说是最强大、最有生命力的。这种处于劳动农业经济和资本主义农业经济边缘的经济,即经营者本人亲自参加生产劳动,比普通农民高出一筹,即使规模不大、但却经常使用雇佣劳动的经济,最善于利用农业的有利条件,并在这些场合比起其他经济来,更加蓬勃地发展起来了。这种经济由于经营者需求有限,很容易积累可用以扩大企业的剩余产品。如果我国农业任其自然发展,没有来自外部的任何影响,那么,这种经济看来也是有前途的。政府竭力使强者更强、弱者更弱的现代农业政策,

① 在叶卡捷琳诺斯拉夫省的马林乌波里斯克县出现的分化(随着不种地户数的增加)更为明显。参看 Б. Н. 克尼波维奇:《论俄国农民阶级的分化问题》,1912 年。(М. И. 杜冈-巴拉诺夫斯基领导的彼得堡大学附属经济学校的论文集,第 1 集。)克尼波维奇的著作是对农业的分化问题研究最详尽的综合资料。

② М. 勒克利茨基:《农民土地占有史的最后一页》(载《庄园主》,1914 年,第 14—15 期)。

也推动农民群众在这个方向上走下去。所有这些都必然要加强农民人口的分化。

三、农民的缺地现象 可见,我国的农民大众远不是清一色的,它包括大、中农和不断转化为农村无产阶级的小农等集团。但是,相当多的农民既不属于纯粹的农村无产阶级,也不属于大农户,他们不雇佣他人劳动,在一定程度上从事着独立的经济活动。恰恰是在人数最多的这一部分农民中间,近来尖锐地感觉到了我们称之为农民缺地的那种农民经济危机。

俄国现代农业关系发展的出发点是农奴制的改革。农民解放时,规定要保留他们早先占用的那份土地。但是,由于地主的反抗,这项原则未能实行,而过去隶属于地主的农民得到的土地比他们原有土地约少五分之一,而且要缴付很高的赋税,赋税在大多数情况下都大大超过土地的纯收入。

过去隶属于国家和皇室领地的农民的土地制度条件要好得多。农民缴赋税少,而得到的份地却相当多。全俄国过去隶属于地主的农民,按纳税人口计算每人平均可得到土地 3.2 俄亩,过去隶属于国家的农民每人平均得 6.7 俄亩,过去隶属于皇室领地的农民每人平均为 4.9 俄亩。但是,有一部分隶属于地主的农民(所谓"被赠与土地者",即不缴赎金即得到相当于份地四分之一的赠与土地的农民)所得土地比平均份地要少得多。这些"被赠与土地者"约占隶属于地主的农民总数的 6%,然而在全国分布很不平衡,某些地方甚至占农村人口的绝大多数。所有这些"被赠与土地者"得到的份地寥寥无几,根本不够维持生活的。最后,过去属于地主的农奴(解放前仅就男农奴而言,约有 72 万余人)和解放前划入小市民的农民，没有得到什么份地，而成为我国农村无地的无产阶级分子。

这样一来，过去的农奴在解放时得到的土地要比先前的原有土地少得多。但是，俄国农业人口从农奴制改革时起增加了将近一倍，而按农业人口平均的份地也相应地减少了。

1905年，俄国欧洲部分的农户每户平均份地相当于11.1俄亩，但在不同地区份地的平均数额很不一样，从波多尔斯克省的3.8俄亩到奥洛涅茨省65.1俄亩不等。1905年，据官方统计，有5俄亩以下份地的农户为285.6万户，约占农户总数的24%。份地在10俄亩以下的农户共有507.2万户，占农业人口的42%。然而，例如在西第聂伯地区（沃伦省、基辅省、波多尔斯克省、比萨拉比亚省、赫尔松省）有5俄亩以下份地的农户在农业人口总数中所占比重已达到52%，而在第聂伯—顿河地区（契尔尼戈夫省、波尔塔瓦省、奥尔洛瓦省、库尔斯克省、哈尔科夫省、沃龙涅什省）则为34%。

农民缺地问题十分尖锐。虽然1905年全国农民的份地每人平均已超过10俄亩，但是，看起来，在不同地区之间和某些农民集团之间份地分配不平均，因而有很大一部分农民所得份地少得很。

这里，可清楚地看到，占有土地多少不一的农民都在抱怨缺少土地。1905年，要求增加土地的农民运动遍及全国，不仅波及土地密集度高的中部地区和西南部地区，而且也波及农民份地较多的伏尔加河流域。在这个地区，不仅土地少于中等农户的农民集团要求土地，而且整个中农阶层也要求土地，这也正是农民运动的力量所在。

农民要求土地或多或少带有普遍性。尽管实际占有土地的程度千差万别,但这种普遍性表明,我国农民经济苦于缺少土地的根源,首先在于农民经济技术与现有土地的规模不相适应。农业体制的集约程度越高,为获得同样数量的农产品所需要的土地就越少。人口的增加,随着农民分化过程的加剧,使中等农户占有的土地面积大为减少了。可是,农民对粮食的需求仍然不变。为了在土地减少的情况下仍保持原先的产量,农民就必须转而采取集约程度更高的农业体制,从而提高土地的收获量。的确,收获量在过去有所增加,但还远远不够。其结果,现有土地不足以维持农民的生存,所以要求土地的呼声四起。

这就说明了为什么农民不问其占有土地多少都一致痛感缺少土地的原因。一户有几十俄亩土地,对农民来说是很不够的,假如他在西伯利亚迄今还保持最原始的歇荒耕作制的话。因为在实行这种耕作制的条件下,土地连种几年,直到地力耗尽为止;然后就歇荒,直到自然界的自然过程又恢复地力,适合耕作为止。从另一方面来说,西欧的农民在实行集约耕作制的情况下,甚至有3—4俄亩地块,它只相当于我国土地密集程度最高的地区中等农民的份地,也足以能维持生活了。

可见,我国农民缺少土地,就其经济实质而言,在大多数情况下无非是农民的农业生产危机的反映而已。这种危机是由于农民耕作技术落后造成的,因此也只能靠提高耕作技术来解决。从俄国大部分地区(即尚未实行更为粗放的耕作制地区)盛行的三区轮作制过渡到使用矿物肥料的农业轮种制,对于俄国农民经济来说,已成为亟须解决的问题。现在,农民每一俄亩地的粮食产量,约为

40普特。在德国每一俄亩平均产量110—120普特。要使我国农民也获得这样高的产量,是没有任何自然障碍的。①

总之,如不根本改变我国盛行的粗放耕作制,就无法摆脱压迫农民经济的危机。但是,不容忽视的是,如果我国中农经济只苦于相对的、而不是绝对的缺少土地,也就是说,缺少土地不是由于土地绝对不足,而是由于耕作技术水平低,地块产量少,而同样地块如实行别的耕作制则可保证农民生活,②那么,我国有相当大一部分农民土地太少,甚至于实际上无论怎样提高农业技术水平,也都无法靠自己的份地生活。例如,赠与份地所有者和其他许多阶层的农民,都处于这种境地。对于所有极端缺少土地的农民来说,应当先得到土地,然后再来考虑如何改进土地的耕作技术。

一般说来,把提高农业技术同扩大农民的土地对立起来,是不对的。不论前者或后者,都是必要的,前者如果没有后者就不能广为推行。应当把农业从停滞状态中推向前进,为此需要采取的手段就是扩大农民的土地。

四、移民　人多地少势必迫使农民迁徙。我国的移民运动由来已久,最早的移民运动就是受国家和农奴制压迫的农民自发地向边区逃亡,对此政府也无法制止。于是,十九世纪上半期整个俄国南部地区都住满了人。政府并不赞许农民自动迁徙,可是迫不得已,到头来也只好放任不管了,因为自由迁移的结果,边区已经住满了人。此外,在农奴制改革前的时期,依据国有财产部大臣基

---

①　参看A.丘普罗夫:《小农业及其基本需要》,第8章和第9章。

②　绝对缺地和相对缺地的对立,主要是考夫曼提出来的。参看他的杰作《移民和垦殖》,1906年,第二部分,第1章。

谢廖夫 1837 年制订的严密的计划，也曾经正确地组织过隶属于国家的农民的迁移。这项计划规定，隶属于国家的农民占有的份地按男性计算每人平均不到 5 俄亩者始可迁徙到有大量多余土地的地方。移民费用由国库承担。起先是迁移到俄国中部某些省，如唐波夫、沃龙涅什等省，后来，这些省住满了，才迁往伏尔加河沿岸及其中上游东岸一带各省，如萨马拉、萨拉托夫、乌菲姆斯克和奥伦堡等省，然后又往前高加索迁移，最后，在十九世纪五十年代末则向西伯利亚迁移。其结果，在 1837—1859 年期间迁移的农民约有 40 万人，从其后多次调查来看，他们的生活都达到了颇为富裕的水平。

农奴解放后，政府对移民的态度有很大改变，转向坚决敌视的立场。政府开始认为，移民运动危及地主的利益，因为移民使地主有失去工人和佃农之虞。尽管如此，在农奴解放后，移民非但没有停止，反而由于农民经济的危机而加强了。移民是自发地进行的，但要克服种种阻碍，其中主要的阻碍是农民实际上隶属于协会，如无协会的退会证明，就不能迁出。农民协会则设法不发给移居者退社证明，因为移居者脱离协会，协会就得把农民承担的赋税和劳役担负起来。正因为如此，这个时期的移民运动几乎全都带有随意的性质。

八十年代以前，这种迁徙先向俄国东南部，后向前高加索和高加索地区。从八十年代起，西伯利亚就成为迁移的主要地区了。移民运动越来越猛，政府不得不作出适当的让步。于是，1881 年颁布了第一个《暂行规定》，责成内务部和国有财产部管理移民事宜。1889 年 6 月 13 日，又颁布了一项法律，虽然没有规定迁移有充分自由，然而在这方面总归前进了一大步。这项法律规定向移民提供到迁移地点后的就业安置和口粮贷款，发放路途补贴以及其他优惠事项。但是，如上所述，法律并没有准许移民运动有充分的自由，因此，“自由放任”的移民仍然占优势。甚至在西伯利亚，九十年代自由移民占移民总数的60%—80%，更不要说高加索或图尔加草原“自由放任”的移民了。

西伯利亚铁路建成后，移民进入了一个新时代。1893年成立了“西伯利亚铁路委员会”，于是掀起了向西伯利亚移民的高潮。我国政府政策的这种新转变，纯属是政治性的考虑，也就是开垦西伯利亚，以对付面临的“黄祸”的威胁。西伯利亚铁路委员会，是效法北美铁路管理委员会而建立的，其目的是为了推行广泛的殖民化。国库拨款3 000万卢布，用来兴建“西伯利亚铁路辅助企业”(主要是移民事业)，而为了建设移民区大约投资600万卢布。所有这些并不是毫无成果的。九十年代初，可以设想，西伯利亚几乎没有空闲的土地用于移民了。目前又为殖民开辟了新的来源，开发泰加森林，并发现那里有适于迁移的广大地区。

最后，近几年来，在我国移民政策中又出现了转折。1902年，波尔塔瓦省和哈尔科夫省发生的农民骚动，对这种转折起了决定性的作用。1904年6月6日颁布的新移民法，就是农民骚动的直接产物，其基本条款是波尔塔瓦省土地所有者和行政当局会商拟定的。

从农民骚动可以清楚地看出土地稀少的政治危险性。正因为如此，大土地占有者和地方官吏才普遍开始想把农村过剩的人口迁往远地，而且政府也害怕农民的革命运动，认为有必要把缺少土地的农民从俄国中部地区迁走。1904 年的移民法,在原则上承认迁移是自由的;但又把迁移分成两类:可鼓励的和不宜鼓励的,并对第一类给予种种优待。移民法规定主要支持无地和缺地的农民进行迁移,但它的缺点是,“不宜鼓励”的移民实际上可能变成被禁止的了。1906 年 3 月 10 日颁发的指令,终于准许迁移有完全的自由。

一般说来,移民远不能解决我国的土地问题,因为西伯利亚和其他边区也只能为我国极少一部分缺少土地的农民提供迁居的地方。俄国每年人口增长约 200 万人,而往乌拉尔的移民 1908 年最多达到 664 777 人,其后有所下降,1913 年总共才有 327 000 人。西伯利亚移民的前景不妙,其征兆是往西伯利亚移民的同时,还发生了倒流的现象,不顺利的迁移者又回到了故乡。

留在西伯利亚的移民的状况,也并非都是很好的。第一批移民相当快地过上了较好的生活。可是现在,移民在新地方有时过着比故乡更穷苦的生活。

五、农民银行 可见,移民不是减少俄国土地密集程度的真正手段。农民难道就不能通过赎买地主的土地就地得到自己所需要的土地吗?从上世纪七十年代起,关于组织农民的土地信贷问题,我们的协会和刊物就已经进行过热烈的讨论。某些地方自治会企图用自有资金解决这个任务,并为此目的还拨出了相当大的一笔款项。在七十年代末,农民贷款储蓄互助委员会所属彼得堡和莫斯科分会,制定了若干个有关组织农民土地信贷的方案,这些方案得到了普遍的重视。有 24 个地方自治会表示赞同。其实,七十年代末,革命运动在继续高涨。政府认为必须多少满足农民的土地要求，于是1881年邦格主持的财政部拟定了农民土地银行草案。

财政部解释建立银行的意图是为了打消农民想白得土地的愿望。国务委员会有少数人在讨论财政部草案时，表示坚决反对，尽管草案删去了农民可望得到新份地的全部条款。这些人担心，用他们的话说，“银行会坚定不移地变成把相当多的土地强制卖给农民的工具”。国务委员会的多数人，出于纯政治性的考虑，表示赞成这个草案，认为银行是涣散农民革命情绪的最好手段，在他们看来，土地私有制是瓦解农民共产主义观点的最好手段。

草案规定，必须限定每个农民购买土地的数量，农民购买的土地加上其现有的土地不得超过1861年规定的份地的最高限额。国务委员会把这一条删掉了，又换上一条，规定发放给农民购买土地的贷款，凡属农户土地所有制，按男性计算，每人最高限额为500卢布，凡属村社土地占有制每人最高限额为125卢布。这种重农户轻村社的做法，清楚地显示了政府庇护农民土地私有制的趋向。银行只能根据农民和地主双方自愿达成的协议支持农民购买土地，农民不得购买地主拍卖的土地。银行为农民提供购买土地的长期信贷，然而利息很高，高达7.5%（还债时）（后来这种利息在还债时下降到4.5%）。买地用款，不全部贷给，而只贷给一大部分，其余部分由农民自筹款（补付款）缴付。

银行刚建立的头几年，力求帮助较贫困农民解决其对土地的需求问题。1883年，有55.5%的农民得到了购买土地的贷款，他们都是无地和少地的农民。补付款也比较不多。但是，自从邦格离开了财政部之后，银行的活动就改变了方向。商业观点占了上风,于是银行更加害怕在业务上承担财政风险。银行坚持商业观点,就要求农民拿出更多的补付款,而且愿意跟富裕农民往来。银行的无地和少地的债务人数在1889—1892年期间下降到28.5%。与此同时,由于还不起银行欠款,农民把买进来的土地又卖出去的情况多起来了。例如,在乌菲姆斯克省,农民原先买进的土地约有11%又被银行拍卖出去。1891—1892年银行共拍卖农民土地21 000俄亩,其中几乎有一半转入商人和贵族手中。八十年代末,农民银行已经不再是土地政策的工具了,而变为普通的土地信贷机构。

九十年代,银行活动又出现了一个新时期。这就是敢于进行大胆试验的财政部长维特政策的全盛时期。1895年,银行实行新的章程,按章程规定,银行有权购买一定数量的私有土地,然后再转卖给农民。为此,筹集了一笔专用的银行资本,部分来自农民赎金扣款,每年约200万—300万卢布,部分来自其他来源。维特设想授权银行把土地租给农民永久世袭使用,后来又放弃了这项计划。维特的提案在国务委员会几乎无人反对,顺利通过。

银行实行新章程后,购买私有土地的数量有了显著的增加。同时,土地价格也很快提高了。农民银行帮了贵族的大忙,使他们能够把自己土地高价出售给农民。截至1904年1月1日,银行经手总共收买了109.3万户业主的730万俄亩土地。

最后,1905年11月3日指令颁布后,农民银行的活动进入了一个新阶段。这项指令撤销了对银行自力购买土地的种种限制。银行完全打破了根据谨小慎微的商业观点制定的各项规定,并开始尽快地收买地主的土地,而不问农民对这些土地的需求如何。

它的唯一目的，就是帮助地主，为地主提供出卖其土地的机会。可供出售的地主土地在农民运动的影响下，达到了巨大的规模，银行在(1906—1909 年)3 年间购买的地主土地几乎有 350 万俄亩。土地是用高于历年的价格购买的。革命运动一平息下来，银行的活动也随之收缩了。

截至目前为止，银行经手购买的土地(包括银行自行购买和通过银行农民购买的土地)总共有 1 600 万俄亩左右。

1895 年，德国社会民主党在布勒斯劳代表大会上否决了党的优秀分子所拟定的农业纲要草案，并且坚定地认为，社会民主党不能承担维护农民利益的责任。德国社会民主党之所以采取这种立场，是因为德国很早就是一个工业国了，农民只占全国人口的极少数。可是，俄国迄今基本上仍然是一个农业国。全国人口大约有四分之三是农民。因此，对俄国社会民主党来说，农业纲领问题有着完全不同的意义，而且从现实生活来看，也不容许作出德国社会民主党所通过的那种简单化的决议。

经过几起几落之后，俄国社会民主党通过了农业纲要，其中最根本的一条，是要求“征用土地”——没收除小土地所有者外的私有土地，并把没收的土地转归按民主原则选举出来的地方自治机构所有。至于如何使用这些没收的土地，纲领没有作出规定，但是，既然土地归农民所有，那么，土地亦应由农民按自己意愿使用。农民希望什么，这当然是毫无疑问的，希望得到土地，独立从事经营。可见，俄国社会民主党通过的农业纲领实际上可以归结为：要求把现在用于资本主义经营的土地部分或者全部转交给农民。

我国另外一个社会主义政党提出了土地“社会化”的要求。这个政党要求把土地排除于商品流通之外，把土地从某些个人或团体占有按下述原则转变为全民的财产，包括按民主原则组织起来不分阶层的农村和城市公社直至省和中央机构的土地全部归中央和地方人民自治机构管理(迁徙和移民、土地储备基金管理等)；土地应当采取平均的劳动使用制，也就是根据所投入的个人劳动或互助劳动来确定劳动定额。

尽管社会民主党人与我国民粹派社会主义的代表有过激烈的争论,但是,社会民主党的农业纲领与民粹派的纲领非常相近。两个纲领的主要条文都要求消灭大土地所有制以及资本主义大农业,因为后者以前者为前提,并提出把土地转入农民手中。因此,现实生活甚至迫使我国社会民主党人这样一些忠实的马克思主义者放弃敌视农民经济的立场,转向维护农民的利益,反对大土地所有制。这就消除了马克思主义者和所谓的民粹派之间最重要的分歧之点,从而在很大程度上失去了争论的基础。现实生活表明,关于俄国资本主义工业发展可能性的争论已失去了意义,因为我国已经有了这种工业,而且它的发展已经成为明显的、无可争辩的事实。从另一方面看,现实生活还表明,在农业方面并没有出现任何类似资本主义地主经济排挤农民经济的现象,恰恰相反,资本主义的地主经济大都受到农民经济的排挤。双方的错误在于他们把工业和农业的发展方向等同起来了。实际上,工业和农业的发展是根本不一样的,因为在工业中,大生产排挤小生产,而在农业经济中我们看到的情况基本上是相反的。

参考书目

扬松:《关于农民份地和赋税的统计调查经验》,第 2 版,1881 年。

瓦西里奇科夫:《俄国的土地占有制和农业》,第 2 版,第 2 卷,1881 年。

霍茨基:《土地和土地占有》,第 2 卷,1891 年。

波斯尼科夫:《南俄农民经济》,1891 年。

福尔图纳托夫:《农民经济土地统计总评》,1892 年。

尼古拉:《我国公有经济改革纲要》,1893 年。

A. 斯克沃尔佐夫:《俄国饥馑的经济原因》,1894 年;《土地问题和国家杜马》,1906 年。

丘普罗夫和波斯尼科夫主编的论文集:《收成和粮价对俄国国民经济某些方面的影响》,第 2 卷,1897 年。

B. 伊利英:《资本主义在俄国的发展》,1898 年。

H. 卡布卢科夫:《关于俄国农民经济发展的条件》,第 2 版,1908 年。

П. 洛赫京:《俄国农业状况与其他国家的比较》,1901 年。

П. 维赫利亚耶夫:《评俄国农业活动纲要》,1901 年;《用法律观点看土地问题》,1906 年。

《农村的贫困》,利沃夫和斯塔霍维奇出版的论文集,第 2 部,1904 年。

《土地问题》,多尔戈鲁科夫和彼得伦克维奇出版的论文集,1905 年。

《农民问题概要》,马努伊洛夫主编的论文集,第 2 部,1904 年。

C. 普罗科波维奇:《土地问题》,1905 年。

П. 马斯洛夫:《俄国土地问题》,第 2 部(第 4 版),1908 年;以《国民经济的发展和土地纲要》,1906 年;《土地纲要批判》,1906 年。

科辛斯基:《论土地问题》,1906 年。

M. И. 杜冈-巴拉诺夫斯基:《土地国有化》,第 2 版,1906 年。

佩舍霍诺夫:《基于农民运动的土地问题》,1906 年;《农村的土地贫困状况》,1906 年;《农民和工人的相互关系》,第 3 版,1906 年;《土地国有化》,1907 年。

切尔诺夫:《作为经济范畴的农民和工人》,第 3 版,1906 年;《无产阶级和劳动农民》,1907 年;《论赎买土地问题》,1906 年。

Л. 布赫:《土地属于人民》,1905 年。

韦谢洛夫斯基:《俄国的农民问题和农民运动》,1907 年(1906 年论文集《论土地问题》)。

格罗曼:《土地问题和土地方案》,1906 年。

И. 格赖:《工人问题和土地改革》,1906 年。

P. 诺沃托尔什斯基:《土地社会化》,第 2 版,1906 年。

C. 扎克:《农民阶级和土地社会化》(1906 年)以及《社会主义和土地问题》,1907 年。

《土地社会化》(“合作”出版社出版的论文集)。

斯坦尼斯拉夫(沃尔斯基):《论土地国有化问题》,1906 年。

H. 列宁:《土地纲要修订》,1906 年。

A. 考夫曼:《移民和拓荒》,1905 年;《土地问题》,1908 年。

赫尔岑·施泰因:《土地问题》,1905 年;《土地和栽植》,1906 年;《不同派别的土地纲领问题》,1906 年;《没收或者赎买》,1906 年;《土地改革》,1906 年。

马努伊洛夫:《俄国的土地问题》,1905 年。

斯卡隆:《农民银行》(A. 马努伊洛夫 1906 年主编的《农民问题概要》)。

A. B. 克拉西克:《农民银行及其在 1883 年到 1905 年的活动》,1910 年。

M. 戈列梅金:《土地问题》,1907 年。

B. 斯维亚特洛夫斯基:《论俄国土地占有制的命运问题》,1907 年。

《为土地而斗争》(卡乔罗夫斯基主编的论文集,1908 年)。

奥加诺夫斯基:《农业演变的规律性》,1909 年;《论俄国土地关系史概要》,1911 年。

苏哈诺夫:《论有关农业进化问题》,1909 年。

A. 扎克:《农民土地银行》,1911 年。

Б. Н. 克尼波维奇:《论俄国农民阶级的分化问题》,1912 年(М. И. 杜冈-巴拉诺夫斯基领导的彼得堡大学附属经济学校论文集,第 1 集)。